隋炀帝

生平、时代与遗产

Emperor Yang of the Sui Dynasty

His Life, Time, and Legacy

[美] Victor Cunrui Xiong（熊存瑞）◎著
毛蕾　黄维玮◎译

图书在版编目(CIP)数据

隋炀帝:生平、时代与遗产/(美)熊存瑞著;毛蕾,黄维玮译.—厦门:
厦门大学出版社,2018.12
ISBN 978-7-5615-6950-4

Ⅰ.①隋… Ⅱ.①熊…②毛…③黄… Ⅲ.①隋炀帝(569—618)—人物研究 Ⅳ.①K827＝41

中国版本图书馆 CIP 数据核字(2018)第 246270 号

The Simplified Chinese translation of this book is made possible by permission of the State University of New York Press ©2006, and may be sold only in Mainland China.
图字：13-2018-095号

出版人	郑文礼
责任编辑	韩轲轲
装帧设计	李夏凌
技术编辑	朱 楷

出版发行 厦门大学出版社

社 址	厦门市软件园二期望海路 39 号
邮政编码	361008
总编办	0592-2182177 0592-2181406(传真)
营销中心	0592-2184358 0592-2181365
网 址	http://www.xmupress.com
邮 箱	xmup@xmupress.com
印 刷	厦门市万美兴印刷设计有限公司

开本 889 mm×1 194 mm 1/32
印张 12
字数 278 千字
版次 2018 年 12 月第 1 版
印次 2018 年 12 月第 1 次印刷
定价 66.00 元

本书如有印装质量问题请直接寄承印厂调换

厦门大学出版社
微信二维码

厦门大学出版社
微博二维码

厦门大学哲学社会科学繁荣计划资助项目

中文版序

几年前,笔者在北京琉璃厂逛书店时见到一本名为《隋炀帝大传》的普及读物(上海人民出版社,2013年),洋洋洒洒五百多页。作者郭志坤是著名编辑,曾任上海人民出版社总编。该书于1995年初版后不久即售罄,二十多年后,又有再版。这充分显示国人对炀帝的兴趣经久不衰。究竟是何原因使然?鄙见,炀帝为中国史上独一无二的、影响力巨大的帝王。像炀帝那样,大权在握而遭致江山倾覆的"末代昏君",诸如夏桀、商纣,可谓凤毛麟角。然桀、纣均为远古人物,其事迹往往语焉不详。史籍所载,如《尚书·牧誓》,为胜方所撰,颇有失之公允之嫌。而关乎炀帝的隋唐典籍,虽谈不上汗牛充栋,却远非上古可比拟。正史、杂史、佛、道均有详简不一的记述。

纵观有唐以来史家评述,炀帝之罪孽无数,大者有三。其一曰"暴虐"。不惜成本,大兴土木:修长城、凿运河、建洛阳、广筑离宫。劳民伤财,大兴伐罪之师,三征高丽,无功而返。杜绝言路,残害忠良;杀戮异见者如高颎、贺若弼,进谏者如张衡。

其二曰弑杀父君。文帝病卧仁寿宫,突然暴亡,正值炀帝亲信服侍床前,故时人颇有议论。炀帝虽不在场,但终难辞其咎。

隋炀帝：生平、时代与遗产

其三曰淫乱。历代帝王蓄有嫔妃妾侍成百上千，不足为怪。然而，炀帝执意与父妾宣华、荣华淫，故有"烝母"之说。

所谓暴虐之君，古今中外不乏其例。西方远有提比略（Tiberius）、卡利古拉（Caligula）、尼禄（Nero）、君士坦丁（Constantine），后有巴西尔二世（Basil Ⅱ）、伊凡雷帝（Ivan the Terrible）、彼得大帝（Peter the Great），乃至亨利八世（Henry Ⅷ）等。在中国，举其大者，有夏桀、商纣、秦皇、汉武、成吉思汗。而于五胡十六国、南朝、北朝时，则不胜枚举。

史上弑君者亦不可胜数，然弑父篡位者却颇为罕见。炀帝的个例，虽细节不详，乃其最著名者。佛家比之于摩揭陀的阿阇世（Ajātaśatru）。阿氏尚未出世，已有终将弑父之预言，故称之为"未生怨"。

上烝父妾者，因朝代而异，以北齐一代尤为盛行，而以唐高宗烝唐太宗妾（武则天）最为著名。

然而，集暴虐、弑父篡位、烝母、亡国于一身者庶几仅隋炀帝一人而已。古来暴君，行径甚于炀帝者，亦不在少数，然却罕有为害于国于民深于炀帝者。后来评家纵论古今，对炀帝贬而不褒，又何足怪？

拙著，以史、佛、道、文等文献为基础，集中、西、日多家之言，置个人传记于历史长河之中，旨在抛开偏见，重估炀帝之历史地位。

2006年拙著初版，至今已有年月。虽然炀帝研究颇有进展，但未见重大突破，且亦无人撰写类似拙著整合多种外文文献之新著。故此，翻译出版拙著中文版似尚有一丝意义。再者，翻译、校对过程中，发现多处错误，实令笔者汗颜。此中文版，均已改正，又添加多条原文引文，故实为远优于英文版的修订本。

最后，拙著若非厦门大学毛蕾教授鼎力推荐，其高足黄维玮同学勤勉翻译，及二者协力查阅文献、校对译文，此中文版恐难以见天日。而西密歇根大学（Western Michigan University）黎天睦中国研究中心（Timothy Light Center for Chinese Studies）补贴经费，使之得以按时付梓。谨此一并致谢。

熊存瑞（Victor Cunrui Xiong）
2017 年 3 月 28 日
于密歇根州卡拉马祖（Kalamazoo, Michigan）

致谢语

首先也是最重要的,我要衷心感谢隋史研究的前辈学者,尤其需要提到的是山崎宏和 Arthur Wright(芮沃寿)二位先辈。山崎宏关于隋朝佛教和官僚机构的著作为我研究隋朝宗教和制度打下了坚实的基础。芮沃寿关于隋炀帝个性的论文启发了我,让我有兴趣去探究炀帝和他的统治。

在完成本书写作的过程中,我得到了许多朋友和同事的帮助。我要特别感谢台湾大学的高明士教授,他将关于传统中国和隋唐教育制度的书籍寄送给我;我还要感谢东京大学的小南一郎教授,他非常热心地为我提供了相关的日文论文,这些论文在美国很难找到,但对我的研究却十分必要。同时我还要感谢西密歇根大学的 George Demetrakopoulos 以及密歇根大学的 Robert Mory,他们为本书初稿提供了很多富有价值的建议。

我诚挚感谢西密歇根大学文理学院提供的大力支持,尤其是历史系,它通过 Burnham-Macmillan 基金为我的研究提供了资助。

我非常感谢纽约州立大学出版社约稿编辑 Nancy Ellegate 女士,她对书稿做了非常高效和专业的审阅工作。同时我也要感谢两位匿名审稿人的称许和鼓励,其首肯使得本书能够得以出版。

最后,我要感谢妻子李晓青一直以来的支持和帮助。

目 录

绪 论 /001

第一部分 从皇子到皇帝 /011

  第一章 王储的确立 /012

  第二章 炀帝和他的统治 /039

  第三章 隋朝的崩溃 /069

第二部分 炀帝治下的帝国 /101

  第四章 洛阳与大运河 /102

  第五章 宫殿 /127

  第六章 官僚制度 /141

  第七章 教育、礼制、法律制度 /161

  第八章 宗教 /187

  第九章 经济制度 /226

  第十章 对外政策 /258

  第十一章 结语 /295

附 录 /311

  附录一 隋代中央重要官职任命情况 /312

附录二　貌阅与北周、陈、隋的人口　/325

   附录三　度量衡及田亩　/331

   附录四　汉唐间主要政权　/333

   附录五　隋炀帝年谱(569—618)　/335

征引文献　/342

译后记　/365

图表目录

图 1.1　572 年的中国　/013

图 1.2　589 年隋灭陈　/020

图 2.1　炀帝 607 年巡游到访的主要地点　/056

图 3.1　隋末反隋运动　/070

图 4.1　隋东都洛阳　/108

图 4.2　隋大兴城　/112

图 4.3　大运河　/117

图 4.4　隋通济渠(泗水线)　/120

图 4.5　邗沟　/123

图 5.1　隋炀帝时期的主要宫殿　/128

图 5.2　隋洛阳西苑示意图　/132

图 5.3　唐代的扬州　/138

图 8.1　大兴城的宗教机构　/207

图 10.1　隋朝及邻邦(612 年)　/259

图 10.2　隋朝与西域　/269

图 10.3　隋朝与朝鲜半岛(六世纪晚期至七世纪早期)　/286

隋炀帝：生平、时代与遗产

表8.1　楼观道宗师（至初唐）　/191

表8.2　上清宗师（从第九代至唐）　/195

表8.3　文帝与炀帝的佛教功德　/211

表8.4　炀帝执政时期大兴城内被禁毁的寺庙　/221

表9.1　炀帝604—608年间大型工程项目所动用的人力　/247

附录一

表1　隋及初唐中央重要官职　/312

表2　隋朝的府卫　/314

表3　隋文帝时期(581—604)的宰相　/314

表4　文帝时期任命的宰相　/316

表5　文帝时期的非正式宰相　/318

表6　文帝时期(581—604)的六部尚书　/318

表7　炀帝时期(604—618)的宰相　/321

表8　炀帝时期的非正式宰相　/322

表9　炀帝时期(604—618)的六部尚书　/323

附录二

表1　隋朝两次貌阅行动　/326

表2　六世纪晚期到七世纪初的人口数　/327

绪　论

绪　论

　　杨广,史称隋炀帝,于公元604年登上隋朝的皇位。当时他所掌控的是一个幅员辽阔、人口稠密且繁华富庶的中华帝国。隋朝(581—618),这个炀帝成长并度过整个成年时光的历史时期,是中国历史上一个重要的转型和过渡时期。长期以来,学者们习惯于将隋朝视为其继承者唐朝(618—907)的序幕,它本身的重要性实际上被大大低估。

　　诚然,隋朝作为一个年祚不永的政权,无法与唐朝的辉煌灿烂相提并论。① 享国近三个世纪的唐王朝,达到中古时期中华文明的巅峰,其政治与军事的影响力渗透中亚、朝鲜半岛以及越南北部。作为中古时期文学和艺术的黄金时代,唐朝以其精妙绝伦的唐诗以及在书法、建筑、绘画、工艺制作方面的非凡成就而声名远播。唐朝,由于为儒学复兴所打下的坚实基础,以及佛教、道教的划时代的发展,在哲学和宗教史上占有举足轻重的地位。唐都长安,作为唐代文明成就的标志,也是当时世界上人口最多、文明程度最高的国际大都市。作为遍及全国的城市网的

---

① 本书以秦汉时期为帝国早期,六朝隋唐及五代时期作为中古时期,宋元明清时期作为帝国晚期。

隋炀帝：生平、时代与遗产

中心城市，它如磁石一般吸引着来自萨珊波斯、粟特、高丽、日本的商人、僧侣、留学生。

必须承认，辉煌的唐文明建立在隋朝留下的丰厚遗产之上。隋朝对于取他而代之的唐王朝的最大贡献，是其完整的政治、经济、法律、军事制度。唐代政治体制的核心机构三省——尚书省及下属六部、中书省、门下省以及次级中央机构九寺——都完整地从隋朝继承而来。唐地方行政管理的州县两级制，亦可溯源于隋朝开国皇帝隋文帝，他将此前的州、郡、县三级制加以精简并完善。唐前期最重要的土地制度——均田制，也几乎是完整未改地承袭自隋朝。在传世文献中，《唐律》占有独特的地位，它在中国法制史上具有里程碑的意义。而《唐律》所构筑的唐代法律制度也是以它的前辈《隋律》为原型的。除此之外，唐前期的军事组织制度府兵制，也源自于隋朝以及更早的朝代。唐代的大都市长安、洛阳，以及贯通南北的交通大动脉大运河，都是隋朝留给后世的难以估量的宝贵有形资产。隋朝那些耗资巨大的工程，实质上为唐朝经济的繁荣做出了重要贡献；正所谓前人栽树，后人乘凉。①

且不论唐朝该以何种心态感恩它的前任王朝，这些功劳通常都被记录在隋文帝身上，而其继任者炀帝的贡献则被完全湮没。事实上，唐朝所继承的隋朝文化遗产中，作为隋朝第二任统治者的炀帝的作用是不容忽视的。登上皇位13年之后，618年三月，炀帝在一场宫廷政变中被部下刺死，其庞大

---

① 关于隋朝对唐朝的贡献，Somers 做过讨论。见 Somers，1978。隋文帝时期的地方行政管理制度，在州县之上还有更高一级：大总管（或者道），负责若干州的军事和民政事务。这一级在隋炀帝时被废止（见本书第一章和第六章），到了唐太宗时又被恢复。

的帝国也随之瓦解。炀帝因为大肆挥霍隋朝的财富并最终导致王朝覆亡而备受指责,并被视为传统意义上的暴君。学者们倾向于将炀帝统治失利归咎于其奢侈、荒淫的行为,并将他与中国历史上最臭名昭著的暴君,如夏桀、商纣相提并论。① 但与桀、纣不同,炀帝尽管犯有重大过错,他同时也留下了诸多可圈可点的伟大成就。

尽管炀帝深刻地影响了隋朝的历史命运,但在传世的主要文献中关于炀帝生平的记载却少得可怜。虽然个人传记是中国史学编纂的优良传统,②但在传统集大成的正史记载中,统治者的传记,在大多数情况下,只能以"本纪"的形式加以体现。而本纪同时也是有关整个朝代重大事件的编年记录。作为皇帝个人传记的替代,中古史书的"本纪"的主要功能是在特定时期内为"列传"提供时间框架。因此,《隋书》中没有详细的、关于炀帝的个人传记也就不足为奇了。

现当代关于炀帝及其统治的学术研究也出奇的少。西文关于隋朝研究最有影响力的成果是隋史研究的领军者、耶鲁大学芮沃寿的专著《隋朝——中国的统一(公元581—617)》。该书也是《剑桥中国史》第三卷隋朝相关章节的主要内容来源。其文笔简练且见解深刻,不过相比较而言仍然对炀帝着墨不多。更重要的是,正如该书的日文译者布目潮渢所言,书中在史料的引用和诠释等方面,存在着明显的错误。③

---

① 参见《贞观政要》卷1,第5—6页;卷8,第248页;卷2,第17页;卷5,第57页。
② 关于中国史书编纂对于传记的重视,见 Twitchett(崔瑞德),1961,第95—114页。
③ 参见韩昇,1998,第533页。关于 Wright(芮沃寿)的著作,见 Wright,1978、1979。

隋炀帝：生平、时代与遗产

在中国，几本有代表性的炀帝学术传记，可以反映学术界关于炀帝的不同观点。一些学者沿袭传统史家的观点，将炀帝视为暴君；也有一些学者尝试着为炀帝正名。隋唐史研究专家、厦门大学韩国磐所著关于炀帝的简短传记，基本上是依循传统的非难炀帝的观点。① 囿于二十世纪五十年代意识形态的禁锢，书中的分析大部分是以马克思主义阶级斗争的术语来表达的。与之完全相反的是胡戟所著的炀帝传记。作为一部为炀帝辩护的、纠偏的作品，该书似乎是被一种为"伟大的暴君"翻案的使命所驱使，故而失之偏颇。② 最近出版的袁刚所写的传记，可以算是第三种研究取向，它尝试着采用一种更加公允的视角。③

在日本，关于隋炀帝生平的研究仅引起少数学者的关注。关于炀帝最为人所熟知的日文作品应该是杰出汉学家宫崎市定所著的《隋炀帝》。尽管该书定位是通俗历史作品，但不乏学术创见，尤其是其关于杨氏家族兴起的论述。该书最大的不足是缺乏学术性，这也使许多议题未能深入探讨。④ 另一部值得提及的著作是日本著名隋唐史研究专家布目潮渢关于隋唐变迁的作品。尽管涉及炀帝的部分仍很有限，但该书更具学术性。它通过对炀帝和唐太宗的比较研究，为学术界展示了一个长时段研究的视角。⑤

尽管学界一直保持着对炀帝的关注，但建立在原始文献和第二手资料基础上，探讨炀帝及其统治的严谨的学术专著仍不

---

① 韩国磐，1957。有关近年关于隋炀帝是否功大于过的讨论，可参见袁刚，2001，第336页。
② 胡戟，1995，尤其是第242—243页。
③ 袁刚，2001。
④ 宫崎市定，1965。
⑤ 布目潮渢，1980。

绪　论

够充分。从关注传记人物内心世界的角度,无论当代抑或传统文献,都是非常不够的,因此有必要通过揭示其性格特征进而还原炀帝的生平。鉴于炀帝与其治下的隋帝国紧密关联,研究炀帝对其周围世界的影响以及二者的相互作用是至关重要的。实际上,所需要讨论的是一个迷人的,但在政治、经济、军事、宗教、外交等方面未被充分认知的时期。故此,本书采用杂糅式的手法,既研究炀帝本身,又探讨其所生活的时代。

本书广泛征引了当代学者有代表性的学术专著(如前所述),以及其他与炀帝相关的中文、日文及西文论著。然而,本书的研究重点是传统文献,尤其是《隋书》和《资治通鉴》。《隋书》作为隋朝的正史是研究炀帝的最重要史料,其三个组成部分——本纪、列传、志——都蕴含大量关于炀帝及其统治的重要信息。[①] 621年,令狐德棻首次向朝廷建议编写北魏、北周、梁、北齐、陈、隋六个朝代的历史。他曾任隋朝的官员,亲历了大业时期的繁盛,也见证了隋朝的覆亡。一年以后,一批史官被委以编写任务。唐高祖(李渊,618—626年在位)为此下诏书,强调了官方修史的教化功能:"惩恶劝善,多识前古,贻鉴将来。"[②]这种对教化功能的强调是中国史学的传统,最早可追溯至《春秋》。与之相对还有另外一个著史传统:秉笔直书。正如高祖诏令结尾所言:"务加详覆,博采旧闻,义不在刊,书法无隐。"[③]秉笔直书的传统因正史之鼻祖西汉史学家司马迁而备受注目。他以直

---

① 关于对《隋书》的讨论,参见 Wright,1978,第14—15页。
② 《旧唐书》卷73,第2597页。
③ 《旧唐书》卷73,第2598页。Gardner,1961(第88页)指出,"应当承认,至少较晚的正史,从真实性和形式的角度来看,可名正言顺地被称为'正'。其真实性来源于正史所基于的官方文献资料"。

隋炀帝：生平、时代与遗产

言不讳、不阿谀谄媚著称，为后世史家所赞赏。①

《隋书》在高祖时期未能完稿。秉承同样的精神，太宗（626—649年在位）时期，其编纂计划重新启动。主体部分包括本纪和列传在魏征监修下完成。三十卷的志，即通常所称的《五代史志》，在魏征与太宗过世后方完稿，后并入《隋书》之中。②

由于《隋书》编纂时间长，且出于众人之手，前后不一在所难免。附在本纪和列传篇末的、以"史臣曰"开头的评论部分，带有浓厚的道德讽喻意味。作者往往用夸张的言辞，大肆批评炀帝的怪异行为。这反映了魏征的编纂动机，即不惜对炀帝做最负面的描述，以证明唐取代隋的合理性，并告诫唐太宗殷鉴不远。与《隋书》纪传内容本身相比，这些批判性的评论往往不甚公允。在十志中，《食货志》《刑法志》与其他各志及本纪相比，对炀帝的责难更甚，这凸显了编纂者的主观偏见，亦证明监修者在保持前后各卷一致性方面的失职。《隋书》的编纂还受限于大量官方文献和皇室图书资料的佚失。此外，像《隋书》那样的官修史书也有自身的局限性。不仅个人或官方的偏见会影响到编纂内容的取舍，史书中所征引的数据资料也可能不准确。大量隐匿人口和无户籍人口的存在导致官方人口统计数据不可避免地被低估。有关隋朝军队的数据应该相对准确，但涉及外族军队和农民叛乱的数据恐不甚可靠。③

《隋书》尽管有着体例不一，对人物评论有时不够客观，以及

---

① 《史通·内篇》，24篇，第192—193页。Gardner, 1961, 第16—17页。

② 《史通·外篇》，12篇，第371—373页。《隋书》，"出版说明"，第1—2页。

③ 关于史书中的取舍问题，参见 Twitchett, 1979b, 第42页。关于史料中的数据问题，参见 Graff, 2002, 第9—10页。

一些其他问题,但总体而言仍不失为一部质量较好的官修正史。《隋书》本纪和列传的执笔者颜师古和孔颖达,以博学多闻著称,都是初唐学者中之佼佼者。十志的确有诸多缺点,但它以梁、陈、北齐、北周和隋五代作为一个时段,记录这一时期文化、社会经济、地缘政治等方面的发展流变,仍具有极高的史料价值。①

另一部值得关注的正史是李延寿所修《北史》,其中包括两卷隋本纪和一定数量的隋朝重要人物的列传。李延寿同时也参加《隋书》十志的编写。《北史》可为隋朝历史事件提供背景资料,作为《隋书》的补充或修正。不过《北史》更适于用作《隋书》的辅助文献,因为其与隋朝相关的内容往往是从《隋书》缩略而来的。②

北宋学者司马光主持编修的编年体通史《资治通鉴》,用较大的篇幅记载隋朝历史。《资治通鉴》成书较晚,但其最大价值却在于司马光等人所引用的、大量今已散佚的第一手文献。虽然存在不少道德说教,但《资治通鉴》仍不失为一部难得的史学巨著。其最大的特点是丰富的细节和卓越的学术性,以及对史料来源的严谨考证(标点本《通鉴》亦得益于元人胡三省的详细注解)。③ 不过,由于大业时期的起居注早已亡佚,司马光及其助

---

① 关于《隋书》的修撰问题,参见 Balazs,1953 年,第 114—120 页。对《隋书》的权威性的评价,参见《四库全书总目提要》卷 45,第 408c—409a 页。关于《隋书》的价值的讨论,参见 Gardiner,1975,第 49—50 页。

② Kenneth Gardiner 肯定了《隋书》《北史》这类较早期正史的价值,说道:"毋庸置疑,尽管存在诸多错误,这些唐以前的正史著作提供了无可替代的资料;很难想象如果没有这些资料,中国历史会是什么样子。"见 Gardiner,1975,第 50 页。

③ 关于对《资治通鉴》的评价,参见《四库全书总目提要》卷 47,第 420c—421a 页。又见 Franke,1930,第 103—144 页。Denis Twitchett(1979a,第 38—39 页)说道,《资治通鉴》"是中国古代传统的史书编纂史上最伟大的成就之一"。

隋炀帝：生平、时代与遗产

手们在复原炀帝的生活和统治的过程中遇到较多困难，所以种种谬误在所难免。① 他们有时不得不引用各种出处不详的私著杂史或野史作为第一手资料；而这类著作往往有较多夸大其词的成分。鉴于此，对于《资治通鉴》中看似不太准确的记载，我会特别注意将之与其他相关资料进行对照，以辨别真伪。

除此之外，我还大量引用了其他传统文献，包括关于制度史的书籍如《通典》，有关南北朝时期的正史如《魏书》《周书》《北齐书》《宋书》《南齐书》《梁书》《陈书》等，② 有关宗教的文献如佛教的《佛祖统纪》《国清百录》和道教的《云笈七签》等。上述这类文献并非本文研究重点使用的资料，故不在此赘论，我会在相关的章节有选择性地对作者身份以及写作风格等问题进行讨论。③

其他原始资料还包括考古发现。隋朝享国不久，并不受考古学家的青睐。只有有限的考古资料能在阐释隋朝社会经济状况时派上用场。比如，关于隋唐长安城和洛阳城的长期考古调查使我们对这两座城市的规划布局有了更清晰的了解，而这两座城市也与隋炀帝关系密切。隋朝、初唐的墓志铭以及其他碑刻资料，无论是出于传世收藏还是考古发现，对于补充和修正正

---

① 大业年间担任著作佐郎的王胄和他的助手的确编纂了《大业起居注》，可惜该书毁于大业末年的江都之乱。见《史通·外篇》，12篇，第370—371页。

② Wright对其中某些史书有简短的描述。见Wright, 1978, 第15—16页。

③ 说到唐史研究所需要的资料，Denis Twitchett不无遗憾地指出，"唐代至今仍是近代的史学家几乎完全依靠官修史书和取材于官修史书的著作来进行研究的中国历史的最后一个重大时期"。研究唐朝之前的隋朝，这种依赖就更不用说了。这能够解释本书对官方和半官方文献的依赖。见Twitchett, 1979b, 第39页。

史中的有关记载都具有特殊价值。①

二十世纪八十年代初中国的专家学者对大运河进行了实地考察,这有助于了解炀帝所建水路交通运输网的历史航线。敦煌、吐鲁番出土的文书为我们提供了弥足珍贵的经济史料。②

当然考古学也有其内在的局限。到目前为止,对于相对短暂的隋朝的政治变局,考古学在证据方面无能为力。即便是考古出土的文字资料,对于本文所研究的隋朝,其利用价值亦很有限。研究唐高昌地区经济史不可或缺的吐鲁番文书,里面却没有与隋朝直接相关的材料。③ 至于墓志铭,无论是隋唐时期还是年代更早者,其文体结构都很相似:首先追溯墓主的家族谱系,然后以编年形式记录墓主的仕宦生涯,最后以韵文颂扬墓主的功业成就,以示悼念。墓志铭对于考证职官、生卒年、籍贯等方面大有益处;然而墓志铭亦会刻意为死者讳,隐匿不甚光彩的信息。考虑到这些因素,亦考虑到本书的重点在于传统文献,考古类资料在本书中的利用非常有限。④

本书由两部分组成。第一部分首先介绍杨氏家族和炀帝的父亲(隋文帝杨坚)的发迹过程,之后记述炀帝从少年到王子、从皇储到皇帝的生活轨迹。第二部分从多个层面讨论炀帝和他统

---

① 关于墓志以及相关碑刻资料,可以参见周绍良和赵超《唐代墓志汇编》,1992;吴刚《隋唐五代墓志汇编》,1991;岑仲勉《隋书求是》,1974,第348—378页。关于隋朝墓志拓片收集最完整的是赵万里《汉魏南北朝墓志集释》,1956年。

② 敦煌吐鲁番经济类文书主要是唐朝的,而不是隋朝。讨论隋朝经济问题时这些文献只能用作追溯源头时的背景资料。

③ 当时高昌属麴氏高昌时期,对隋而言,为域外之国。

④ 关于墓志碑刻类文献的局限性,参见 Twitchett,1979b,第 46 页。

隋炀帝：生平、时代与遗产

治下的王朝，其内容包括大兴土木、文官制度、军队管理、教育、礼制、法律、宗教、经济政策、对外关系等。结语部分则对炀帝的历史地位进行分析，重新审视炀帝的生平、他所生活的时代以及他留给后世的遗产。

第一部分

从皇子到皇帝

隋炀帝：生平、时代与遗产

第一章　王储的确立

　　隋炀帝，名杨广，569年出生于中国北方的一个权贵家族。①其家族的起源可以追溯到杨震（弘农郡华阴县人），一位十分杰出的东汉政治人物。但从杨震到炀帝的祖父杨忠之间的谱系模糊不清。根据一些正史的记载，杨忠起家于武川军镇（地处武川西部，今内蒙古中部地区）。作为北魏时期北部边境重要的六军镇之一，武川镇由于其关键的地理位置，在西魏时期发展成为势力强大的武川集团。不过，杨氏家族的谱系记载存在着错误，甚至是虚构的内容，因此杨氏家族与华阴以及武川的关系也受到了学界的质疑。不过，本文的重点并不在于证明这些杨氏所宣称的联系，以及这种观念是如何形成的。基于此，我把华阴杨氏看作是杨氏族谱所标榜的郡望，而把武川看作杨忠所认同的发迹地。②

　　年轻的炀帝因为自信和聪慧而倍受家族的宠爱。他敏而好

---

　　① 史籍中通常以谥号或庙号指称皇帝，本文依此惯例，通以炀帝指杨广。
　　② 关于杨氏家族历史，陈寅恪曾做出精辟的论断。参见陈寅恪，1995，第323—324页；袁刚，2001，第26—32页。注：华阴东汉时隶属于弘农郡，隋代时归雍州或京兆郡管辖。

学,文学素养极高。如果只是一名朝廷官员,他无疑可以轻松胜任,但命运却安排他在历史上扮演了更为重要的角色。①

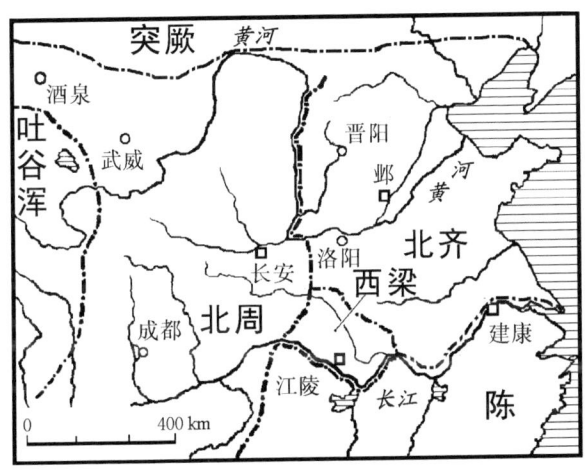

图 1.1　572 年的中国

他生活在一个剧烈变动的时代。随着公元二世纪末三世纪初汉朝的灭亡,中国进入了一个持续的大分裂时期,仅在西晋(280—316)统治的三十多年间获得了短暂的统一。炀帝出生时,中国事实上存在着四个独立的政权:炀帝的母国北周,定都于长安(今陕西西安);东部相邻为北齐,定都于邺城(今河北临漳县西北部);南部为陈,定都于建康(今南京市);被夹在这三国之间的西梁,定都于江陵(今湖北荆州)。作为北周的附庸国,西梁实力较弱,但拥有一定程度的自治权。在北齐北周的北部,广袤的内

---

① 关于炀帝,见《隋书》卷 3,第 59 页;《北史》卷 12,第 439 页;韩国磐,1957,第 3—21 页;Wright,1978,第 157—171 页;Wright,1979,第 115—120 页;关于意识形态,见 Wright,1957;关于杨氏家族背景部分,见宫崎市定,1965,第 36—100 页;关于炀帝与南方的关系,见刘淑芬,1980。

隋炀帝：生平、时代与遗产

外蒙古草原，驰骋着以游牧为业的突厥人，他们经常南下骚扰定居在中原北部地区的百姓。但是，从六世纪七十年代开始，统一的趋势不可阻挡。正是炀帝的父亲隋文帝，开启并最终完成了这一进程。577年，他在并吞北齐的行动中扮演了一个重要的角色，并于581年二月以受禅的方式正式篡夺了北周政权，定国号为隋。①

年轻的皇子

在征服各地和统一全国的进程中，隋文帝杨坚将包括杨广在内的诸子分封为王，并授予他们重要的军政职务，以巩固杨氏家族的权力。年轻的炀帝在其老师的监管下，不断成长并获得最初的政治历练。

亲王们无疑属于养尊处优的特权阶层。其父文帝，因担心锦衣玉食的奢华生活会阻碍其品格和能力的发展，刻意用苛刻的方式磨炼他们。按照传统，作为王室教育的一部分，他们通常会被派往远离都城的封国或地区任职，以培养他们应对困苦环境的生存能力，并在各地树立皇权的威望。文帝恰恰是历史上对子孙教育最为严格的统治者之一。他坚信锻炼体魄和提倡节俭是培养优秀子孙的必要前提。尽管炀帝因外形俊朗和才思敏捷而备受父母宠爱，但他也早在580年就被送到了远离都城的地方。大约就是在那个时候，炀帝因父勋而封雁门郡公。许多

---

① 见《隋书》卷38，第1131—1132、1135—1137页。关于杨坚的兴起，见《隋书》卷1，第2—5、13页；《周书》卷7，第124页；吕春盛，2000，第167—196页。关于杨氏家族的兴衰，见 Boodberg, 1939b, 第253—270页。

年后,炀帝对与父母分离时的情景记忆犹新:

> 先帝立我于西朝堂,乃令高颎、虞庆则、元旻等,从内送王子相于我。于时诫我曰:"以汝幼冲,未更世事,今令子相作辅于汝,事无大小,皆可委之。无得昵近小人,疏远子相。若从我言者,有益于社稷,成立汝名行。如不用此言,唯国及身,败无日矣。"

带着这些谆谆教诲,炀帝远赴封地,其时年仅 12 岁(周岁 11)。581 年,隋文帝即位,封炀帝为皇子,让他担任更重要的职务——并州总管及河北道行台尚书令。这一年,炀帝不过 13 岁(周岁 12)。①

由于炀帝尚未成年,他的老师,比如王韶,一直陪伴在他身旁,对他进行培育、教诲。有一次王韶因公外出,炀帝便在自己的后园凿地引水,建起三座假山。王韶回来后,用链条自缚,以行劝谏,炀帝被迫立即中止了该工程。对于炀帝这样幼年便与父母长期分离的少年而言,像王韶这样严厉的、代替家长式的教育,只会加重他心理的创伤。同时,父子之间的长距离亦无助于抵御父皇的怒火。他们仍然要为违规行为付出沉重代价。文帝的第三子杨俊,因为生活奢侈骄纵,被免去了所有官职。当宰相杨素试图劝说文帝降低处罚的力度时,文帝回答道:"我是五儿之父,若如公意,何不别制天子儿律?"四子杨秀生活奢侈、僭越

---

① 关于文帝的教导,见《隋书》卷 47,第 1276 页。关于炀帝的任命,见《隋书》卷 3,第 59 页。除非另有标注,文中所列年龄均为虚岁,括号内为周岁。

礼制，文帝对其处罚尤为苛刻。①

从文帝对杨俊和杨秀的严厉处罚以及其他材料可以看出，文帝习惯于以严格管束的方式对待皇子们。很显然，炀帝和他的兄弟们，终日生活在父皇暴怒的恐惧阴影中。显然炀帝很明白，为了自我保护，他必须抑制自己对珍玩以及美色的迷恋。然后，随着被立为太子的可能性的增加，炀帝开始塑造其对父母恭顺孝敬、对妻子忠心不二、生活简朴的皇子形象。而这一形象在他日后摄取皇权的过程中起了决定性作用。

征服西梁

杨广还是年轻的皇子时，所经历的最重要的政治事件莫过于其父文帝对西梁的征服。这是一个从555年起便存在于长江中游江陵地区的半独立政权。尽管西梁很大程度上受到北魏和北周的控制，但仍一直拥有自治权。隋朝建立后，文帝为炀帝选择了西梁统治者萧岿的公主作为王妃，同时文帝还计划安排炀帝的妹妹兰陵公主与萧岿的儿子萧瑒通婚（后因事未果）。炀帝的婚姻，是隋朝皇室力图在杨氏家族的血统中注入南方贵族成分的举措之一。浸淫在两国联姻的祥和气氛中，炀帝的母亲文献皇后，敦促文帝放松对萧氏家族的警戒。为此，文帝撤回了驻扎在西梁的江陵总管。

---

① 关于王韶，见《隋书》卷62，第1473—1474页。关于杨俊，见《隋书》卷45，第1240—1241页。关于杨秀，见《隋书》卷45，第1241—1242页；又见本章最后一节的讨论。

第一章 王储的确立

西梁开始享受着陡然增多的自主权。当然出于政治上的考量，萧岿小心翼翼地维持着与隋朝的密切联系。他的处境和地位，从584年受邀访问隋都大兴城时的欢迎仪式上可以窥见。在郊外举行的欢迎典礼上，萧岿被允许头戴通天冠，身着绛纱袍——这是典型的君王服饰。但一旦进入新落成的皇宫中最重要的宫殿——大兴殿，去面见文帝时，他被安排在面北而坐的从属地位上。不过，根据记载，当时的情况是"君臣并拜"。事实上，作为附属国的君王，尽管有着皇帝的头衔，西梁也必须承认隋朝的霸主地位。①

585年，萧岿去世。随着文帝加快平陈计划的进程，他开始重新评估与西梁的关系。对陈的军事进攻一旦开始，西梁无疑是一个关键的战略要地。萧岿的继任者萧琮掌权后，文帝对他的忠诚有所怀疑。因此，文帝征召萧琮的叔父萧岑入朝，并将其

---

① 关于萧玚，见赵万里，1956，卷9，第98页，图版450；李春民，1996。关于江陵，见《隋书》卷79，第1792页。关于西梁，见《资治通鉴》卷175，第5459页。关于礼仪，见《资治通鉴》卷176，第5472页："（至德二年正月）壬申，梁主入朝于隋，服通天冠、绛纱袍，北面受郊劳。及入见于大兴殿，隋主服通天冠、绛纱袍，梁主服远游冠、朝服，君臣并拜。（胡三省注：通天冠、绛纱袍，天子之服也；服天子之服，北面以受郊劳，示臣服于隋而未至纯于臣也。远游冠、朝服，诸王见天子之服也；入见大兴殿，纯于臣矣。……君臣并拜，非礼也。）"《隋书》卷8《礼仪三》，第158页记载："开皇四年正月，梁主萧岿朝于京师，次于郊外。诏广平王杨雄、吏部尚书韦世康，持节以迎。卫尉设次于驿馆。雄等降就便幕。岿服通天冠、绛纱袍、端珽，立于东阶下，西面。文武陪侍，如其国。雄等立于门右，东面。岿摄内史令柳顾言出门请事。世康曰：'奉诏劳于梁帝'。顾言入告。岿出，迎于馆门之外，西面再拜。持节者导雄与岿俱入，至于庭下。岿北面再拜受诏讫。雄等乃出，于馆门外道右，东向。岿送于门外，西面再拜。及奉见，高祖冠通天冠，服绛纱袍，御大兴殿，如朝仪。岿服远游冠，朝服以入，君臣并拜，礼毕而出。"

隋炀帝：生平、时代与遗产

扣为人质。同时复设江陵总管以加强对西梁的监控。如果说582年撤回江陵总管是对萧岿释放一种友好信号，那么585年恢复江陵总管很明显是出于对萧岿之子萧琮的不信任。

　　587年八月，应文帝的要求，萧琮到访大兴城，与此同时，文帝派遣崔弘度将兵挺进西梁控制地区。文帝的武力炫耀引发了西梁贵族的极大恐慌，他们带着十余万人出逃至陈。以此为借口，文帝命令隋军队占领西梁。存在了32年的西梁政权随之灭亡。在牢牢地控制住了西梁领地之后，文帝加快了平陈计划的部署，而炀帝在这次行动中发挥了关键作用。①

　　早在581年，文帝就将目光投向了南方的陈朝，当时他委任两名大将发动了一场针对陈的军事行动，但该行动进行得并不顺利。582年初，陈归还了于一年前攻占的、位于长江之北的胡墅（今江苏六合西南），以向隋请和。而后陈宣帝（569—582年在位）去世，隋文帝便趁机停止了整个军事行动。但隋文帝从未放弃过统一的愿望。在585年一封写给萧琮的信里，文帝巧妙地暗示说，尽管隋和陈表面上关系融洽，但两国边境地区却并不太平。到587年，平陈计划很显然已成为文帝所有事务的重中之重。②

　　在为平陈行动物色统帅人选的过程中，文帝注意到了炀帝。由于在许多重要的军事和文职部门担任要职，炀帝尽管年纪轻轻，却似乎已经获得了足够的行政历练。早在581年二月，炀帝获得了他人生第一个重要的军事职务——并州总管，并同时获得柱国

---

① 关于江陵，见《资治通鉴》卷175，第5459页；卷176，第5484页。注：《隋书》卷31（第888页）系江陵总管的恢复于587年。关于西梁的败亡，见《隋书》卷79，第1793页；《资治通鉴》卷176，第5491页。

② 关于文帝的南征策略，见何德章，1993。关于宣帝之死，见《资治通鉴》卷175，第5455—5456页。关于文帝对陈的关切，见《隋书》卷79，第1793页。关于对陈的入侵，见《资治通鉴》卷176，第5492页。

的封号，随后又被晋升为上柱国，这是隋朝功勋之臣的最高荣誉。

总管府是北周的传统，它指代一种兼有部分行政职能的军事管理区域，该区域的最高长官也称作总管。通常情况下，一个总管管辖一个州。但是，在洛州（辖境主要在今河南省）、并州（在今山西省境内）、益州（西南地区）设大总管，负责管辖许多个州。582年，文帝将大总管改为道，其最高机构称为行台省，并将洛州、并州、益州大总管分别改名为河南道、河北道、西南道。

583年，文帝又改西南道为益州总管，并废止了河南道。考虑到并吞西梁的需要，585年又恢复了江陵总管。588年，建淮南道，以淮河以南的安徽地区为中心。随着589年南方战事的结束，文帝废除淮南道，新建了扬州总管，又改河北道为并州总管。于是出现了并州（北方）、益州（四川）、江陵（后称荆州，长江中游）、扬州（江南）四大总管府，而这四大总管府的辖区基本上覆盖了京城之外的所有重要区域。四大总管中有三位由皇子担任。大总管府的设置看起来最大限度地扩大了杨氏家族对各州的控制，也使得皇子们有机会手握重兵。[①]

不管是作为并州大总管，还是河北道行台尚书令，炀帝一直

---

① 关于上柱国，见 Balazs,1953,第274页。关于总管，见欠端宽，1986,第93—107页；严耕望,1972,第23—54页。关于大总管，见《隋书》卷47,第1267页；《周书》卷21,第351页。注：大总管的官衔，北周时期为尉迟迥所采用；他是隋文帝杨坚极有力的挑战者。关于洛州/河南，见《隋书》卷30,第843页。关于并州/河北，见《隋书》卷30,第854页；卷1,第14页。关于益州/西南，见《隋书》卷29,第826页,卷1,第15页；《北史》卷62,第2209—2213页。关于荆州——江陵，见《隋书》卷31,第888页。关于淮南，见《隋书》卷2,第31—32页。关于扬州，见《隋书》卷31,第873页。又见《通典》卷32,第894页；《隋书》卷47《韦世康传》,第1266—1267页："天下唯置四大总管,并、扬、益三州,并亲王临统,唯荆州委于（韦）世康,时论以为美"；又见《北史》卷64,第2272页。关于行台,见《资治通鉴》卷175,第5454页。

隋炀帝：生平、时代与遗产

都是并州地区的最高长官,直到586年炀帝18岁(周岁17)成年为止。586年十月,他被任命为京城地区重要的行政长官——雍州牧。588年,随着对陈战事的临近,炀帝又被任命为新设立的淮南行台的最高长官尚书令。这显然是为日后接管陈朝故地而做的准备。

这一年稍晚的时候,炀帝奉命负责伐陈战役。炀帝、他年轻的弟弟杨俊以及足智多谋的老将杨素,被同时任命为行军元帅,但炀帝无疑是整个隋军的最高统帅。于是,年仅20岁(周岁19)的炀帝,统领了一支隋朝有史以来最大规模的军队,足足有50万人,还汇集了隋朝最优秀的将领,包括韩擒虎、贺若弼、王世积、燕荣等(见图1.2)。①

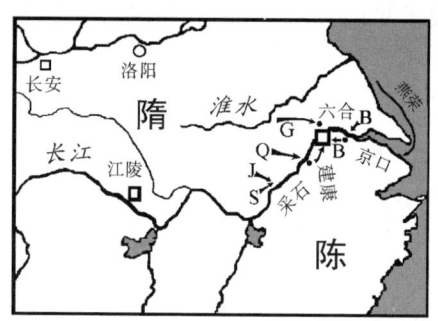

B-贺若弼,G-杨广,J-杨俊,Q-韩擒虎,S-杨素

图1.2　589年隋灭陈②

---

① 关于炀帝担任雍州牧,见《隋书》卷24,第680页。关于炀帝588年淮南的新任命,见《隋书》卷2,第31页。《隋书》卷3,第60页所载586年误。该职位止于589年,见《隋书》卷2,第32页。韩擒虎本名韩擒;见岑仲勉《隋书求是》,1974,第5页。关于伐陈,见《资治通鉴》卷177,第5503—5514页。关于燕荣,见《隋书》卷74,第1695页。

② 据王仲荦,1988—1990,第6页改绘。

第一章　王储的确立

平陈之役

平定长江以南的陈朝，统一全国，是文帝的主要战略目标。为了从道义上解释平陈之役的正当性，他曾经对高颎说："我为百姓父母，岂可限一衣带水不拯之乎？"平陈行动之前，文帝下了一道诏令，斥责陈朝皇帝是个暴君——滥杀无辜，鱼肉百姓，征役女子，营造无度，穷奢极侈。①

与父皇的政治宣传同步，炀帝也发起了对陈的书面讨伐。②与文帝的官方诏令不同，炀帝的檄文采用的是非正式个人信函的口吻。鉴于对自己文学才能的自负，炀帝很有可能是亲笔拟定了这篇檄文。

两篇讨伐文书的目的都是表明平陈的正义性，但二者的重点完全不同。文帝的诏令意在召集军队将领，一方面大力挞伐陈后主叔宝，同时也要鼓舞隋军的士气。炀帝的檄文则主要针对陈朝的将领和高官，特别是宰相江总。檄文甚至都没有提到陈叔宝的名字，因此看起来没有太多人身攻击的色彩。

---

① 关于文帝的统一，见高明士，1995，第89—128页。关于文帝对高颎所言，见《南史》卷10，第307页。关于文帝对陈朝统治者的谴责，见《隋书》卷2，第30页。

② 《全隋文》卷6，第3—4页，见《全上古三代秦汉三国六朝文》；《文苑英华》卷645，第17—19页。袁刚（2001，第96页）推测檄文出自晋王府掌文翰的薛道衡之手。

隋炀帝：生平、时代与遗产

两份文书不仅对象不同，在风格与内容上也相去甚远。文帝的诏书简单直白，无非是罗列陈政权的种种恶行。炀帝的檄文，除了抨击陈朝执政者所犯的罪恶，更强调天命所归，罗列各种对陈朝不祥的预兆，同时展示了隋军强大的战略优势。总之，炀帝的檄文不仅突出了超自然因素，也更具有逻辑性。

炀帝的檄文能够配合文帝诏书同时出现，预示着他将在这场平陈行动中扮演举足轻重的角色，这也是他获得政治和军事历练的绝好机会。

随着炀帝日益接近权力中心，他不可避免地同文帝的心腹——高颎发生接触。高颎日后也越来越多地介入了炀帝的政治生涯和个人生活。唐代的史家杜佑称高颎是中国历史上"六贤"之一。这些贤者都曾辅佐君王成就一番霸业。高颎同武川集团有着密切关系。这一西魏军事集团的精英中，有文帝的父亲杨忠，还有六世纪一位非常杰出的政治人物独孤信。高颎的父亲高宾曾是独孤信的僚佐。文帝则迎娶了独孤信的女儿（即文献皇后），而她本人与高家也有着密切的联系。在朝中，文帝与高颎一直关系亲密，并随妻子的习惯，称他为"独孤"。这是独孤信赐予高氏家族的姓氏。得益于父辈所建立的政治和家族情谊，高颎从来没有被文帝当作外人。事实上，文帝对他无条件地信任，由他主管王朝最重要的事务。按照文帝的诏令，高颎总领新都大兴城的规划和建设。文帝还接受了高颎关于消解陈朝心理防御的建议。① 在平陈战役中,文帝任命高颎为元帅长史,协助炀帝处理军务。但实际上三路伐陈大军(即远征部队)的战略部署皆由高颎谋划。尽管炀帝是被任命的平陈统帅,不过很显然高颎才是真正的实际指挥官。

589年正月,隋军大举南下,势如破竹,以迅雷之势攻入陈朝国都建康。与两名宠妃躲在井中的陈后主陈叔宝也遭俘获。其中宠妃张丽华姿容艳丽,魅力非凡,被认为是导致陈亡的红颜祸水。高颎不顾炀帝的命令,将张丽华就地处斩。② 当然,这些记录并不意味着炀帝在平陈行动中只是一个傀儡。尽管没有太多史料表明炀帝直接参与了军事行动,但进入建康后,炀帝还是

---

① 关于江总,见《陈书》卷27,第343—346页。关于六贤,见《通典》卷12,第295页。关于武川集团,见《隋书》卷1,第1页;布目潮渢,1980,第32—34页;宫崎市定,1965,第21—37页。关于独孤信,见《北史》卷61,第2167—2170页;Dien,1990,第331—332页。关于文献皇后,见《隋书》卷41,第1179页。关于文帝和高颎的关系,见《北史》卷61,第2167—2170页。《隋书》卷41《高颎传》,第1180—1181页曰:"领新都大监,制度多出于颎。……上尝问颎取陈之策,颎曰:'江北地寒,田收差晚,江南土热,水田早熟。量彼收获之际,微征士马,声言掩袭。彼必屯兵御守,足得废其农时。彼既聚兵,我便解甲,再三若此,贼以为常。后更集兵,彼必不信,犹豫之顷,我乃济师,登陆而战,兵气益倍。又江南土薄,舍多竹茅,所有储积,皆非地窖。密遣行人,因风纵火,待彼修立,复更烧之。不出数年,自可财力俱尽。'上行其策,由是陈人益弊。……九年,晋王广大举伐陈,以颎为元帅长史,三军咨禀,皆取断于颎。"

② 关于文帝的任命,见《资治通鉴》卷176,第5492—5493页。关于高颎的权力,见《隋书》卷41,第1181页;《资治通鉴》卷176,第5498页。关于张丽华之死史书中有不同记载。本书采用《隋书》(卷41,第1181页)、《北史》(卷72,第2489页)、《资治通鉴》(卷177,第5510页)的记载。而据《陈书》(卷7,第131页)和《南史》(卷12,第348页)记载,张丽华被炀帝所杀。袁刚(2001,第114页)也力图论证这种说法。

表现出了一个领导者的风范。他行事公正,赏罚分明,努力恢复当地秩序,也因此广受好评。正是在他的统领下,高颎和裴矩(炀帝执政后负责对外政策的高参)接管陈朝的官方图籍,封存了国家府库。

589年四月,炀帝得胜班师,返回大兴城。文帝亲临东郊骊山,以示对炀帝和他统领的隋军的慰劳。随后在太庙前举行了隆重的献俘仪式。炀帝被封为太尉,这是百官中最显赫的官衔之一。这无疑是21岁(周岁20)的炀帝意气风发年月里最为荣耀的时刻。炀帝证明了自己具有组织和管理的能力,给满朝文武留下了深刻的印象,更赢得了皇帝的完全信赖。更为关键的是,这标志着炀帝已经成长为朝中举足轻重的政治人物。①

江南之任

战事结束后,炀帝返回北方,继续他在并州的职务,而他的弟弟杨俊,则被任命为扬州总管,统辖新征服的江南地区。恐怕再也找不到比这项任命更不合适的安排了。杨俊是一个虔诚的佛教徒,仁慈、宽厚、友爱。他曾经想剃度为僧。文帝非但不批准,还命令他协助炀帝征讨陈朝。杨俊统领着水陆大军十万余众,却因不愿杀害生灵,拒绝执行行军总管崔弘度的攻击指令。幸运的是征讨最终以敌军投降告终。杨俊不仅是糟糕的军事统帅,他作为战事结束后的行政长官也同样令人失望。尽管隋政

---

① 关于裴矩,见《资治通鉴》卷177,第5510—5512页。关于炀帝班师,见《隋书》卷2,第32页;《资治通鉴》卷177,第5516页。

权愿意善待陈朝的遗老显贵,但要巩固南方地区的统治殊非易事。590年十一月起,不断发生像汪文进、高智慧等地方势力引发的叛乱,没过多久,反隋浪潮就席卷了整个旧陈故地。叛军的规模从数千人到数万人不等,他们武装进攻州县,俘获地方长官,"或抽其肠,或脔其肉食之"。隋政权不得不派出宿将杨素前往镇压。不同于杨俊的慈悲心肠,杨素因其残暴而臭名昭著。他的确是镇压叛乱的不二人选。①

叛乱平定后,590年年底,杨俊便与他的兄长炀帝对调了官职。毫无疑问这是最合理的决定。作为拥有平陈战绩的行军元帅,炀帝更有能力帮助隋政权在江南建立威信,并对骚乱做出快速反应。炀帝已经成年,而且对南方文化十分仰慕。他对这一任命一定欣然接受。

炀帝最早接触到江南文化,显然是受妻子萧氏(西梁皇帝萧岿之女)的影响。萧氏二月份生于西梁皇室家庭。按照江南的习俗,二月出生的新生儿预示着不祥,应当被抛弃。她的叔叔萧岌收养了她。但不久萧岌和妻子俱亡,萧氏又被舅舅张轲收养,过着贫贱卑微的生活。

文帝为炀帝挑选西梁公主为妃时,起初并未认真考虑萧岿所生的这个女儿。萧岿诸女都参加了占选,但只有萧氏占卜大吉,因而被选中。萧岿所属的兰陵萧氏是南朝著名侨姓士族之一,显赫一时。当文帝为爱子选妃时,是否拥有贵族血统是一个主要的考量。与江陵的第一家庭联姻当然也具有战略意义,能

---

① 关于炀帝任职并州,见《隋书》卷1,第60页。关于杨俊任职扬州,见《资治通鉴》卷177,第5518页。关于杨俊拒绝执行命令,见《隋书》卷45,第1239页。关于镇压叛乱,见《资治通鉴》卷177,第5529—5532页;《隋书》卷2,第35页;韩昇,1998,第338—346页。有学者认为叛乱的原因是推行"王教"过程中采取了粗暴的强迫政策,见袁刚,2001,第119—127页。

隋炀帝：生平、时代与遗产

够将西梁更紧密地纳入隋的轨道。

出生于江南汉族大家的萧氏性情温和，从不干涉丈夫的事务。发现丈夫失德后，她也只写了一篇自责的文章而非责难炀帝。多年来，这位来自江南的温顺、仁厚、谦逊并堪称楷模的女子陪伴在炀帝身边，其女性美德和修养深得炀帝的赞美和赏识。她聪慧而博学，文学素养很高。作为一个虔诚的佛教徒，她与炀帝以及杨氏家族有着共同的宗教信仰。她的高尚品行也获得了文帝的尊重和喜爱。她长于占卜，曾经预言太子杨勇被废，促使文帝与高颎商讨废立之事。这意味着即使没有高颎的反对，杨勇的失宠也在意料之中。①

萧氏温婉谦和，但她在家庭中的影响亦不可小觑。炀帝擅长占卜与相面术。术士社会地位低下，无论是作为一个北方贵族家庭出身的年轻人还是作为皇子，占卜之术都是不能登大雅之堂的"学问"。炀帝最有可能是从萧氏那里学习到占卜术。萧氏生长在普遍信仰超自然力量的江南，与底层卑贱的穷苦民众有密切接触，因此而熟谙占卜，不足为怪。炀帝还能熟练地使用江南的吴方言与萧氏交流。对一个北方人来说，这绝非易事，需要年少时就开始对其有所接触。炀帝很可能少年时期从萧氏那

---

① 关于炀帝被任命到江南，见《资治通鉴》卷177，第5532页；《隋书》卷3，第60页。关于萧氏，见《隋书》卷36，第1111—1113页；《北史》卷14，第535—537页。《隋书》卷36、《北史》卷14均有"江南风俗，二月生子者不举。后以二月生，由是季父岌收而养之"的记载。关于张轲，见赵万里，1956，卷9，第102页，图版483。关于兰陵萧氏，见陈寅恪，1995，第207页；毛汉光，1988，第56—59、408—412页。关于杨氏与南方贵族联姻，见山崎宏，1956，第5、8页。关于炀帝对萧氏的敬重，见《隋书》卷36，第1111页。关于萧氏的宗教虔诚，见《太平广记》卷102，第688页。关于文帝和高颎的讨论，见《隋书》卷41，第1182页。

第一章　王储的确立

里学会了吴方言。萧家成员在家中应讲吴方言,萧氏的祖父萧詧在建立西梁政权之前,长期生活在梁武帝治下的、属于吴方言区的建康。

无论多么受益于南方的民间文化,炀帝最感兴趣的还是南朝的雅文化,尤其是文学。四世纪初"永嘉之乱"后,南北方的文学便朝着不同的方向发展。北方贵族如兰陵萧氏将他们的文学和艺术传统带到了南方,为南朝诗歌的繁盛奠定了基础,其精致华美远远超过北方。炀帝对南朝文学传统极为欣赏。他所作的诗深受风行于南朝的萧梁宫体诗的影响。尽管尚不确定炀帝是从何处习得这种诗体,他与萧氏多年的相伴无疑使他对南朝文化传统更为偏爱。萧氏的高祖文坛巨匠萧统主持编纂了经典的文学作品集《文选》。萧统的弟弟梁简文帝(萧纲,549—551年在位)是宫体诗的鼻祖之一。从萧氏唯一存世的作品《述志赋》可以看出她深谙南朝文学风格的精髓。①

作为一个来自北方,却已在江南居住了十年左右的最高军政总管,炀帝对南方的喜爱与日俱增。他高度赞赏梁、陈的建筑风格,即位后,在修建奢华新都洛阳时也加以采用。当他发现史官窦威和崔祖濬在编书过程中无意中使用了轻视南方人的词汇时,炀帝激烈地为南方文化辩护,称江南为"天下之名都","硕学通儒文人才子莫非彼至",并严厉惩罚了窦、崔二人,以泄己愤。炀帝登基后,江南成为他一系列重要决策的决定性因素,如修建新都城、开通大运河、在位晚期将活动重心由北南移到江都等。尽管

---

① 关于炀帝的占卜技能和熟练使用吴方言的能力,见《资治通鉴》卷185,第5775页。关于萧詧,见《北史》卷93,第3086页。关于南方文化,见《通典》卷182,第4850页。关于炀帝的南方诗体,见刘淑芬,1978,第64—68页。关于宫体诗,见 Marney,1986,第516—517页。关于萧氏的作品,见《隋书》卷36,第1111—1112页。

隋炀帝：生平、时代与遗产

炀帝在江南任职期间无限眷恋南方，但他还是被召回位于北方的都城大兴城。在那里，一场皇位继承权的斗争即将拉开序幕。①

高丽事件

很难确切地说炀帝从何时开始觊觎太子之位，但有一个关键事件，即文帝对高丽的军事行动，极大地增加了他登上太子之位的胜算。因为阻碍他登上皇位的最大阻力——高颎——在这场战事之后彻底失势了。

589 年平陈之后，隋与高丽的关系急剧恶化。由于害怕遭到与陈朝同样的下场，高丽的平原王（559—590 年在位）开始加强战略防御，并增加粮食储备。文帝为此传书高丽，表达了自己的不满。在玺书中，文帝批评高丽驱逼靺鞨（位于高丽北部的游牧民族），包围契丹（位于高丽西边的另一游牧民族，文化传统与靺鞨相似）。这些政权原本只是松散的联盟，并且大都与隋朝保持朝贡关系。但一系列事件发生后高丽开始成为掌控东北地区的主要力量。在文帝采取军事行动之前，平原王突然去世，由其子婴阳（名元，590—618 年在位）继承王位。文帝派出使者，准许婴阳袭爵辽东郡公，又应婴阳的要求，封其为高丽国王。事实上在文帝册封之前，婴阳已经是高丽的实际统治者。请求隋朝的册封，显然是婴阳有意向隋政权示好的一种姿态。然而，尽管他

---

① 关于洛阳城与南朝的联系，见《隋书》卷 24，第 672 页；Balazs,1953，第 20 页。关于炀帝对南方以及对窦威、崔祖濬的评论，见《全上古三代秦汉三国六朝文·全隋文》卷 5，第 4043b 页。

第一章 王储的确立

声称渴望和平,589年,他却率领靺鞨之众进犯隋朝境内的辽西(位于东北地区南部)。婴阳觊觎隋朝领土的真实意图不得而知,但其挑衅行为点燃了文帝的怒火,文帝不仅罢黜了婴阳的官爵,还威胁要采取军事行动。隋灭陈使东亚政治版图出现了新的格局,高丽大约难以接受,孤注一掷与一统天下的隋王朝相抗衡。①

在几乎所有朝臣的支持下,文帝于589年六月分水陆两路发起了对高丽的辽东战役。这支超过30万人的水陆大军由汉王杨谅和高颎指挥。具有讽刺意味的是,高颎是此次战役最主要的反对者。

隋朝陆军受阻于粮食短缺和疾病蔓延,海军在原陈朝将领周罗睺指挥下试图从山东半岛横渡黄海以进攻平壤,却遇到致命的风浪,损失惨重。从六月起兵到九月溃退,隋军人马损失了十之八九。惨败的结局一定给炀帝留下了刻骨铭心的记忆。这或许就是炀帝十年之后再度发动对高丽战争的内在动因。②

同时,这次战役的失利,加之以其他各种因素,播下了杨谅与高颎不和的种子,也引发了一个意想不到的结果:高颎的下台。讽刺的是,尽管杨、高的冲突导致高颎被免职,为炀帝扫除

---

① 关于文帝的玺书,见《隋书》卷81,第1815—1816页;《册府元龟》卷996,第11695b—11696a页。关于靺鞨,见《北史》卷94,第3123—3126页;《隋书》卷81,第1821—1822页。关于契丹,见《北史》卷94,第3127—3129页;《隋书》卷84,第1881—1882页。关于隋与高丽、契丹、靺鞨的关系,见黄约瑟,1980,第122—158页。注:平原王在《隋书》中称高阳(卷1,第16页)或汤(卷81,第1814页)。《隋书》卷81将平原王病死及文帝玺书系于597年,误。见韩昇,1998,第353页。

② 西嶋定生,1983,第423—435页;《隋书》卷41,第1182页;《北史》卷72,第2490页;《资治通鉴》卷182,第5692页。注:文帝宣布开战在二月,但直到六月才发起进攻。见《资治通鉴》卷178,第5560—5561页;《隋书》卷2,第43页。

了权力追逐路上的重要障碍,但其后杨谅却成为炀帝最危险的敌人。

争夺皇太子之位

直到 600 年十月之前,杨勇一直是炀帝前进路上的绊脚石。杨氏兄弟之间你死我活的激烈争斗最终导致了杨勇的垮台。不过杨勇被废黜是一个漫长而复杂的过程,是各种因素相互作用的结果,诸如:炀帝的圆滑、文献皇后的妒恨、杨素将军的诋毁、文帝的疑心病、杨勇自身的弱点等。

文帝经过深思熟虑才决定立杨勇为太子。与弟弟炀帝相似,杨勇也以好学而闻名。同时,他性格宽厚仁慈、率性真挚。文帝很早就有意将其当作接班人进行培养。文帝刚摄政北周政权,就委派杨勇管理北齐故地。隋朝建立后,文帝也有意让杨勇介入朝廷军国大事的商讨。当杨勇提出批判性的意见时,文帝总是认真倾听并积极采纳。杨勇与兄弟们都为同母所生,而这种血缘纽带看起来能阻止诸弟觊觎他的位置。当然,在父母身故之后,杨勇也必须善待他们。①

然而,文帝因为一件小事开始动摇对太子的信任。在某冬至日,百官前去朝见太子杨勇。"朝"是皇帝所独享的礼仪,对太子而言,恰当的礼仪应为"贺"。杨勇所作所为触犯了礼制规定,也是对帝王权威的挑衅。另一件事是,文帝下令将一部分东宫的宗卫将士调任皇宫侍卫,杨勇的岳父高颎对此表示关切,认为

---

① 《隋书》卷 45,第 1229—1230 页;《北史》卷 71,第 2458 页。

第一章 王储的确立

这有可能危及东宫的安全护卫。文帝大光其火,因为他已将东宫视为权力争夺的对手和对皇宫安全的潜在威胁。

失去母亲文献皇后的宠爱,也加速了杨勇被废黜的进程。作为来自北朝的非汉族女子,文献皇后意志果决,专横霸道。她在皇宫的地位类似家庭总管。杨勇与元氏的婚事即由她安排。但让多疑善妒的皇后懊恼的是,杨勇在东宫广纳姬妾,尤其钟情于云氏。元氏死后,云氏开始取代其地位。由于北方社会对姬妾身份的歧视根深蒂固,杨勇的行为非但不符合北方文化传统,更为文献皇后所不容。①

与此同时,炀帝注意到了母后与太子的不和,这也激发了他取杨勇而代之的野心。为了取悦父皇和母后,炀帝小心翼翼地经营着他模范丈夫的形象。他身边仅留有数名姬妾,只与萧氏一人同居。他与姬妾们所生的孩子都被遗弃。他上朝时总是轻车简从。他曾有意让文献皇后知道,自己无意之中招致了太子的不满,并赢得了她的同情。

炀帝的模范言行和对文献皇后的孝敬与恭顺,以及皇后担心身故后皇子们会遭到太子毒手——这些都成为文献皇后要求更换太子的理由。同时,炀帝在其亲信宇文述的帮助下,获得了当朝重臣杨素极为关键的支持,而杨素是文帝面前举足轻重的人物。②

同文帝一样,杨素也出自贵族世家。尽管在文学方面颇有造诣,杨素却是以武将身份而知名。577 年,在北周进攻北齐的

---

① 关于杨勇的言行举止,见《隋书》卷 45,第 1230—1231 页。关于东宫,见《隋书》卷 45,第 1231 页。关于对妾的歧视,见《颜氏家训》卷 4,第 47 页;Teng Ssu-yü(邓嗣禹),1968,第 12—13 页。

② 关于炀帝遗弃孩子之说,见《隋书》卷 4,第 94 页;卷 45,第 1231 页。关于炀帝对母后的恭顺,见《隋书》卷 45,第 1231—1232 页;《北史》卷 71,第 2460 页。关于宇文述的关键角色,见《隋书》卷 61,第 1465 页。

隋炀帝：生平、时代与遗产

一次战役中，他声名鹊起。升任尚书省右仆射后，他与朝中最有影响力的尚书省左仆射高颎，共享朝廷大权。为了扳倒杨勇，文献皇后、炀帝、杨素三方合谋，拔除其最忠实的维护者高颎。如果文帝始终信任高颎，那么除掉他将比登天还难。此前便有官员因诽谤高颎而招致了文帝的暴怒，最终丢掉乌纱帽。然而机会终于在高颎妻子过世之后出现了。在文献皇后的极力鼓动下，文帝张罗着帮高颎另寻新妻。高颎恭敬地表示了回绝，主要理由是自己年事已高，并虔心信佛，故不愿再娶。但不久之后，高颎的爱妾却给他生下一个儿子。高颎不仅仅是婉拒皇帝为其续妻的美意，还隐瞒自己已有姬妾的事实，这个事情被文献皇后发现后告知了文帝，文帝为此大为不满。

在598年那次失利的辽东战役中，高颎屡屡否决杨谅的建议。文献皇后听闻杨谅的抱怨后，将其汇报给文帝。文帝逐渐对他最信任的大臣产生了认识上的转变。他越来越提防高颎与太子杨勇勾结的可能性。在确信高颎的犯罪意图后，文帝罢免了其所有官职。此后高颎谋逆的证据被发现，文帝将其贬为庶人。[①]

身居江南的炀帝通常一年回京一次。尽管远离政治中心，但他仍然在三方联盟中发挥着作用。他所收买的东宫宠臣姬威潜伏在杨勇身边，搜集情报并直接向杨素汇报。

当意识到母后和弟弟在与他作对时，杨勇求助于术士。而术士关于太子之位不保的预言更加剧了杨勇的恐惧。不知所措的太子以铜铁兵器实施厌胜，并在后园修建屋宇简陋的庶人村，

---

① 关于杨素，见吴刚，1991，卷3，第8页；姚双年，1991，第88—90页；刘健明，1999，第219—245页。关于高颎反对废杨勇，见《隋书》卷41，第1182页。关于文帝对高颎杨勇结盟的担心，见吕思勉，1980，第7页。关于高颎的除贬，见《隋书》卷41，第1179—1183页；《资治通鉴》卷178，第5565—5568页。关于杨谅，见《隋书》卷45，第1244—1245页。

时常布衣草席居住其中,以期抵消预言之效。但这些孤注一掷的尝试并未能阻止他急剧跌落的命运。

此后,杨素的行动对杨勇的命运起到决定性的作用。文帝离京期间,杨素受命监视杨勇。文帝归来后,杨素提交了一份对太子十分不利的报告,指责杨勇对令其追查刘居士余党的诏令置若罔闻,抱怨他自己在取代北周的行动中遭到不公待遇,并暗示是由于他的帮助文帝才能登上帝位。通过这些夸张的充满煽动性、令人愤怒又心痛的表述,杨素成功地将太子塑造成一个对现实不满并公然挑衅皇权的人。①

姬威随后也证实了杨勇骄奢傲慢,野心十足,并提供了切中要害的证据,证明杨勇有针对文帝的罪恶意图。姬威称,杨勇曾令师姥占卜后,告诉姬威"至尊忌在十八年(598),此期促矣"。文帝考虑废掉太子已有时日,听罢此言,痛心疾首。姬威的证据加上杨素的报告坚定了文帝付诸行动的决心。

另一个导致杨勇被废的重要缘由,是他让其妾云氏篡取嫡妻的地位,从而影响到皇族血统的纯粹。不顾其卑贱的出身,升妾为妻,也违背了北朝以来的传统。文帝和独孤皇后之所以安排杨勇与元氏成婚,首先看中的便是元孝矩的家族门第。但杨勇对父皇母后挑选的正妻没有兴趣。相反,他所钟爱的云氏是平民云定兴在外私合而生。文帝称云定兴为"愚人",对太子迷恋云氏女的行为十分不满。由于怀疑杨勇偏爱云氏可能是导致元妃病故的原因之一,文帝严厉地训斥了杨勇。据说,在盛怒之

---

① 关于杨勇的庶人村,见《隋书》卷45,第1232—1233页。刘居士乃上柱国刘昶之子,私自结党。见《资治通鉴》卷178,第5565—5567页。关于杨素的报告,见《北史》卷71,第2462—2463页。比较《隋书》卷45,第1233—1234页;《资治通鉴》卷179,第5578—5579页。

下,杨勇甚至威胁要杀了元孝矩。这使得文帝确信他自己才是杨勇想要杀害的人。

由于文帝和文献皇后对云氏根深蒂固的偏见,又担心杨勇会威胁到皇权以及其他皇子的安全,杨勇被废的命运已成定局。随着高颎被噤声,文帝迅速展开了废太子的行动。600年十月,文帝戎服陈兵,坐镇武德殿。杨勇被传召进宫时,已感到自己命悬一线。文帝的近臣薛道衡,措辞严厉地宣布,废黜杨勇太子之位,并将其连同子女贬为平民。东宫僚属也受到了各种各样的株连,或被赐死或被抄家。

600年十一月,32岁(周岁31)的炀帝被立为皇位继承人。他离开深爱的江南返回北方都城,入主东宫。前太子杨勇则被软禁在东宫,完全在炀帝的掌控之中。①

与诸弟的争斗

从600年十一月到604年七月,炀帝只当了不到4年的太子。这期间炀帝的活动鲜有记录。看起来他应该继续扮演着孝顺儿子和忠诚丈夫的角色。他一贯多疑的父皇无法忍受任何有违道德的行为。炀帝也急迫地取悦着父皇,甚至要求东宫的臣僚对太子不自称臣。这是基于一个合理的逻辑,即尽管他们是

---

① 关于师姥的占卜,见《隋书》卷45,第1235页;比较《隋书》卷41,第1183页。关于杨勇,见《隋书》卷45,第1229—1239页;《资治通鉴》卷179,第5573—5583页。关于云定兴,见《隋书》卷61,第1467—1468页;关于文帝安排其子与元孝矩的女儿成婚的动机,见《隋书》卷50,第1317页。关于杨勇的囚禁,见《隋书》卷45,第1236—1238页。

东宫的臣僚,他们更应该对皇帝保有百分之百的忠诚。十分介意东宫势力发展的文帝欣然接受了这一建议。炀帝此举立刻显现了他与前太子杨勇的云泥之别。杨勇担任太子期间曾因会见臣僚时南向而坐(此为帝王的象征)而触怒了文帝。①

顺利地度过了两年左右的太子任期后,炀帝于602年八月目睹了母亲独孤文献皇后(享年59岁)的离世。② 据《资治通鉴》的记载,在文帝和后宫嫔妃面前,炀帝表现出对母亲离世不胜悲恸,几至晕厥。但同书随后又说,私下里,炀帝饮食谈笑一如平常,甚至吩咐手下将大鱼大肉偷偷运进东宫。

和传统史家一贯描述的负面形象一样,司马光及其助手也力图揭示炀帝的伪善和不孝。毫无疑问,炀帝在公众场合过度悲恸的表现反映了他性格中虚伪的一面。但他在服丧守制期间违背禁食酒肉的礼俗(如果这一记载确实可信的话),或许只是无心之举。尽管破坏服丧守制礼俗的行为给传统史家谴责炀帝提供了依据,但是,相较于对过分苛求的父皇的复杂心理,他并没有任何理由怨恨母后——恰恰是文献皇后帮助他登上了太子之位。没有人知道炀帝公众场合的哀恸表现是否是精心策划的表演,但此时此刻,原本就被冠以孝子头衔的炀帝所表现出的极度哀恸,确实给文帝留下了深刻印象,毕竟文献皇后与文帝不仅是相伴一生的生活伴侣,更是亲密无间的政治伙伴。③

---

① 关于炀帝要求东宫臣僚不自称臣,见《资治通鉴》卷179,第5585页;《隋书》卷2,第45页。关于杨勇,见《隋书》卷9,第188页。

② 关于文献皇后的去世,见《北史》卷14,第533页;Boodberg, 1939a,第271—272页。比较《隋书》卷36,第1109页。

③ 关于司马光对炀帝的描述,见《资治通鉴》卷179,第5592页。关于炀帝戏剧性的言行,见《隋书》卷3,第59页。关于文献皇后和文帝的关系,见《隋书》卷36,第1108—1109页。

隋炀帝：生平、时代与遗产

对炀帝而言，文献皇后的去世，使他在文帝面前失去了一道安全屏障，大大增加了他的不安全感。现在他只能独自面对文帝对他的政治考验。从理论上讲，除被王妃毒死的秦孝王杨俊（发生在600年六月）以外，任何一个皇子都有可能对炀帝继承皇位产生威胁。①

剩余的三个兄弟中，杨勇始终都是炀帝的眼中钉、肉中刺。尽管杨勇被软禁在东宫，但东宫的主人炀帝，仍对他严加看管，不敢掉以轻心。杨勇坚信自己罪不至此，屡屡要求面见文帝，陈诉冤屈。这些请求都被炀帝中途拦截。绝望的杨勇甚至爬到树上，呼号着自己想见文帝的请求。在文帝的过问下，杨素进行了调查，并汇报说："勇情志昏乱，为癫鬼所著，不可复收。"作为炀帝阵营的一员，杨素显然无意改善杨勇的处境。

同杨勇的较量中，炀帝具有明显的优势——对手处在他的直接监控之下。然而，与两位弟弟的争斗中，炀帝并不具备这方面的优势。其中越王杨秀被炀帝视为最大的竞争对手。他相貌英俊，武艺精湛，胆识过人，为朝臣所敬畏。这些品质令杨秀在文帝诸子中鹤立鸡群，但文帝却为此更加担忧他的命运，并说道，"秀必以恶终，我在当无虑，至兄弟必反"。②

杨秀并不隐瞒他对杨勇被废一事的不满。炀帝则将杨秀视为潜在的麻烦制造者，不断试图诋毁他。但是杨秀处在西南一隅的蜀地，炀帝鞭长莫及。后来杨秀终因不慎其行而招祸。他因铺张奢侈，违反制度，受到文帝的严厉谴责。惊恐万分的杨秀

---

① 关于杨俊之死，见《隋书》卷45，第1240页。炀帝为纪念杨俊撰写一篇诔文；见《全隋文》卷4，第14—16页，载《全上古三代秦汉三国六朝文》。

② 关于杨素对杨勇的评论，见《隋书》卷45，第1238页。关于杨秀，见《隋书》卷45，第1241—1242页。

用卑微的语气答复,以表示谢罪:"忝荷国恩,出临藩岳,不能奉法,罪当万死。"炀帝和诸王都被这番言辞打动而落泪,并为杨秀求情。① 铁石心肠的文帝却说:"顷者秦王糜费财物,我以父道训之。今秀蠹害生民,当以君道绳之。"一位大臣试图为杨秀辩护,暴怒的文帝竟扬言要割掉他的舌头,甚至要将杨秀斩首示众。随后文帝决定,指派数名高官对杨秀进行调查和审理。在这个过程中,杨素起获了两个关键性的证据。一个是杨素在华山脚下发现一个木偶,上面刻着杨坚、杨谅的名字以及恶毒的咒语,并被缚首钉心。另一个是一篇控诉文帝身边逆臣贼子的檄文。虽然这似乎都是杨秀之所为,但史书却宣称是炀帝制作了木偶,杨素伪造了檄文。② 这两份要害的证据一出,文帝便将杨秀贬为庶人,幽禁在宫中。③

至此,对炀帝具有威胁者仅剩下了汉王杨谅一人。杨谅从597年起便开始掌管关键的并州地区,统领52州。他和杨秀一样对废杨勇一事感到不满。杨秀失宠后,杨谅颇感唇亡齿寒。作为文帝的爱子,杨谅在其辖地具有"不拘律令"的特权。为防不测,他开始加强军备。借防御北方突厥的名义,他招募了数万名随从,并集结大批的武士组成私人武装。他和辖境内的军事将领关系密切。杨谅的部队被突厥击败后,文帝解除了其麾下八十多名将领的职务,并将他们流放到南部边陲以示惩罚。杨谅个人并没有受到惩罚,但他为这些亲信求情的行为,招致了文

---

① 文帝的5个儿子中,除了炀帝自己外,只有杨谅还未被波及。所以文献中所言诸王应包括其他男性皇亲。
② 《隋书》卷15,第1242页;《资治通鉴》卷179,第5594页。
③ 在炀帝死后,杨秀被宇文化及所杀。见《隋书》卷45,第1242—1244页;《资治通鉴》卷179,第5593—5594页。关于文帝对杨秀的谴责,见岑仲勉,1974,第86—88页。

隋炀帝：生平、时代与遗产

帝的怒斥："尔为藩王，惟当敬依朝命，何得私论宿旧，废国家宪法邪！嗟乎小子，尔一旦无我，欲妄动，彼取尔如笼内鸡雏耳，何用腹心为！"①尽管文帝大发雷霆，但他始终维护着杨谅。文帝去世后，杨谅对炀帝的权位构成了直接威胁。

作为猜忌心颇重的皇帝，文帝实际上有意将太子杨勇置于虚位。隋朝立国后，杨勇几乎没有机会参与任何一次重要的军事行动或政治决策。他只能小心翼翼地等待着文帝的去世，以自动开启属于他的时代。由于缺乏展示个人价值的机会，当皇后、杨素和炀帝合谋废除他的时候，他几乎没有还手之力。尽管杨勇被废是众人合力所致，但文帝才是杨勇悲剧的始作俑者。因为赋予了炀帝太多的军事和政治权力，文帝不知不觉中给杨勇塑造了一个强有力的竞争对手，更在无意之中为炀帝在获取太子之位和皇位的权力斗争中增添了砝码。太子杨勇的软弱和行为失当，与炀帝蜚声朝野的政绩、良好的声誉、无可挑剔的举止形成了鲜明的对比。这使文帝只能做出以炀帝代杨勇为太子的选择。

杨勇垮台的时候，东宫僚属李纲冒死进言，警告文帝："废立冢嫡，鲜不倾危。"此番忠告却无人理会。②

---

① 见《资治通鉴》卷180，第5605页。
② 见《资治通鉴》卷179，第5583—5584页。译者注：李纲时为太子洗马。

第二章　炀帝和他的统治

登基

　　仁寿后期,炀帝的帝王之梦正一步步成为现实。但是被册封为太子还不算保险,文帝随时可以废黜他。幸运的是,年事已高的文帝对炀帝的信任与日俱增。由于无法适应大兴城潮热的气候,文帝在他生命的最后几年,常在位于大兴城西边的仁寿宫避暑消夏。

　　604年春天,文帝最后一次前往仁寿宫,就再也没有回来。出发之前,术士章仇太翼(卢太翼)曾警告文帝此行恐有危险。盛怒的文帝将其投入大牢,并明言要处决他。临行前,文帝将军国大事一并托付给了炀帝。是年四月,文帝病重。七月十日,文帝含泪与臣僚们诀别,并命令释放章仇太翼。① 然而之后的两

---

① 《隋书》卷3,第60页;《资治通鉴》卷180,第5601页;《北史》卷12,第440页。关于仁寿宫,参见 Xiong Victor Cunrui(熊存瑞),2000,第55、76页。关于章仇太翼(卢太翼),参见《隋书》卷78,第1769页。袁刚(2001,第236页)认为柳述与章仇的警告有关。

隋炀帝：生平、时代与遗产

起事件触发了这位垂暮皇帝的剧烈反应，并差点改变了历史的进程。

为防备文帝突然去世引发不测，炀帝将他的老盟友杨素安插在文帝身边作为耳目。杨素递出一份时局密报，却被阴差阳错地送到了文帝手中。文帝读后怒不可遏。与此同时，炀帝作为太子，被从都城传唤至病重的文帝身边。令人匪夷所思的是，炀帝竟然调戏文帝的宠妃陈贵人（宣华夫人），一个在宫中颇有影响力的年轻妃子。文帝的病重让炀帝变得肆意妄为，但他过火的行为差点毁了他自身的政治前途。陈氏设法逃回到文帝寝宫，并将事情报告给文帝。狂怒的文帝命随行的两位廷臣柳述和元岩召回长子杨勇。鉴于炀帝暗中对自己图谋不轨以及冒犯帝妃，文帝决定另立杨勇为太子取代炀帝。不过这个决定为时已晚。炀帝以及他的支持者杨素扣留了柳述和元岩，撤掉宫城的卫队，全部改由东宫卫士进行守卫。同时还安置了炀帝的两个心腹宇文述和郭衍负责文帝的安全，并由炀帝的宠臣张衡侍奉文帝的起居。在帝妃和宫人都被调离文帝的寝宫之后，文帝在非常可疑的情况下于604年七月十三日（公历8月13日）驾崩。这便是史称的"仁寿宫变"。随后，依据惯例发布了一份遗诏，谴责杨勇和杨秀的悖逆和罪恶，并再次确认炀帝为皇位继承人。[①]

传统史家认为这份遗诏是根据炀帝的授意伪造的。同样，他们认为炀帝借张衡之手弑君，是杀害文帝的真正元凶。事实上，弑君成了传统史家对炀帝进行道德评判的核心问题。不过，有一些现代历史学者开始质疑史料记载的可靠性，他们认为这

---

① 关于这一事件，参见《资治通鉴》卷180，第5601—5604页；《隋书》卷34，第1110—1111页；《太平御览》卷106，第509b页。关于诏书，参见《隋书》卷2，第53页。

些记载的背后,有着不可告人的、抹黑炀帝的目的。

吕思勉对这段记载的若干戏剧性的细节表示质疑,诸如杨素的密报落入文帝手中以及炀帝对宣华夫人的性骚扰(虽然他们之前曾有过接触)等。应该说,这些细节性的叙述可能存在虚构的成分,但目前并没有足够的原始史料可以推翻这些记载。此外,炀帝与宣华夫人早前的接触虽然与性无关(如炀帝赠送陈氏一些礼品,以及陈氏对炀帝争夺太子之位有所助力),但也不能排除陈氏确实抗拒过炀帝的性挑逗。基于本纪与列传的矛盾之处,宫崎市定认为整个事件是后人炮制的。① 可惜他未能提供史料来佐证他的观点。

韩昇经过细致的考证进一步论证了这一观点。首先,他认为根据较为可信的《隋书》的记载,文帝是自然死亡(《资治通鉴》也采信了这一说法)。《隋书·高祖本纪》记录文帝之死的关键词语是"崩",该字并不带有谋杀的含义。不过,在我看来,本纪的体例中,"崩"字大多是指代帝王之死的一种惯常用法,而非对其死因的技术性描写。举例来说,《隋书·炀帝本纪》同样用"崩"来记录炀帝的死,而在其他卷帙,则毫不含糊地记载他是被弑杀的。有鉴于此,虽然《隋书·高祖本纪》用"崩"描述了文帝的死,但并不意味着《隋书》认为炀帝在文帝死亡过程中可以免责。在《隋书·杨素传》中,炀帝的心腹张衡非常可疑地出现在文帝的寝宫。这一事实即可清楚地表明这一点。

其次,韩昇认为,作为炀帝的心腹,张衡被唐高祖追赠谥号

---

① 吕思勉,1980,第26—27页。比较韩昇,1998,第488—490页。宫崎市定(1965,第109—111页)起初接受传统观点,而后改变看法(宫崎市定,1978,第79—91页;1989,第311—312页)。关于陈氏,参见《隋书》卷36,第1110页。

隋炀帝：生平、时代与遗产

为"忠"。如果张衡确实卷入了弑君行动，他不应该获得这个谥号。其实，我认为追赠张衡这一谥号是考虑到他忠于炀帝，而非文帝。张衡因向炀帝提出忠告而被杀害，就这一点而言，谥号"忠"还是恰当的。①

再次，韩昇指出，隋末唐初之前，关于炀帝的评价都没有提到弑君行为。这里，韩昇所依据的主要是由魏征编纂的《隋书》。不过，当时至少有三本著作同样都叫《隋书》。其他两本分别为王劭和张大素所作，可惜俱已佚失。王劭在隋朝覆灭之前去世，而他所著《隋书》因种种原因广受诟病。张大素则经历了隋末的动乱，于唐太宗执政时期过世。他所记载的内容或许与魏征的《隋书》有所不同。事实上，宋初的类书《太平御览》引用了一条《隋书》史料（极有可能出自张大素的《隋书》），为弑君说提供了依据。此外，一些当今可见的史书也存留了炀帝弑君的记录。据《贞观政要》记载，唐太宗提及文帝之死时说道："及为炀帝所杀，刑政由是衰坏。"另外，一篇可以追溯到634年的墓志铭，也描述文帝的继承人是篡位者。所有这些都清楚地表明唐太宗时期人们普遍认为炀帝是弑君者。②

---

① 关于文帝之死，参见《隋书》卷2，第52页。关于炀帝之死，参见《隋书》卷4，第93页。关于"崩"用于描述炀帝之死，参见刘健民，1999，第82—83页，注6。关于张衡与文帝之死，参见《隋书》卷48，第1288页。关于张衡的谥号，参见《隋书》卷56，第1393页。

② 关于王劭，参见《隋书》卷69，第1609—1610页。关于张大素，参见《旧唐书》卷68，第2506—2507页。关于《太平御览》的记录，参见《太平御览》卷106，第509b页。原文为："八月甲辰，上疾甚，卧于仁寿宫。与百寮辞诀，并握手歔欷。是时唯太子及陈宣华夫人侍疾。太子无礼，宣华诉之，帝怒曰：'死狗，那堪付后事？'遽令召勇。杨素秘不宣，乃屏左右，令张衡入，拉帝，血溅屏风，痛之声闻于外。"关于太宗的评论，参见《贞观政要》卷6，第200页。关于墓志的证据，参见周绍良、赵超，1992，第33页，郭捷墓志。

第二章 炀帝和他的统治

最后需要提及柳述、元岩这两位奉文帝之旨草诏废黜炀帝的官员。如持非弑君说,则难以对其最终命运做出合理解释。炀帝不仅罢免了柳述的官职,将其流放到边远地区,还责令自己的胞妹——柳述的妻子兰陵公主——与柳述离婚。兰陵公主表示拒绝,并请求跟随丈夫一同流放。炀帝没有同意她的要求,兰陵公主不久便郁郁而亡。元岩也遭遇了相同的命运。柳述与元岩遭受如此迅速而严厉的惩处,只有放在炀帝弑父夺权的大背景下才能解释得通。

另一个可疑的情况是炀帝隐瞒文帝死讯,秘不发丧达八天之久,这显然推迟了登基的日期。除了篡位者需要时间去掩盖其行迹之外,关于延迟登基还能有什么合理的解释呢?在这八天的过渡期里,炀帝所采取的行动之一,就是试图用伪造的文帝诏书把杨谅从并州召回,这直接导致了杨谅的叛变。如果说炀帝是通过合法手段继承皇位,他又何必要去伪造诏书呢?①

综上所述,与上述学者的观点相反,有关炀帝弑父的记载并无自相矛盾或虚构之处。② 换一个角度,站在炀帝的立场,如果他没有先发制人,毫无疑问他将会失去权位,他的命运也将会落到他的父亲或兄长杨勇的手上。在通常情况下,皇位继承权之争,就是一场你死我活的斗争。

皇位巩固后,炀帝便着手处理那些未尽事宜。他派人给陈氏送去一个金盒,金盒上的封条有其亲笔御书的"封"字。在使者的催促下,陈氏打开金盒,发现若干枚同心结。当晚,炀帝便

---

① 关于兰陵公主,参见《隋书》卷80,第1798页。关于柳述,参见《隋书》卷47,第1272页。关于元岩,参见《隋书》卷80,第1800页。关于文帝死后秘不发丧,参见刘健明,1992,第68页。

② 关于这一问题刘健明有出色的研究,见刘健明,1999,第82—83页,注6。

隋炀帝：生平、时代与遗产

与她同床共枕。① 如果陈氏不是炀帝已故父皇的两个宠妃之一的话，此类事件通常并不会对炀帝的声名产生多大影响。文帝的另一位爱妃蔡氏，也就是通常所称的容华夫人，也被炀帝占有。② 按照礼法，陈氏、蔡氏都是炀帝的继母。有很长一段时间，炀帝不得不刻意扮演一个道德模范的形象，尽管他打心眼里不喜欢。炀帝在文帝死后所表现出的一系列纵欲行为使他之前刻意保持的模范丈夫形象荡然无存。在满足性幻想的同时，炀帝暴露了他个性中隐藏着的另一面，即缺乏道德约束。

传统史家用了"烝"字来描述炀帝的这些离经叛道的举动，这个字指与母辈发生亲密关系的行为。使用这个字意味着炀帝犯下了道德败坏程度最为严重的恶行。③ 在传统社会，一夫多妻是合法的，但通奸行为会遭到严厉谴责。与父皇的妃子发生乱伦更是被严格禁止的。炀帝遭受的指责主要就是他蓄意触碰最不应冒犯的禁忌之一：乱伦。④

尽管有着各种胆大妄为的放纵行径，炀帝在巩固皇权方面从未放松警惕。他尤其担心那两个仍然健在的同胞兄弟。为此

---

① 《隋书》卷36，第1110页；《北史》卷14，第534页。胡戟(1995，第52—53页)、韩昇(1998，第489页)以及王光照(1993，第98—107页)都对此事表示怀疑。关于反驳意见，参见刘健明，1999，第64—65页。袁刚(2001，第242—246页)推测陈氏参与了柳述领导的反炀帝活动。

② 《隋书》卷36，第1111页；《北史》卷14，第535页；《资治通鉴》卷180，第5602—5604页。

③ 《隋书》卷36，第1110—1111页；《资治通鉴》卷180，第5604页，正文和注；《隋史斷》卷3。关于烝的定义，参见《艺文类聚》卷35，第618页，注；《汉书》卷20，第862页，注13。用"烝"字形容炀帝的乱伦行为，说明在传统观念中，即使文帝已去世，乱伦禁忌(incest taboo)依然不能解除。

④ 例如：《北史》卷12，第475页；《隋史斷》卷3。

炀帝伪造了两份诏书:其一,令前太子杨勇自尽;其二,召杨谅回都城。当杨勇接到诏书时,他拒绝自裁,最终被强行勒死。第二份诏书则由于技术上的失误而未能奏效。

文帝死前,曾与杨谅有一个秘密约定,以便杨谅日后验明来自文帝的诏书的真伪。据此,真诏书在"敕"字旁边应另加上一点。同时,传诏者必须携带半枚玉麟符,与杨谅手中持有的另一半相吻合。看到"敕"字旁边没有一点,杨谅意识到文帝可能已不在人世,他随即打着反对炀帝的旗号起兵造反。经过一连串的交锋,杨谅被杨素击败并擒获。①

杨谅和杨勇的子嗣

仁寿四年(604年)七月,炀帝在仁寿宫登上皇位。接下来的几个月里,他将父亲的灵柩运回都城安葬,并开始执政。

作为皇帝,炀帝不得不紧急处理由于仓促即位而遗留下的一些问题,尤其是刚刚俘获的杨谅以及已经去世的前太子杨勇的子嗣。朝臣们一致认为应处死杨谅。但炀帝决定贬其为庶民,说道:"朕'终鲜兄弟',情不忍言,欲屈法恕谅一死。"杨谅最终在囚禁中死去。②

杨勇的子嗣一直存活到607年,因为宇文述的一篇奏疏而

---

① 关于杨勇的死,参见《资治通鉴》卷180,第5604页;《隋书》卷45,第1238页。关于杨谅,参见《资治通鉴》卷180,第5605—5613页。

② 见《隋书》卷45,第1244—1246页。"终鲜兄弟"一句出自《诗经》,见《毛诗正义》卷4,第345c页。

被处死。根据炀帝的旨意,杨勇长子杨俨被用毒酒杀害。杨勇的其余七子,则在流放途中通通被杀。他们埋葬时头部朝下,目的是避免死者灵魂回来寻仇。①

对待杨谅和杨勇诸子的不同处理方式,显示了炀帝对于皇权安危的深切关注。炀帝认为杨谅作为最小的弟弟,虽误入歧途,但罪不至死。尽管他发动过叛乱,一旦除去武装,对朝廷就不构成威胁。而杨勇恰恰相反。作为前太子和最有可能的替代人选,在争夺皇位的斗争中,杨勇无疑是炀帝心目中最大的障碍。即便杨勇被处死,只要他的子嗣仍在,其威胁就依然萦绕不散。根除杨勇的不包括庶子在内的所有合法子嗣,恰恰说明了他们被杀害的原因,即消除一切可能对炀帝的统治产生威胁的潜在因素。

洛阳

登上皇位后不久,炀帝开始大张旗鼓地实现他野心勃勃的计划——统合大江南北,包括兴建东都洛阳,开凿大运河,修建宫殿群和离宫,沿水路、陆路到各地巡游等。洛阳,成为炀帝在大兴城以东的活动中心,而洛阳、大兴城、江都,则构成了一个完整的都城体系。炀帝可以随意在三大都城间居住和停留。从这些都城出发,炀帝巡游至更远的地方,诸如榆林郡(治在今内蒙

---

① 见《北史》卷79,第2653页。《资治通鉴》卷180,第5628页;卷180,第5604页,注。《隋书》(卷45,第1238页)记录杨勇共有十子,其中二人为后宫所生。显然这二人没有被视为杨勇的合法子嗣。

第二章 炀帝和他的统治

古托克托西南)、东北地区南部、河西走廊。

镇压杨谅之乱后,炀帝将注意力转移到东部。仁寿四年十一月廿一日(604年11月17日),他将新都洛阳的宏大规划公之于众。① 据史料记载,为修建洛阳城,平均每个月就需要征用200万成年男子。即便我们以最保守的方法来解读这些数字,将200万人换算成日平均工作人数,则每天都要有将近7万人服役。② 他们的工作条件非常恶劣。运送一根建筑用大木需要大约2000人,将其放置在铁轴木轮的运载工具上,从遥远的南方,以每天20至30里的速度缓慢前行。从出产地到目的地,运送一根木料往往要耗费数十万的人力。史载,40%～50%的工人因为赶工期而累死。每月,东至成皋(今河南信阳西北)、北至河阳(今河南孟州南),运载死亡工人的车辆相望于道。③

606年元月,耗费了大量人力物力后,东都洛阳建成。此后洛阳迅即成为炀帝最钟爱的都市,也成为他日后开拓北方行动的基地,以及重要的全国政治中心。

---

① 《隋书》卷3,第60页;《资治通鉴》卷180,第5614—5615页。关于洛阳的另一份诏书公布于605年三月。洛阳的营建应发生在第一份诏书颁布之后。参见《隋书》卷3,第63页;Xiong,1993,第67页。比较《元和郡县图志》卷5,第129页。

② 根据《隋书》卷24,第686页和《资治通鉴》卷180,第5617页提供的数据。这只是一个粗略估计。我们并不知道是否"两百万"指一个月内每天出工的人数,还是指共有两百万人次参加劳动。笔者更倾向于后者。需要注意的是,整个河南郡(洛阳城所在的郡)在东都建成后,下属18个县的官方登记总户数为202 230,或一百万人稍多。参见《隋书》卷30,第834页。

③ 《隋书》卷24,第686页;《资治通鉴》卷193,第6079页;Xiong,1993,第78—79页;Balazs,1953,第166页;Bingham,1941,第13—14页。

隋炀帝：生平、时代与遗产

通济渠

605年三月，修建洛阳的工程还在全速运转，炀帝又启动了另外两个更大的公共工程项目——开凿通济渠和邗沟。作为大运河的首段工程，通济渠起始于洛阳东南，一直向南抵达淮河。为了完成这一艰巨的工程，炀帝征用了数量空前庞大的人力。根据《开河记》记载，这一工程大概动用了360万15～50岁（周岁14～49岁）的青壮年男性。他们在5万名年轻卫士的监督下进行劳作。每5户家庭中，就需要额外动用一个未成年人、老人或女性来提供给养。整个工程所牵涉的人数高达543万。① 不过，《开河记》花费不少笔墨描写古墓鬼怪之事，应该是基于一定历史事实之上的文学作品，其可信度值得怀疑。② 到609年，通济渠已经连通了六郡：河南、荥阳、梁、谯、彭城和下邳。这一年，六郡共有在编户数77.5万。如果乘以5.17（隋朝每户的平均人口数），可知当地的编户人口约为4 006 750人。③ 如果已经有两百万人力投入到洛阳城的修建之中，很难想象当地的人口如何还能为更大规模的劳动力需求提供源源不

---

① 《开河记》，第5094b页。
② 遗憾的是，Needham（李约瑟）(1954，第123—124页) 未加鉴别地接受这些数据。
③ 根据梁方仲，1980，第69、74—76页。又见《隋书》卷30，第834—836页；卷31，第870、872页。史书记载的人数为有户籍的人数。如果考虑到无户籍的人口，人口总数可能会增加五分之一到三分之一。不过，当时的无户籍人口数难以确知。

第二章 炀帝和他的统治

断的支持。

与《开河记》的记载不同,《隋书》和《资治通鉴》都记载了有一百多万成年男女参与了通济渠的挖掘。① 这是一个比较可靠的数字。理论上说,当地人口数能够提供这么多的劳动力而不会导致社会经济的完全崩溃。

根据记载,通济渠只用了171天就全部竣工。事实上,这一工程可能耗时数年。它对经济发展的助益要到多年后才能显现,而当时在劳动力损耗方面的影响却是灾难性的。根据史书记载,"大业中,开通济渠,追集夫丁,饥殍相望"。②

与通济渠相比,邗沟(大运河的另外一段)的工程量较小,主要是将大运河向南延伸至长江三角洲。它于605年三月开工,但何时竣工文献缺载,其工程内容主要是对原有河道进行疏浚、加深和拓宽。开挖邗沟征用了相对较少的劳动力,大约是10万人。由于邗沟的完工和610年江南河(大运河的最南段,贯穿了陈朝故地和余杭地区)的建成,大运河成为一条连通黄河、淮河、长江的南北交通大动脉。③

---

① 《隋书》卷3,第63页;《通典》卷10,第220页。《北史》卷12,第443页所记录的"七百万"应不可信。参见《北史》卷12,第477页,注5。与通济渠规模相似的永济渠所用劳力为一百余万。这进一步加深我对通济渠用工五百余万这一说法的怀疑。

② 《宋高僧传》卷18,第823b页。通济渠流域人口严重减损,它被归因于通济渠工程十分恶劣的工作条件。参见陶文牛,1993,第51页。

③ 《资治通鉴》卷181,第5652页;《大业杂记》,第5b页;《资治通鉴》卷180,第5618页。

隋炀帝：生平、时代与遗产

605—606年的南巡

虽然国家经济因诸多大型工程建设而疲惫不堪，炀帝却开启了他的首次也是耗资最多的南巡之旅。① 历史文献记载此次南巡于605年八月十五日（壬寅）启程。② 据《佛祖统纪》，炀帝于605年九月在扬州拜访了天台宗大师智璪和尚。这表明至少此时炀帝已经到达江南。③ 炀帝在606年三月开始启程北上，于同年四月二十六日（庚戌）返回至东都。此次南巡的准确路线史书并无记载，但显然炀帝并非经由大运河南下，因为此时通济渠仍未完工。他最有可能是从洛阳往东，经黄河、济水、泗水而到达淮河。④

一份存世史料记录了有关细节。为了此次南巡，炀帝专门制造了一艘巨型龙舟，高45尺，长200丈，船上有四层楼。最上层是一个小型的宫殿群，包括正殿、内殿以及东、西朝堂。中间两层被分割成120个房间，用金、玉装饰。最下层是内侍的住所。皇后所乘的船，结构和装饰与此相仿，但规格略小。紧跟着的是九艘高三层的"浮景"船队，组成水上宫殿群。紧随其后的是数千艘形制略小的船只，诸如"漾彩""朱雀"等，满载着从中央

---

① 炀帝另外两次水路南巡之旅发生于610年和616年。
② 《隋书》卷3，第65页；《资治通鉴》卷180，第5620页。
③ 《佛祖统纪》卷39，第361b页。
④ 翁俊雄，1995，第533—534页。有些文献和研究者理所当然地认为炀帝第一次南巡时取道通济渠。例如，《元和郡县图志》卷5，第137页；Bingham, 1941, 第17页。

到地方各级官员进贡的礼物。超过 80 万的劳动力被征作纤夫。为凸显帝、后的尊贵,9 000 多名纤夫身穿锦袍牵挽着航行在"漾彩"之前的船只。其后有数千艘形制更小的船只,如"平乘""青龙"等。随行人员包括后宫、诸王、公主、百官、僧人、道士、外国使者。作为京城宿卫的十二卫也各有自己的船只,并载有兵器、帷帐。据载,在沿河两岸骑兵的护卫下,整个船队前后绵延达 200 多里。沿途所过州县,方圆五百里内,都要贡献美味珍肴。① 保存在《资治通鉴》中的这则史料,让我们有机会窥见炀帝声势浩大的南巡活动之铺张与奢华。不过其中所引数字需要审慎对待。炀帝的龙舟有四层,高达 45 尺,按照 607 年之前的标准,换算成现在的长度,相当于 13.28 米(10.6 米),似无可非议。② 不过,龙船的长度 200 丈,也就是 590 米(471 米),则是难以置信的。

  炀帝此次巡游走的是传统路线,费时多且辛苦。通济渠修通之后,显然要便利得多。通济渠宽 40 步,约合 71 米。③ 假设文献记载的龙舟长度无误,如此庞大的船体是无法通过通济渠所经过的、位于黄河与长江之间的峡谷的,更不用说那条传统的路线了。根据中华书局本《资治通鉴》该段材料所引的版本校勘,可以看到在有的版本中,龙舟长度不是"丈",而是"尺"(一丈等于 10 尺)。如果按照 200 尺计算,船长 59 米(47 米),以隋朝的造船水平是完全可以做到的。但是,这个长度的龙舟就很难

---

① 《资治通鉴》卷 180,第 5620—5622 页;《隋书》卷 3,第 65 页。关于较之更简短的记载,参见《隋书》卷 24,第 686—687 页;Balazs,1953,第 166—167 页;Wright,1978,第 180 页;Wright,1979 年,第 137 页。
② 括号内的数据为按 607 年后标准折算的。
③ 《资治通鉴》卷 180,第 5618 页。隋代 6 尺(根据 607 年之前的标准 1 尺约为 0.2951 米)合 1 步。

容纳120间房间。因此,几乎可以肯定,那些房间的象征意义大于实际功能。

尽管《资治通鉴》的记载存在矛盾之处,但毫无疑问,在炀帝所有有记录的出巡活动中,此次巡游的铺排和奢华程度是空前绝后的。整个巡游的行程,从605年八月出发,到606年四月才返回。根据炀帝本纪的记载,炀帝从江都返回洛阳,路途上就花费了40天时间(从三月十六日到四月廿六日)①。炀帝的返程之旅可能因为各种各样的原因走走停停,看起来相当悠闲惬意。当然,由于随行队伍的庞大而导致行程的延滞,也是完全可能的。

炀帝并没有因为此次南方之行而中断处理国家事务。到达南方后,炀帝宣布对江淮流域及以南的地区实行大赦。他免除了扬州五年的赋役,对原扬州总管所辖地区则给予三年的免赋役的待遇。在北方遭受着与日俱增的、令人无法喘息的财税负担的同时,这些地区性的宽松政策却为江南地区带来了一定的经济助益。从这个角度来说,炀帝的南方之行,有其穷奢极侈的一面,亦有值得肯定的一面。②

皇嗣

南方之行结束后,炀帝遭受了丧子之痛:元德太子(杨昭)于

---

① 《隋书》卷3《炀帝本纪上》,第65页:"三月庚午,车驾发江都……夏四月庚戌,上自伊阙,陈法驾,备千乘万骑,入于东京。"

② 参见《隋书》卷3《炀帝本纪上》,第65—66页:"赦江淮已南、扬州给复五年,旧总管内给复三年。"

606年七月病亡,年仅23岁(周岁22)。杨昭是萧皇后所生的二子之一,他于605年元月被册封为太子。杨昭年纪轻轻就具备足可称道的美德,诸如节俭、仁善等。但因为过于肥胖,杨昭一病不起。炀帝指派巫师前来探病,得出不祥的诊断:"房陵王(即杨勇)作祟。"之后不久,杨昭去世。① 根据惯例,其弟杨暕是最有可能成为太子的人选。他相貌英俊,深受祖父文帝的喜爱,因而被任命为扬州总管,掌管淮河以南的军政大权。他结交了一批著名的学者,如崔赜(字祖濬)、王贞;他对佛教的虔诚也令人印象深刻,这一点从他写给苏州东山寺智众和尚的邀请信中就可以看出。② 至607年,炀帝似乎已经接受了这一既成事实。他先是任命杨暕为大兴城所在的雍州牧,而后又转任新建东都的最高首脑——河南尹。原太子东宫僚属的二万余人也都全部配属给杨暕。③

然而在被正式任命为太子之前,杨暕已被新近获得的权力冲昏了头脑。他派手下亲信为他搜罗犬马、美女。他们打着杨暕的旗号劫掠良家女子至杨宅,实施奸淫。起初,炀帝并未发现杨暕及其同伙的胡作非为。恰巧一个本应敬献给炀帝的美貌女子被送给了杨暕,这使炀帝又妒又恨。自此杨暕交上了霉运。

---

① 《隋书》卷59,第1435—1437页;卷3,第62页。《北史》卷71,第2473—2474页。

② 《隋书》卷59,第1442—1444页。关于杨暕给三人的信件,参见《全上古三代秦汉三国六朝文·全隋文》卷8,第7—9页。关于崔赜,参见《隋书》卷77,第1755—1758页;关于王贞,参见《隋书》卷76,第1736—1738页;关于智众,参见《续高僧传》卷10,第502c—503a页。

③ 《隋书》卷59《元德太子昭传》(第1442页)记载:"明年,转雍州牧,寻徙河南尹、开府仪同三司。元德太子左右二万余人悉隶于暕,宠遇益隆,自乐平公主及诸戚属竞来致礼,百官称谒,填咽道路。"

隋炀帝：生平、时代与遗产

一次狩猎活动让父子之间的关系变得更加无可挽回。炀帝此行两手空空一无所获，而杨暕却俘获诸多猎物并进呈给炀帝。当侍从们抱怨是杨暕的手下操控了这场狩猎活动时，炀帝变得怒不可遏。于是，炀帝开始刻意打压杨暕。

对杨暕的处置随着一系列事件的曝光而达到顶点：杨暕与其已亡故妃子的姐姐通奸；杨暕曾召术士为后宫诸妃子相面，术士称亡妃之姐"当为皇后"，暕亦称自己将登帝位；杨暕又对已故太子杨昭的三个儿子施以厌胜之术。事发后，炀帝大怒，将杨暕的亲信僚属流放到边远地区；杨暕亡妃的姐姐也被赐死。炀帝还派遣一名虎贲郎将随时监视杨暕的一举一动。因为担心杨暕还会有所动作，炀帝配给他的随从全是一些老弱者。①

对次子杨暕的期望破灭后，皇位继承人的问题就陷入了僵局。除杨暕外，杨杲是唯一可能的人选。不过杨杲太过年轻，而且他并非正宫所生，将他立为太子，恐怕会引起争议。炀帝还有其他子嗣，不过他们不是早夭就是不具备竞争力。在炀帝还是晋王的时候曾失去一子。其他媵妾亦曾为他诞下儿子，不过为了取悦于母亲独孤皇后，他抛弃了这些孩子。② 现在似乎只能从杨昭的儿子中选择皇位继承人。然而所有朝臣都选择了沉默，没有人愿意冒险在朝堂讨论继承人的问题。因此，在606年杨昭死后，炀帝执政的后半期是在没有储贰的情形下度过的。

---

① 《隋书》卷59，第1442—1444页。
② 关于炀帝的第三个儿子，参见《续高僧传》卷19，第581c页中的讣闻。关于炀帝的其他儿子，参见《隋书》卷4，第95页。

第二章　炀帝和他的统治

巡视北境(607年)

607年,炀帝或许还沉浸在太子杨昭之死带来的痛苦中,是否立杨暕为新太子也尚未确定。但就在这一年,炀帝又开始了他新的历史性的北巡之旅,到达了榆林郡与突厥交界的地区。

很显然,经行水路是夸耀帝王权势和财富的绝佳选择,但一些战略要地,尤其位于北方地区,难以经由水路到达。因此,炀帝应是选择了陆路。这次著名的北巡于607年四月丙申(十八日)①从首都大兴城出发,廿一日到达赤岸泽(华县以北,位于陕西南部)。在那里,他祭奠了文帝的太师李穆之墓。② 经过雁门(今山西代县)、马邑(今山西朔州),炀帝一行于六月辛巳(初四)在榆林郡内的连谷(今陕西北部,神木县以北)游猎。六月戊子(十二日),炀帝到达目的地榆林。榆林位于河套地区东南部黄河大转弯处的南岸。事实上,炀帝取得皇位后不久便来过这里,榆林宫也正位于此处。作为防御突厥的前沿哨所,这一地区具有重要战略意义。突厥为隋政权最强大的威胁,也是炀帝此次北巡之旅关注的重中之重(见图2.1)。六月廿七日,炀帝登上北楼观赏黄河之鱼,并设宴款待百官。

此次北巡之旅的高潮是同亲隋的东突厥启民可汗的会面。

---

① 《隋书》卷3,第68页。《资治通鉴》卷180,第5629页,记载炀帝于四月丙寅日启程,这应是丙申之误。

② 此行程记录详尽,但有一空缺。史书并未记载炀帝停驻的地方,只记载他五月命人修筑从太行山到并州的驰道。从这点看来,炀帝有可能是经由山西中部北上前往山西北部。

隋炀帝：生平、时代与遗产

图 2.1 炀帝 607 年巡游到访的主要地点①

---

① 底图为谭其骧，1982—1987，卷 5，第 17—18 页。

第二章 炀帝和他的统治

为了震慑启民,炀帝命隋朝最杰出的土木工程师宇文恺搭建了一座巨型帐篷,据说可以容纳几千人。炀帝在仪仗卫队的陪同下进入大帐,而后以百戏之乐款待启民可汗及其随从。

随后双方互换礼品,突厥和其他胡族部落争相进献牛、羊、骆驼和马,并获赐帛。根据《资治通鉴》记载,这些游牧民族进献了数千万头牲畜,而启民可汗一人就获得两千万段丝绸的回赐。① 不过,"数千万头"似难以置信。倒有可能,为"数十万头"之误,则实际上贡牲畜的头数仅为《资治通鉴》所载的百分之一。丝绸的数量则应按《册府元龟》记载为"二十万段"②而非"二千万段"。③ 即便是前者仍可能包含夸张的成分,因为这在隋朝意味着巨额的财富。尽管文献记载存在诸多问题,但毫无疑问,炀帝对待启民可汗慷慨之至。除了丝绸外,炀帝还以个人名义赐予启民可汗礼物,包括车、马、鼓、号、旌旗等。

八月初六,炀帝一行从榆林出发,北穿云中(今内蒙古土默特左旗南部),逆金河而上进入突厥领地。史载,炀帝随行的侍卫多达五十余万,马十万匹,还有诸多辎重。整个车队连绵千里。根据炀帝的授意,宇文恺修建了一个有车轮、可移动的观风行殿。这座大殿由若干可拆卸的部件构成,其中的空间足够容纳数百名侍卫。宇文恺还修建了一座周长达两千步(2 820米)的行城。④

---

① 一段等于半匹。
② 《册府元龟》卷974,第8页。
③ 岑仲勉(1964,第15页)指出这个数字的荒谬。
④ 根据607年之后的标准,1步=1.41米。《资治通鉴》卷180,第5633—5634页,大业三年八月条曰:"令宇文恺等造观风行殿,上容侍卫者数百人,离合为之,下施轮轴,倏忽推移。又作行城,周二千步,以板为干,衣之以布,饰以丹青,楼橹悉备。"

隋炀帝：生平、时代与遗产

炀帝在观风大殿中接见了启民可汗，并与启民可汗一起于十三日返回隋境。十七日，炀帝过楼烦关（今山西静乐），于廿六日到达太原（今太原市西南）。其后穿过太行山向东行进。九月十三日，炀帝来到济源（今河南省西北部），并接见了近臣张衡。是月廿三日，炀帝最终抵返洛阳。这次北巡最主要的目的是最大程度地强化与东突厥的战略联盟关系，以维护隋朝北部边境的安宁。而最大收获就是使东突厥首领启民可汗再次重申了对隋朝的臣服。

北巡途中，炀帝还做出了一些对朝政和公共事务影响深远的决定。他征调百万余人修筑隋长城，处死了三名高级官员，并下令兴修晋阳宫。跟过去一样，炀帝在巡游过程中尽情享乐：游猎、登山、在张衡家附近观赏风光、在突厥和其他部落酋长的陪同下饮酒玩乐。从出发到最后返回，整个行程历时五个多月。这也是炀帝有记录的花费最多的陆路巡游活动之一。①

朝臣的批评

607年，当炀帝还在北巡途中畅游时，朝中四位元老重臣就对他的挥霍无度提出了批评。炀帝冲动之下处死了其中三人，而将另外一人革职。这是炀帝政治生涯中君臣关系的一个转折点。为了理解炀帝的所作所为，我们有必要检视炀帝统治时期中枢政治的演化。

在炀帝执政初年，他对于文帝朝老臣的态度还比较友善。

---

① 《资治通鉴》卷180，第5629—5634页；《隋书》卷3，第68—70页。

第二章 炀帝和他的统治

其中最著名的是高颎。在599年失势之前,他是文帝身边最富权势的非皇族出身的大臣。高颎曾极力反对立炀帝为太子。不过炀帝即位之初对高颎并未显示出恶意,且任命他担任朝中要职:太常卿(主管国家祭祀活动)。①

与高颎政治命运的起起落落颇为相似的另一位大臣是苏威,其父亲苏绰是西魏时期一位深具改革头脑、位望通显的权臣。因高颎的大力举荐,苏威成为文帝最亲密的臣僚之一。589年他被任命为尚书省右仆射,达到政治生涯的巅峰。因丁忧短暂去职后,他被再度启用,并被任命为门下省纳言,不料又因为冒犯皇帝而去职。不过,文帝统治后期,苏威又赢回了文帝的完全信任。他不但被重新任命为纳言,还兼任尚书省右仆射。虽然苏威从未被视为炀帝的私党,但炀帝登基后,保留了他原有的官职,并任命他为尚书省左仆射。②

在文帝的诸将领中,贺若弼无疑是最为优秀者之一。在平陈之役中,贺若弼起到了关键性作用。不过他有一些缺点,生性嫉妒、好争执。另一位将军韩擒虎因为俘获陈后主而获得了平陈战役的最大殊荣,这让贺若弼耿耿于怀。尽管加官晋爵,封赏优厚,他仍公开宣称受到不公平的对待,最终导致他被免官。炀帝即位后无意重新启用贺若弼。不过在某些适当的场合,炀帝也不介意接受他提出的建议。

在文帝手下功勋卓著的高级官僚中,宇文弢受到特别的尊敬和信赖。他文武双全,在北周克定北齐战役中出计献策,发挥了重要的作用,其后又为文帝征服陈朝立下汗马功劳。文帝在位时,

---

① 《隋书》卷41,第1179—1184页;《北史》卷72,第2487—2492页。
② 《隋书》卷41,第1186—1187页;山崎宏,1956,第21—23页。苏威607年被免职时为尚书省左仆射。

隋炀帝：生平、时代与遗产

宇文弼历任朔、代、吴等州总管。炀帝即位后，被任命为刑部、礼部尚书。①

这四位大臣除宇文弼外，都曾失宠于文帝。他们在炀帝统治之初与炀帝关系融洽。声势浩大的北巡之旅开始时，炀帝要求四位大臣随行。四位大臣因目睹炀帝款待启民可汗时的铺张挥霍、赏赐无度，以及兴修长城的庞大工程，深感忧虑。他们对炀帝这种不负责任的行为提出了批评。苏威进谏炀帝，反对修筑长城。炀帝无视他的规劝，并征调了大量的民力完成了该项工程。②

高颎则对炀帝迷恋散乐一事表示忧虑。散乐是北齐、北周时期的一种宫廷杂耍及伴乐。文帝不喜欢散乐，遣散了散乐艺人。606年，启民可汗来访，炀帝将散乐戏班召回，并举行了盛大的杂技表演。③ 高颎暗讽北周宣帝因沉溺靡靡之音而导致亡国，而启民可汗来访有可能威胁到国家的安全。贺若弼认为对启民可汗的接待太过奢华。宇文弼像高颎一样，将炀帝与北周宣帝相提并论，并说修筑长城并非当务之急。

这些刺耳的批评传到朝中，促使炀帝做出果断的决定，重新审视与朝中大臣的关系。607年七月廿九日，炀帝下令，以谤议朝政的罪名，诛杀四个批评者中的三人——高颎、宇文弼、贺若弼。高颎与贺若弼二人的妻子们没入宫廷为奴，他们

---

① 关于贺若弼，参见《隋书》卷52，第1344—1346页；《北史》卷68，第2380—2383页。关于宇文弼，参见《隋书》卷56，第1389—1393页；《北史》卷75，第2569—2571页。

② 关于此工程的持续时间，参见《资治通鉴》卷180，第5632页。《隋书》卷3，第70页，记载时间为10天。

③ 关于启民可汗的来访，参见《隋书》卷15，第381页。关于表演，参见《隋书》卷15，第380—381页；《资治通鉴》卷80，第5626页，系此事于607年。

第二章　炀帝和他的统治

的儿子们则被流放到边地。宇文弼及其家属大概也遭受了同样的命运。唯一未被处死的苏威,因为与其他三人的密切关系,也被免职。不过他先前反对修筑长城的言论更有可能是引起炀帝不满的原因。①

对炀帝的批评主要针对其财政上的挥霍无度,从兴建洛阳城、开凿通济渠以及 605 年的南巡都可以明显地看到这一点。其实,炀帝本可中止这些耗资巨大的项目,以避免引发太多的批评进而危及统治地位。这些文帝时代的官员几乎不可能对炀帝的统治产生任何威胁。因此,处死高颎、贺若弼、宇文弼,罢免苏威显然是过激反应。更令人诧异的是,盛怒之下的炀帝以雷霆般的速度实施了报复行动,而完全忽视常规的司法程序。数年之后,炀帝的一番言论可能有助于对他当时的行为做出合理解释。当论及薛道衡——另一位失宠的文帝的大臣时,炀帝说:"我少时与此人相随行役,轻我童稚,共高颎、贺若弼等外擅威权,自知罪当诛罔。"留在炀帝记忆中高颎和贺若弼的狂傲,以及对这些文帝朝权臣操纵朝纲的忧虑,是炀帝下决心翦除他们的根本原因。②

看到这些高官被铲除,其余朝臣也噤若寒蝉。炀帝于是在 608 年元月又开启了一项浩大的工程:开凿大运河的永济渠段。在炀帝心中,启动这一工程的直接战略目标,是对高丽发起大规模军事行动。永济渠将东都和河北连通起来,可以使朝廷较为

---

① 关于苏威,参见《隋书》卷 41,第 1187—1188 页;关于高颎,参见《隋书》卷 41,第 1184 页;关于贺若弼,参见《隋书》卷 52,第 1343—1346 页;关于宇文弼,参见《隋书》卷 56,第 1389—1391 页。亦可参见《资治通鉴》卷 180,第 5632—5633 页。在隋唐时期,一般认为利用长城防御游牧民族的进攻是无效的。参见《贞观政要》卷 3,第 43 页唐太宗的评论。
② 《隋书》卷 67,第 1576 页。

隋炀帝：生平、时代与遗产

便捷地将南方和中原地区的军队和物资运输到辽东前线。这项工程牵涉的男女劳动力人数，据说超过了一百万。作为王朝主要的征税对象和劳动力，成年男丁已经被榨干，朝廷不得不动用了越来越多的女性劳动力。与此同时，炀帝于608年七月开始了另一项扩建长城计划，征召超过二十万男性劳动力，将位于榆谷（榆林西面）的长城向东推进。① 在洛阳城和通济渠之后接踵而至的这一系列工程，充分表明炀帝对批评意见的公然无视以及为了实现战略构想而不计成本。

由于他的偏执多疑，炀帝勒令文坛高才、前朝重臣薛道衡自尽。文帝末年，薛道衡曾一度失势。炀帝登基后，薛道衡从时任地方官员升迁到中央。当时薛道衡敬献了一篇名为《高祖文皇帝颂》的赋文，用夸张言词盛赞文帝的功业。炀帝则认为，对先帝的歌功颂德使自己的成就相形见绌，大怒之下，决定构陷薛氏。薛道衡的密友房彦谦告诫他应该谦恭卑辞，谢绝宾客，保持低调，以求自保，但薛道衡对此建议并未十分在意。当他得知一些新的条例久议不决时，他无意间说了一句，"向使高颎不死，令决当久行"。炀帝愤怒地质问："汝忆高颎邪？"于是下旨，逼迫70岁高龄（周岁69）的薛道衡自杀。② 但薛氏死到临头仍不知自己所犯何罪，最终被炀帝的手下缢杀。炀帝毫不掩饰他的幸

---

① 关于女性劳动力的使用，《隋书》卷24《食货志》，第687页曰："自是以丁男不供，始以妇人从役。"关于长城，参见《隋书》卷3，第71页；《资治通鉴》卷181，第5641页；Waldron, 1990, 第46—47页；Needham, 1971, 第54页。

② 《资治通鉴》卷181，第5648页，系薛道衡之死于609年。亦可参见姜亮夫，1965，第111页。

灾乐祸,煞有介事地问道:"更能做'空梁落燕泥'否?"①这句话透露出,自诩为不世出的文学天才的炀帝,对当世卓越的文学家薛道衡充满了妒忌。

炀帝不仅对那些胆敢挑衅他的尊严和权威的官员充满不信任,就连他最亲密的支持者杨素也未能幸免。杨素非但帮助炀帝夺取帝位,还成功地镇压了杨谅的叛乱,为炀帝即位之初的政权稳固铺平道路。炀帝也从不吝惜给杨素的赏赐。不过出于多疑的心理,炀帝竟暗自希望杨素早日归西。当太史预测一位要人将在隋地去世时,炀帝便将杨素的封地从越改为楚。因为隋、楚同属一个分野,炀帝希望预言能落在杨素身上,以化解隋地的晦气。杨素则显示了他求死的决心,在病危时拒绝服药,于606年炀帝执政第二年去世。②

即便是张衡,这个文帝朝就属于炀帝政治集团的核心人物,最终也成为炀帝过度猜忌的牺牲品。作为东宫右庶子,张衡促成炀帝夺嫡继统,并很可能与文帝之死这一事件脱不了干系。607年的北巡,炀帝甚至亲临张衡宅第,停留了三天。但是,当张衡试图劝说炀帝减缓建设大型工程时,炀帝彻底改变了对他的态度。炀帝不满地讽刺道:"张衡自谓由其计画,令我有天下

---

① "空梁落燕泥"是薛氏最著名的诗《昔昔盐》中的一句。关于薛道衡,参见《隋书》卷57,第1405—1413页;《北史》卷36,第1337—1340页。关于炀帝的评论,参见《隋唐嘉话》上,第2页;亦可参见《资治通鉴》卷182,第5684页。

② 《隋书》卷48,第1288—1292页;《北史》卷41,第1516页;《资治通鉴》卷180,第5625页。Boodberg(1939a,第269页)认为杨素是炀帝下令处死的,但是未能提供令人信服的证据。

也。"最终,张衡被妄告发诽谤朝政,于612年被赐自尽。①

七贵与五贵

杨素之死和苏威被废,对最高决策层影响巨大。文帝所培植的宰相体系,如今岌岌可危。无论是杨素还是苏威都担任过尚书省的最高长官。杨素死后,尚书令一职便一直空缺。苏威被免去尚书省左仆射后,其职亦未再授他人。尚书省作为中枢政治最核心的执行机构,直到炀帝统治结束,其首席长官之位一直虚悬未授。炀帝对其他重要的宰辅职位也沿用同样的处理方式。因此,到612年,仅有一名宰相在任。

炀帝并非因为疏忽而致使这些位置空缺。相反,他刻意绕开惯常的任命中央高级官僚的程序,是为了能按照自己的意志来任命官员。为此,炀帝将朝堂上的决策权转移到一批无宰相官职、级别较低的官员手上,使他们得以"参掌朝政""参掌机密"或"专典机密"。而这个领导班子并无定员。610—616年苏威以纳言的职位再次担任正式宰相。但由于炀帝同时任命一批非正式宰相(de facto chief minister)参掌朝政,苏威宰相一职的重要性反而大打折扣。事实上,很有可能此时苏威的相职(纳言)已经形同虚设。

早在606年七月,当一批高级官僚参掌选举时,游离于宰相

---

① 《隋书》卷56,第1392—1393页;《北史》卷74,第2548—2550页。《资治通鉴》卷181,第5667页系张衡之死于612年。亦可参见姜亮夫,1965,第131页。

第二章　炀帝和他的统治

机构之外的权力班子已初露端倪。名义上,官员的选举进擢由吏部尚书牛弘负责,但朝中其他六位决策者——苏威、宇文述、裴矩、裴蕴、虞世基、张瑾——的风头盖过了牛弘。这六位官员和牛弘被统称为"选曹七贵"。① 这七位权臣中,除了牛弘和张瑾,后来都被任命为非正式宰相。但是,就七贵的能力和威望而言,牛弘无疑是炀帝朝最具影响力的官员。同时,牛弘也是朝廷中的不倒翁。这要归功于他的个性,既超然物外又小心谨慎。即便是专横傲慢的杨素也对他赞赏有加,"奇章公可谓其智可及,其愚不可及也"。作为当时最杰出的礼乐专家,牛弘在文帝朝先后担任礼部、吏部尚书,在任时都堪称称职。而吏部尚书的职务一直延续到炀帝朝。可以说,那些文帝朝的高级官僚中,牛弘是唯一还能够继续得到炀帝充分信任的官员。

七贵之中另一名未担任过非正式宰相的官员是张瑾,史书上有关他的记录十分有限。《隋书》中甚至没有他的传记资料。身为左骁卫大将军,张瑾参与了一系列对抗突厥的行动。虽然他有相当的权势,但其地位明显低于七贵中的另一名将领:宇文述。

苏威、宇文述、裴矩、裴蕴、虞世基是七贵中比较有影响力的五位,又被称为"五贵"。五贵大致是在607年高颎死后出现的。他们五人都担任了非正式宰相,构成了炀帝朝的核心决策集团。

五贵之中只有宇文述是职业军人。其父武川军将宇文盛,北周末年被任命为上柱国大将军,其后也被纳入武川集团。文帝统治时期,宇文述在平定尉迟迥和征服陈朝的军事行动中脱

---

① 《资治通鉴》卷180,第5624页。炀帝死后,杨侗被王世充等拥立为帝,据洛阳;当时有七个大臣把持朝政,也称七贵。参见《隋书》卷59,第1438页。

隋炀帝：生平、时代与遗产

颖而出。在炀帝成为太子之前，宇文述便是其屈指可数的坚定支持者之一。炀帝统治时期，宇文述毫无疑问是炀帝最宠信的将军。在参与政事方面，宇文述小心翼翼，从不发表不同意见。他向炀帝进献宝物以讨其欢心，亦从炀帝那里获取别人难以企及的恩泽。由于他与炀帝的特殊关系，在远征高丽惨败之后，作为隋军统帅之一的宇文述最终逃脱了惩罚。他在江都去世后，炀帝赠予他百官中权位最高的头衔：尚书令。①

裴矩所属的河东裴氏是一支长期活跃在中古政坛的门阀士族。当炀帝任命他参掌朝政时，他仅是正四品的黄门侍郎，也是被任命的非正式宰相中品秩最低的官员之一。即便是六部尚书和京兆尹的品秩都比黄门侍郎要高。② 他负责为炀帝制定并实施对北方和西北边境的政策，恰当地处理了和突厥、吐谷浑以及西域诸国的关系。在随同炀帝一同出游江都时，裴矩不断接到各地叛乱的消息，并汇报了当前的危险形势，为此得罪炀帝而被贬，但很快又官复原职。之后裴矩处事小心谨慎。史书上称，他是炀帝朝一位未失道德名节的高级官员。③

裴蕴，从地域上说，也可被纳入河东裴氏，但其先祖早已移居南方。裴蕴之父乃陈朝官员，后被北周俘获，并留在北方为

---

① 关于杨素对牛弘的评价，参见《隋书》卷49，第1297—1310页；《北史》卷72，第2492—2504页。关于张瑾，参见《隋书》卷61，第1465页。关于五贵，参见《隋书》卷41，第1188页。关于宇文述，参见《北史》卷62，第2211—2213页（镇压尉迟迥）；《隋书》卷61，第1463—1467页；《北史》卷78，第2649—2653页（去世）。

② 《隋书》卷28，第785页。注：在隋朝，黄门侍郎为门下省的副长官。Hucker(1985, 第262页)称之为"主管门下省之长"，不确。

③ 《隋书》卷67《裴矩传》，第1584页："虽处危乱之中，未亏廉谨之节，美矣。"

官。此时仍在陈朝奉职的裴蕴暗中向文帝表达忠心，并成为隋朝的内应。陈朝覆灭后他得到了优厚的奖赏。炀帝统治时期，他被任命为御史大夫，主管国家最高检察机构，有权调查、惩处、弹劾高级官员。实际上，裴蕴已成为炀帝的操刀手。随着时间推移，他揣摩炀帝心思的能力亦日臻完美。根据炀帝的旨意，他既可以故意构陷官员，锻炼成狱，也可以将其无罪释放。

虞世基属江东门阀士族，是一位颇有造诣的文学家和学者。他的父亲是陈朝的太子中庶子——任职于东宫的高官。陈朝灭亡后，文帝执政，他未受重视。炀帝即位，他被任命为内史侍郎。虞世基与裴矩相同，都是五贵中品秩较低的官员，但是他专典朝中机密，并为炀帝起草诏书，实际上成为朝中最有权势的大臣。他的权力并不来自其功绩或声望，而是完全出于炀帝的器重。

苏威尽管是五贵之一，却属于完全不同的类型。他是敢于批评朝政而终未被炀帝处死的、为数不多的朝臣之一。607年他失宠于炀帝，但没过多久又被任命为纳言。从此他变得更为谨慎。由于缺乏足够的资料，我们很难想象他如何在那个混乱的年代存活下来。在留下来的传记中，忠诚和审慎是他最为突出的性格特征。尽管他有好争辩的一面，但小心谨慎的另一面让他最终躲过了被处死的厄运。然而，他的举荐人高颎未尝不是谨小慎微之人，却遭遇全然不同的命运。高颎被匆匆处死大概与整个局面失控有关。虽然高颎私下对炀帝大兴土木表达了尖锐的批评，但他并未打算让炀帝知道，却被人向朝廷告发。炀帝很可能将这些批评与早先发生的事情联系起来：高颎曾无视他的命令而将张丽华斩杀，后又顽固阻挠他升为太子。不过，处死他们更多是出于一个让炀帝深感不安的事实，即：对炀帝的严厉批评来自于文帝朝的三位（而不是一位）最具威望的高官。这很可能使炀帝陷入一种对群体性叛乱的恐慌，并最终促使多疑

隋炀帝：生平、时代与遗产

的他采取了冲动的处理方式。相比之下，苏威以谏言的方式对炀帝提出较为温和的批评，故未引起炀帝的盛怒。①

五贵的形成，标志着中枢决策层的根本性变化。通过提拔一些品秩较低、资历较浅的官员担任非正式宰相，炀帝成功地将那些正式任命的宰相撇在一边。隋朝的两任皇帝都采用过这种机制，但效用完全不同。文帝只是将其作为官员正式任命渠道之外的一种补充，而炀帝时期，非正式宰相则取代了三省长官，成为朝廷的最高决策者。

由于身边充斥着阿谀奉承的顾问大臣，炀帝非但可以随心所欲地大兴土木，完全不顾经济崩溃的风险而肆意挥霍，同时还将视野投向了境外。

在对外关系方面，炀帝主张实施先发制人的，甚至带有侵略性的政策。其对象不仅包括传统上属于中华文化圈内的国家、地区，亦涉及在其外者。炀帝通过武力迫使位于越南的林邑和位于东海的流求屈服于隋的统治；派遣使团至遥远的国度，如马来半岛的赤土、日本的倭国等。通过并吞吐谷浑故地，炀帝大大增强了隋朝在中亚地区的影响力。随着扩张政策的展开，609年炀帝启动巡视西北边境之旅，并到达张掖这一丝绸之路在西北地区的贸易重镇。

610年以后，尽管突厥对中国边境的威胁越来越大，炀帝却将他的注意力转移到了东北。他在统治后期对高丽发动了多次军事行动，而这些军事行动却成了隋朝覆亡的催化剂。②

---

① 关于裴矩，参见《隋书》卷67，第1577—1584页。关于裴蕴，参见《隋书》卷67，第1574—1577页。关于虞世基，参见《隋书》卷67，第1569—1574页；《北史》卷83，第2797—2799页。关于苏威，参见《隋书》卷41，第1184—1190页。

② 关于炀帝的对外政策，参见本书第10章。

第三章　隋朝的崩溃

　　609年是隋朝统治的全盛时期,其时人口数量亦达到顶峰。之后,种种迹象表明,随着社会、经济压力不断增大,帝国开始四分五裂。持续且肆无忌惮的权力滥用、经济下滑、人口锐减等因素导致风起云涌的大规模叛乱,并最终拖垮了庞大的隋帝国。到611年第一次辽东战役前夕,法律秩序已出现了严重问题。强制性兵役、大型工程的徭役和各种苛捐杂税让老百姓苦不堪言,各地叛乱此起彼伏。隋末有记录在案的大大小小的叛乱超过二百起。根据统计,隋末有四百万至五百万民众卷入了武装叛乱,占全国总人口(609年)的十分之一。根据叛乱规模,大体上可以将隋末持续动荡的时期分为三个阶段:611—613年为第一阶段,613—616年为第二阶段,616—618年为第三阶段。

　　第一阶段起始于小范围的暴动,以613年第二次辽东战役期间所爆发的杨玄感之乱作为结束。杨氏暴乱亦是导致帝国崩溃的催化剂。第二阶段开始于对杨玄感的镇压,其间民众对朝廷的愤怒被点燃,并迅速弥漫开来,全国因此陷入更大范围的混乱。第三阶段的标志是大批隋朝将领和官员直接参与叛乱,其

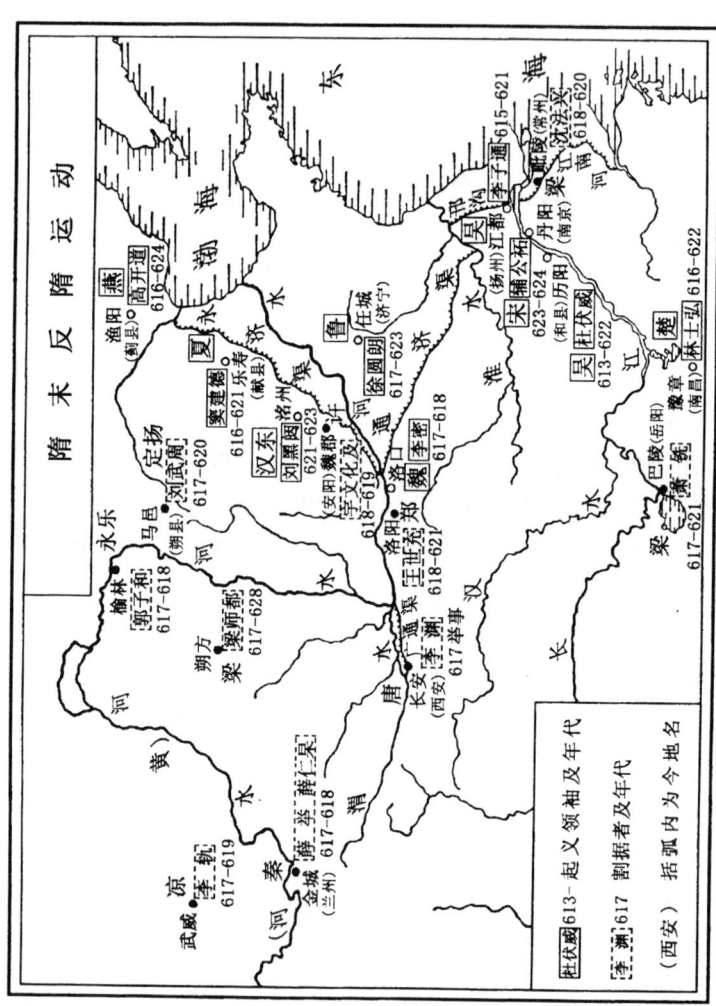

图 3.1 隋末反隋运动①

---

① 见王仲荦,1988—1990,第 89 页。

结果是隋王朝的最终覆亡。①（图3.1）

第一阶段(611—613)：
最初的暴动及杨玄感之乱

在杨玄感发动叛乱的两年之前,611年,隋朝已开始陷入大范围的动荡不安。现存史料中,最早的大规模有组织的叛乱,由邹平人王薄领导,发生在长白山(山东北部的章丘东北)。与此同时,附近地区也爆发了两起较大规模的叛乱,分别由平原郡(治山东西北部陵县)刘霸道和清河(治平原郡西南、河北省清河县西北)高士达所领导。

了解这些叛乱发生的时间和空间分布,对于理解隋末大范围叛乱的起因具有重要意义。611年,中国发生了严重的自然灾害,尤其是太行山以东、黄河以南的北方平原地区。超过四十个郡发生了洪灾。此时的炀帝却在积极备战辽东战役,使得由于大兴土木和劳役频发而千疮百孔的国家经济更加雪上加霜。为保障辽东前线军队供给,炀帝诏发六十万劳动力,用独轮手推车将谷物运送到北方。路途漫长加上各种风险致使运输延迟,粮食则在运送途中被运输者消耗殆尽。到达辽东后,不少人已无粮可交,为了逃避严厉惩罚而四处逃散。这给强盗和叛乱提供了理想的温床。那些留在本地的

---

① 传统文献中关于外国军队和叛军的人数通常是粗略的估计,很容易出差错。笔者对所引的数据都尽力进行了考证。关于人口数据,参见《通典》卷7,第147页。关于叛乱,参见气贺泽保规,1978,第155页。关于叛乱人数的估计,参见王仲荦,1988—1990,第76页。笔者采用的隋代分期与漆侠(1958,第97—118页)的分期基本相同;唯漆氏之第二阶段开始于614年,有所不同。亦可参见气贺泽保规,1978,第159—160页;谷川道雄,1995,第55—81页。

隋炀帝：生平、时代与遗产

民众，也因无法按期交纳赋税而受到死刑威胁，无奈之下，纷纷逃逸。他们结成团伙，以抢劫为生，成为官府眼中的"群盗"。这些盗贼团伙漫无目的四出剽掠、洗劫城市，给地方官府造成巨大的威胁。其中某些团伙则发展成有数万名成员的重要反政府武装力量。①

大规模的叛乱发生在山东西北至河北东南部一带并非巧合。作为东魏和北齐故地，自北齐以来，这一带就是盗贼出没的地区。自然灾害以及地方政府的漠不作为更使之变成叛乱的温床。

早期的叛乱者孙安祖是个活生生的例子，我们可以看到一个温顺的农民是如何变成了叛乱者。孙安祖生活于清河郡漳南（河北省古城县西北）。611年，一场灾难性的洪水淹没了他的村庄，摧毁了他的房屋，之后的饥荒又夺走他妻子的性命。尽管遭遇家庭不幸，他仍被征召，前往辽东服兵役。孙安祖以家庭贫困为由央告县令免其兵役，却惹恼了县令，招致一顿暴打。一气之下，孙安祖杀了县令，匿迹逃亡。未来的暴动领袖窦建德（此时尚为隋军中的低级军官）将孙安祖保护了起来。后在窦建德的支持下，孙安祖领导数百流浪士兵和赤贫者，发动武装叛乱。②

炀帝对发生在山东北部非政治中心区的叛乱完全没有重视。然而，只要基本的社会经济状况得不到改善，叛乱就有可能

---

① 关于王薄等叛乱，参见《资治通鉴》卷181，第5656—5657页；漆侠，1958年，第97—100页。关于洪灾，参见《隋书》卷24，第688页；Balazs，1953，第170页。关于盗贼，参见《资治通鉴》卷181，第5656页，大业七年十二月条："又发鹿车夫六十余万，二人共推米三石，道途险远，不足充糇粮，至镇，无可输，皆惧罪亡命。重以官吏贪残，因缘侵渔，百姓困穷，财力俱竭，安居则不胜冻馁，死期交急，剽掠则犹得延生，于是始相聚为群盗。"亦可参见《隋书》卷24，第687—688页；Balazs，1953，第170—171页。

② 依据《旧唐书》卷54，第2235页；气贺泽保规，1978，第170页。《新唐书》（卷85，第3696页）的记录与此不同，但可信度较低。参见《资治通鉴》卷181，第5655—5657页；布目潮渢，1980，第118—119页。

成为毒瘤,并不断扩散蔓延。

第一次辽东之役

关于炀帝发动辽东之役的动机,芮沃寿(Arthur Wright)提出过细致的论证,这与金宝祥关于游牧部落弧形半包围圈的假设不谋而合。芮沃寿认为,炀帝决意进攻高丽,其背景就是高丽对边境安全的威胁在不断增加。如果高丽想要组织一支反隋联盟,东突厥、靺鞨以及契丹是三个可能的盟友。还有一种担心认为高丽的军事武装有可能重燃北齐故地的反隋情绪。但是,高丽—东突厥同盟并未出现过,并且在有隋一朝,靺鞨与契丹的势力都很薄弱。靺鞨七部中,最为强大的伯咄部也只不过拥有七千人的武装。另一支靺鞨部落,粟末部,不仅从未帮助高丽打击中国,反而时常突袭高丽。契丹十部中,每部大约拥有一千至三千人的武装。605年契丹军队袭击了营州,被隋朝官员韦云起率东突厥军队打败,四万人被俘获。靺鞨此前有过反隋活动,但第一次辽东战役期间,也参与了隋军进攻高丽的行动。尽管第一次大规模反隋叛乱发生在北齐故地(在今山东省),但没有任何证据表明这些叛乱与高丽军队有关。相反,叛乱的起因都源于炀帝为出兵高丽而大肆征发的劳役和兵役。作为一个有战略眼光的皇帝,炀帝进攻高丽或许是基于对东北部边境长治久安的战略考量。不过,总的来说,这场战争更多是来自野心和傲慢;炀帝渴望能够实现父亲文帝和弟弟杨谅的未竟之业,而并不仅仅是边境安全的考量。① 055

---

① 比较 Wright,1979,第 143—144 页;金宝祥,1989,第 3—4 页。关于靺鞨和契丹,参见《隋书》卷 81,第 1821—1822 页;卷 84,第 1881—1882 页。关于契丹的战败,参见《资治通鉴》卷 180,第 5621—5622 页。

隋炀帝：生平、时代与遗产

国内叛乱风起云涌，局势堪忧，这些都未能阻止炀帝进攻高丽的步伐。对炀帝来说，最重要的目标就是将这个汉代的藩属国及其子民纳入隋朝的势力范围。经深思熟虑后，炀帝制定了一系列战略步骤。首先，早在608年就开通了永济渠，把大运河系统从黄河流域向北延伸到与高丽毗邻的涿郡（治在今北京的西南部）。其次，在北部边境修建了一段新的长城，以抵御北方游牧民族的侵袭。第三，与突厥首领启民可汗建立了亲密的伙伴关系。作为友邻，既能避免突厥成为第二战场，还能对高丽产生震慑作用。第四，做了许多努力以保障军队的供给。

611年二月，经过长途跋涉，炀帝从南方经由新近竣工的永济渠到达涿郡的林朔宫（北京西南）。在此后的几年里，林朔将成为炀帝的指挥场所。同时，战事的准备也在紧锣密鼓地进行。三百艘战船在海港城市东莱（山东莱州）动工兴建，从各地征调来的民工在船上紧张作业。同时炀帝下达了总动员令并将军队集结于涿郡。几支特殊部队也整编完毕，包括一万名南方水手、三万名弓箭手和三万名岭南长矛兵。为了运送军服、盔甲、帐篷，炀帝命令在河南、淮南、江南共建造五万辆戎车。黄河流域的民夫被集合起来以备军需之用。与此同时，征用淮河、长江流域的民夫及其船只，将黎阳和洛口仓的稻米转运到涿郡。仅仅是初始的备战阶段，炀帝的兴师动众已经造成了严重的后果：首先，马税的增收导致马价飞涨；其次，修造船只的役丁工作环境恶劣，身体长久在水中浸泡导致蛆虫寄生、下肢溃烂，役丁的死亡率高达百分三十至四十。①

---

① 关于长城，参见《隋书》卷3，第71页；《资治通鉴》卷181，第5641页。关于军队的补给，参见《资治通鉴》卷181，第5653页。关于战事动员，参见《资治通鉴》卷181，第5654页；《隋书》卷4，第79页及以后。关于役丁，参见《隋书》卷74，第1701页。

第三章 隋朝的崩溃

612年元月，炀帝置当时的严重社会问题而不顾，以一篇诏令拉开了辽东之战的序幕。他引述夏、商、周的先例以论证入侵的正义性，并谴责高丽与契丹、靺鞨的勾结、对辽西的入侵行动以及对隋朝的无礼态度。他亦列举了高丽国王在国内犯下的种种罪行，诸如法令苛酷、赋敛繁重、纵容强臣豪族把控朝政、任人唯亲、行贿成风、拒谏饰非、兵戈不息、徭役不止、令百姓愁苦不堪，等等。不过，这个流于形式的指控过于笼统和模糊，并不足以成为发动战役的完美借口。

虽然炀帝总是以轻蔑口吻谈及高丽国王，还对其狭小的领土冷嘲热讽，但实际上，他却用了四年时间，在军事、经济、外交方面为战争做了严肃的准备。显然，他不想重蹈文帝轻敌的覆辙。① 炀帝所调集的征讨大军总计达1 133 800人。一次战役投入如此庞大的军队在炀帝以前的中国历史上是闻所未闻的。② 另外还有两倍于军队数量的劳工从事后勤补给的转输。612年三月，在炀帝亲自指挥下，隋军到达辽水西岸。辽水是当年隋文帝远征军未能越过的一道天然屏障。高丽军队依托辽水作为第一道防线，在东岸严阵以待。由于建造大师宇文恺计算失误，所建的三座浮桥长度不够，距离辽水东岸尚有一丈余远

---

① 《隋书》卷4，第79—80页；《资治通鉴》卷181，第5659页。

② 《隋书》卷4，第81页；《资治通鉴》卷181，第5660页。一些学者根据对兵力的估算，认为这一数据过分夸大了（浅见直一郎，1985，第24—29页；Graff，2002，第148页）。当时兵力总计有二十四军、一支水军及炀帝的天子六军，每军约二万人。然而，关于二十四军的记录仅见于《隋书》卷8《礼仪志》，第162页。而本纪、《通鉴》均作四十军（见上）。况且，一个军的兵力并非固定不变，有时可能不止二万人（参见谷霁光，1978，第119页）。例如，虞仲文统帅的九军人数多达305 000人（每军33 900人）。李则芬（1989，第225页）根据地缘政治因素对这个数字表示怀疑。但他的观点缺乏原始史料的支持，很难被认同。

隋炀帝：生平、时代与遗产

(1丈＝2.355米)，已踏上浮桥的隋军将士无法按计划前进。高丽军队见机行事，发动突击。隋军损失惨重，被迫退回西岸。隋军前锋麦铁杖将军在带领部队渡河时战死。工程师何稠日夜连作，终于在两天后将浮桥延伸到东岸。隋军再次向东岸发起进攻。高丽顽强抵抗，在付出数万人伤亡的惨重代价后，最终溃败。隋军乘胜追击，包围了辽东城(今辽阳)。①

在辽东战役中，炀帝作为隋军的最高统帅亲临前线指挥战斗。他制定了很多严格的规定，如：每一次进攻都要兵分三路、协调一致，军队每次出击都需上报并得到皇帝的批准。这种事无巨细的管理方式，再加上对投降者不切实际的政策，使局面变得混乱不堪。炀帝规定，一旦有高丽军队请降，隋军便不得再发动进攻。为了保证这一政策的实施，每一支部队中设置受降使(即负责接纳降军的官员)，也间或作为军队的监察官。受降使，亦称作慰抚使(专事安抚的官员)，并不受战场上将领的指挥，只听命于皇帝。高丽充分利用了炀帝的这一政策，多次向隋军佯装投降，以拖住隋军进攻的步伐。隋军将领因需等待皇帝命令才能采取进一步行动，从而多次错失攻城良机。高丽则因此挡住了隋军对辽东城(辽阳)及其他多座城市发动的猛攻。

这场战役中唯一的亮点是隋将来护儿的胜利。他率领江、淮水军进入浿水(大同江)，在平壤附近大破敌军。当率领四万精兵攻入平壤城后，他放松了纪律，纵兵劫掠。他的部队遭到了以高丽王弟建武(荣留)所率领的五百勇士为先锋的高丽军队的伏击，

---

① 关于此战役，参见《隋书》卷4，第82页；《资治通鉴》卷181，第5662页。关于辽水，参见《隋书》卷81，第1817页。关于将军麦铁杖，参见《隋书》卷64，第1512页。炀帝在雨季之前发动战役，或许是为了避免文帝杨坚的前车之鉴。参见陈寅恪，1982，第140页；Graff，2002，第149页。

第三章 隋朝的崩溃

损失惨重。来护儿军队生还者不过数千人。①

隋军以305 000人的兵力分为九路越过辽水后,集结于鸭绿江西岸。高丽大将乙支文德来到隋军营帐,他假意投降而后逃脱。隋将于仲文不顾粮草不足和宇文述的反对,悍然令大军渡江发动对高丽的总攻。乙支文德则故意引诱隋军不断深入。宇文述率其部杀至平壤,发现城防险固,又下令撤军。在西撤途中,疲惫不堪的隋军在渡萨水时,遭高丽军队袭击,死伤惨重,损失的装备器械难以计数。由于粮草耗尽,炀帝只好在新占领的武厉逻(沈阳西北)设辽东郡后匆匆撤兵。②

此次远征高丽失败是多种原因造成的。首先,过于野心勃勃的征兵计划非但没能帮助隋军远征,反而拖了后腿。在当时,隋朝府兵制下的军队总数约为六十万。而远征军人数几乎是这个规模的两倍,其中必然包括一些未受过良好训练的新兵,他们只会削弱隋军的战斗力。除此之外,还有许多不利因素,如地形和气候、固若金汤的敌方城市、过长的后备补给线等。最致命的是隋军最高统帅炀帝低下的指挥能力。③ 由于炀帝牢牢地控制

---

① 关于慰抚使,参见《隋书》卷8,第161页;卷60,第1455页。关于来护儿,参见《资治通鉴》卷181,第5663页;《隋书》卷64,第1516页。关于隋炀帝对战役的指挥,参见《隋书》卷81,第1817页;《资治通鉴》卷181,第5662页。

② 《资治通鉴》卷181,第5659—5667页;《隋书》卷81,第1817页。亦可参见《隋书》卷4,第79—83页。关于仲文,参见《隋书》卷60,第1455页。关于宇文述,见《隋书》卷61,第1466页。关于乙支文德,参见Han Woo-keun,1970,第76—77页。根据《隋书》记载,仅有2 700人顺利撤回。这可能仅指宇文述部,而非整个远征军的幸存者。参见李则芬,1989,第226页。

③ 关于府兵制,参见韩昇,1995,第367页。基于John Jamieson(简慕善)的博士论文,Wright(1978,第194—195页)讨论了导致辽东战役失败的各种因素。

077

着军队的指挥权,手下将领们临阵决策权力被剥夺,丧失了出其不意打击敌人的机会。此外,不可思议的受降政策也成为束缚隋方手脚的绳索。未能组成有效的反高丽联盟也大大降低了炀帝获胜的几率。在七世纪早期东北亚和东亚复杂的强权政治圈中,东突厥是隋朝周边最强悍的势力。随着611年启民可汗的去世,隋同东突厥的关系开始恶化。尽管朝鲜半岛上的新罗和百济同高丽是敌对关系,但两国都没有参与这次战役。据资料记载,唯一参与的外族势力是靺鞨。然而靺鞨军事力量十分有限,不足以改变战争的局势。① 因此尽管军事力量对比悬殊,高丽却能利用熟悉的地形开展游击战术,并以都城为饵,诱敌深入。② 高丽克服了难以想象的困难,终于击退了声势浩大的侵略者。

第二次辽东战役

炀帝返回洛阳后不久便开始准备新的一轮战争。他在涿郡集结了一支新军队,并修复辽东旧城以便存储军粮。③

613年三月,炀帝亲临辽东郡指挥第二次辽东战役。这一次的战略部署与第一次辽东战役相类似。炀帝率主力部队东渡辽水,宇文述和杨义臣率另一支部队由陆路袭击首都平壤,来护

---

① 关于新罗,参见刘健明,1999年,第308—310页。关于百济,参见《资治通鉴》卷181,第5666页;Pan Yihong(潘以红),1997,第125页。关于靺鞨,参见《隋书》卷81,第1821—1822页。

② 在唐代,鼎盛时期的高丽军队约合三十万,隋朝时期高丽军队规模不会超过这一数字。参见刘健明,1999,第321页。

③ 所谓辽东旧城(辽阳)可能是毗邻或靠近高丽所控制的城市的旧址。参见《资治通鉴》卷182,第5668页。

儿将军则率领水军自东莱跨海夹攻平壤。四月,炀帝渡过辽水,向辽东城发动猛烈攻击。隋将用尽各类攻城手段,包括挖掘地道和使用云梯。双方伤亡都很惨烈,但是高丽军队顽强抵抗,坚守超过二十天。炀帝下令准备了百万余只沙袋放置在城墙脚下,为隋军登城铺路。炀帝还下令建造八轮楼车,高出城墙,弓箭手可以向城中俯射。

眼看隋军就要攻破平壤城,炀帝却收到了一个令人震惊的消息。已故老臣杨素的儿子杨玄感举兵反隋。炀帝惊恐万分,即刻下令停止攻城、全线撤退;无数军资器械辎重被抛在身后。因为担心是隋军布下的陷阱,高丽军队直到两天后才开始追击。当他们赶上隋军后卫部队时,隋军主力已经渡过辽水,回到隋境。炀帝的第二次辽东战役再度以惨败而告终。①

杨玄感

与其他来自社会底层的叛军首领不同,杨玄感成长于隋朝最富声望的贵族家庭。606年他的父亲杨素去世后,杨玄感继承其父楚国公的爵位,而后升任礼部尚书。由于炀帝对他日渐猜忌,无论是权势或名望都无法缓解杨玄感内心的焦虑。早在609年他就曾策划在远征吐谷浑的途中暗杀炀帝。但杨玄感的叔父杨慎反对此计划,劝说道:"士心尚一,国未有衅,不可图

---

① 关于来护儿,参见《资治通鉴》卷182,第5672页。关于辽东,参见《资治通鉴》卷182,第5668—5669、5671页;《隋书》卷4,第83—84页。关于炀帝的撤退,参见《隋书》卷70,第1622—1623页;《北史》卷94,第1790页;《资治通鉴》卷182,第5677页。关于此次战役的失败,参见《资治通鉴》卷182,第5677—5678页;《隋书》卷4,第84页。

也。"最终杨玄感没能采取行动。①

从各方面来说,613年都是杨玄感采取行动的最佳时机。第一次辽东战役惨败之后,国家经济已经濒临崩溃。洪水泛滥、疾疫流行使得北方人口锐减。第二次辽东战役进一步恶化了局势。盗窃、抢劫事件频发。国家的统一已趋瓦解。加之炀帝远征高丽,国内空虚,两京几乎唾手可得。②

杨玄感发动叛乱时正负责从黎阳(河南浚县附近)向位于辽东前线的隋军运送军需物品。613年六月,杨玄感进入黎阳,首先向来护儿将军发难,指控他有叛乱行为。杨玄感选择来护儿(而不是炀帝)作为他谴责的目标,说明他意识到由于缺乏广泛的支持,开展公开的反隋行动的时机尚不成熟。之后他最重要的战略顾问李密向他献上三个计策。上策是切断辽东前线隋军的补给,扼住隋军的咽喉,然后挑动高丽军队从东边发动进攻,形成两面夹击之势。中策是西取关中,因为关中物资丰富,且易守难攻,足可保证长期固守。下策是就近夺取洛阳城。杨玄感采纳了第三个策略,因为他认为朝廷高官的家眷都在东都,俘获他们有助于进一步削弱隋朝的基础,而取下洛阳城也有助于提升他在追随者中的威望。③

---

① 关于杨玄感,参见《资治通鉴》卷182,第5672页;刘健明,1999,第122—127页;布目潮渢,1968b,第19—52页。关于杨慎,参见《隋书》卷70,第1615—1616页。

② 《隋书》卷70,第1615—1616页;《北史》卷41,第1517—1518页。关于第一次辽东战役,参见《隋书》卷24,第687—688页;Balazs,1953年,第170—173页。

③ 关于来护儿,参见《隋书》卷70,第1616页。关于杨玄感的战略,参见《资治通鉴》卷182,第5674页。关于李密给杨玄感的计策,参见布目潮渢,1968c,第63—65页。

第三章　隋朝的崩溃

包围洛阳以后,杨玄感在给负责洛阳城防卫的民部尚书樊子盖的一封书信中,公开称炀帝为暴君,并谴责其罪行。① 但樊子盖不为所动,顽强抵御叛军的进攻。在洛阳攻坚战中,杨玄感在东城墙最北边的城门上春门(唐时称为上东门)附近屯兵十万(图4.1)。② 经过数周激战,一批隋朝重要官员投降了叛军,其中包括一些高级官员和将领——如韩擒虎、杨雄、虞世基、来护儿、裴蕴、周罗睺等人——的后代。③

杨玄感的部队迅速占领了位于东城的尚书省所在地。所谓"东城"是一个位于宫城东面的封闭区域,并不在洛阳城的东部。这说明杨玄感已经攻入了洛阳城,但渗透的区域有限。没有证据表明叛军曾占领了皇室所居的宫城、中央政府机构所在地皇城以及其他住宅区。叛军进攻受阻部分可归功于东都城内复杂的围墙结构。尽管城市主要的防御体系是外围的城墙,但城内被划分为许多独立的、防守严密的区域。皇室和中央政府机构处在城市的西北隅,而西北隅本身又划分成若干独立的筑有围墙的单元,包括宫城、东宫、东城、含嘉仓以及皇城等。④ 所有这些区域都可以作为抵挡叛军进攻的第二道屏障。所以忠于隋朝的守军在樊子盖的领导下能够迅速发动有效反击。此时,隋朝的援军在刑部尚书卫玄的率领下亦经由洛阳北部的邙山赶来增援。

在隋军主力接近洛阳之前,杨玄感接受了原民部尚书李子

---

① 《隋书》卷70,第1617页;《北史》卷41,第1518页。
② 《隋书》卷70,第1616页;《北史》卷41,第1519页;《资治通鉴》卷182,第5675页。关于上东门,参见《唐两京城坊考》卷5,第146页。
③ 《资治通鉴》卷182,第5676页。杨雄可能是杨士雄之误。参见岑仲勉,1974,第84页。
④ 关于这些建筑,参见《唐两京城坊考》卷5,第131—141页。

隋炀帝：生平、时代与遗产

雄的建议，宣称胜利而后向西往关中进发。这实际上就是李密的中策，但杨玄感采用的太迟，已无法挽救叛军。在西进途中，杨玄感不顾李密的劝阻去围攻弘农宫（今河南三门峡），整整浪费了三天宝贵时间。围攻弘农宫失利之后，叛军实际上已经走投无路。杨玄感逃亡到阌乡（在今潼关以东）时，由宇文述、卫玄、来护儿、屈突通率领的隋军追击而至。慌乱之际，杨玄感与一小队骑兵逃奔上洛（今陕西省商县）。经过几个回合的战斗，曾经威震一时的叛军，仅剩杨玄感和他的弟弟杨积善徒步而行。在杨玄感的请求下，杨积善抽刀砍死杨玄感，而后自杀。杨玄感的首级被送到炀帝所在地，尸体被运到洛阳，车裂三日后，切成碎块再焚为灰烬。

宇文述将军获炀帝许可随意处置杨玄感同谋。他将受伤的杨积善及其同犯绑在木桩上，用车轮套在颈上，任凭百官们向其身上射箭，直到全身布满箭矢，如同刺猬一般，尔后又加以车裂之刑。杨玄感的其他兄弟或死于叛乱，或被隋军捕获、杀害。权倾一时的杨氏家族就此灭绝。①

杨玄感叛乱失败的原因有很多。最根本的原因，是隋朝的高官此时仍效忠于朝廷，且隋军的指挥系统仍然完备。只要职业军人如来护儿、宇文述等，高层官员如樊子盖、卫玄等，继续支持炀帝，杨玄感就没有足够的机会推翻政权。假使他能采纳李密的上策，切断辽东前线隋军的补给，联合高丽对隋军主力两面夹击，或许会有较大的胜算。可惜他选择了李密所出的下策：围

---

① 关于卫玄，参见《隋书》卷70，第1618页；《北史》卷41，第1519页。关于炀帝的撤退，参见《资治通鉴》卷182，第5677页。关于弘农宫，参见《资治通鉴》卷182，第5680—5681页。关于杨玄感之死，参见《资治通鉴》卷182，第5682页；关于杨积善之死，参见《资治通鉴》卷182，第5686页。

攻位于附近的洛阳城。通常来说,围攻城市并非理想的策略,而像洛阳这样有多重围墙的城市更不易攻陷。当隋军逼近,不得不放弃洛阳后,杨玄感又围攻了另一个毫无战略意义的城市。不明智的军事策略无疑加速了杨玄感的覆灭。

尽管叛乱持续的时间并不长(从六月到八月初),①但这次叛乱明显加剧了隋朝覆亡的颓势。这一时期各种叛乱在酝酿、发酵,而杨玄感之乱无疑是其中规模最大、最有组织的反隋运动。与其他具有极大随意性的反叛组织不同,杨玄感自一开始便有明确的目标:推翻炀帝的统治。他的行动迫使炀帝从辽东仓皇撤军,极大地挫败了隋军的士气,也打乱了隋军的战略部署。经历这次叛乱之后,炀帝采取了更为严酷的管理手段,这让他更加孤立,也使民众中一触即发的愤怒情绪持续发酵。最重要的是,杨玄感之乱激发了更多以推翻隋朝为目的的暴动。

第二阶段(613—616):反叛活动的蔓延

尽管杨玄感的叛乱被迅速镇压,炀帝却为此六神不安。毫无疑问,他的军事政策和经济政策出现了严重问题。如果他希望阻遏反叛的浪潮,就迫切需要调整政策来安抚民众。可惜炀帝依旧我行我素,继续与民众为敌。在叛乱被镇压后的几个月里,炀帝在洛阳实行恐怖统治,显然是出于一种报复心理。那些

---

① 《隋书》卷4,第84页;布目潮渢,1968b,第19—52页;布目潮渢,1980,第113—115页;Bingham,1941,第44页。

隋炀帝：生平、时代与遗产

曾经接受过叛军粮食救济的民众被拘捕后活埋。据说，总计有三万民众因与叛乱有关而被杀害，全家籍没为奴。有超过六千人被流放到边远地区。无论反叛情形是否属实，这种不分青红皂白将杨玄感的支持者和同情者都一网打尽的做法，使更多的民众陷入绝望。①

613年下半年，江南和华北平原涌现了许多大规模的暴动。江南第一次较大规模的暴动由刘元进在余杭（今杭州）发动，聚集了数万人。随后南方的朱燮、管崇也举兵造反，并归入了刘元进的队伍。这支联合反政府军活跃于长江下游，规模超过了十万人。在他们的北边，济阴郡（治今山东定陶以西）的吴海流和东海（治今江苏连云港西南）的彭孝才同时起兵，组织了一支数万人的联合武装力量。

与此同时，在华北平原，更多规模庞大的反政府军也相继出现。这一地区的百姓经历了长时间严重的饥荒，遭受了辽东战役难以承受的负担，并且在镇压杨玄感叛乱中首当其冲。在河北、山东一带，格谦自称燕王，孙宣雅随即自称齐王。他们都各自掌握着一支十万人的军队。在长白山（今山东章丘东北），王薄和孟让旗下的队伍也超过了十万人。在关中，大业九年（613）是多灾多难的一年。是年十二月（614年1月），一个名为向海明的和尚自称是未来佛弥勒出世，于扶风郡（治今陕西凤翔县）集结数万人造反，对国都大兴城及皇宫、宗庙社稷构成直接威胁。向海明做了一个寓意吉祥的梦，遂自称皇帝，改元白乌。尽

---

① 关于隋朝的叛乱，参见王仲荦，1988—1990，第76页。关于炀帝的恐怖统治，参见《资治通鉴》卷182，第5683—5684页；周绍良、赵超，1992，第47页，长孙仁墓志。

管这一带有宗教色彩的叛乱很快被镇压,但并不预示着新的一年会风平浪静。①

各地反叛活动如火如荼,成燎原之势,社会秩序受到严重威胁。严峻的形势要求统治者采取果断的军事行动,更需要找出导致守法良民走上反叛之途的根本原因并加以解决。但是,炀帝随意派人镇压一批叛乱之后,再一次试图实现其可望而不可即的梦想——征服高丽。

第三次辽东战役

614年初,炀帝自欺欺人地将国内动乱的危险抛诸脑后,满怀信心地开始谋划第三次辽东战役。在发布对高丽王婴阳宣战的诏书中,炀帝征引古代帝王的赫赫战功为出师高丽正名,并严厉谴责婴阳的傲慢无礼。如果以前炀帝曾存有一线希望,以为高丽王会在威吓之下举手投降,那么如今他对此已不抱任何幻想。614年三月,炀帝再次来到涿郡。在那里,他亲自主持了一场祭祀黄帝的典礼(黄帝被视为战争之神)。七月,炀帝到达前线的怀远镇(辽宁辽阳西北),而此时的中国本土已全然失序,大批新招募的士兵未能如期报到。高丽方面看来也是焦头烂额。隋朝将领来护儿首战告捷,摩拳擦掌地准备挺进平壤城。惊恐万分的高丽王婴阳慌忙派出特使,乞降求罪。

---

① 关于刘元进、朱燮、吴海流、彭孝才,参见《隋书》卷4,第84—85页。关于格谦和孙宣雅,参见《资治通鉴》卷182,第5669页;《隋书》卷4,第85页。关于王薄和孟让,参见《资治通鉴》卷182,第5669—5670页;《隋书》卷4,第85页。关于向海明,参见《隋书》卷4,第86页;《资治通鉴》卷182,第5687页。

隋炀帝：生平、时代与遗产

婴阳特意将杨玄感的亲信、已叛变隋朝的斛斯政交给炀帝，以示善意。炀帝借势宣布战争获胜，班师凯旋。返回大兴城后，炀帝下令在金光门外将斛斯政乱箭射杀。将他的肉烹煮后，分给朝中大臣并强令他们啖食，其骨骸则被烧成灰烬后扬弃。尽管炀帝在惩罚叛臣斛斯政的问题上大做文章，但真正的胜利依然遥不可及。此后婴阳拒绝参加炀帝的朝会，显然其藐视隋朝的态度一如既往。于是炀帝又开始在心中筹划起第四次对高丽战争。①

在着手发动第四次高丽战争之前，炀帝前往大兴城参加了一系列重要的国家祭典。当时，许多人认为炀帝继续维持统治的唯一选择，是坚守富庶且易守难攻的关中地区。长久以来，人们对关中地区战略上的重要性都有清醒的认知，隋朝之前的许多重要王朝都视关中为政权的核心地区。固执己见的炀帝仍打算返回位于东部的洛阳。太史令庚质警告炀帝不可妄动，被愤怒的炀帝投入囹圄，最终死在狱中。庚质和他的同僚所提出的忠告的依据是灾异神秘学的解释。尽管术士品秩不高，但这类建言通常会受到高度重视。然而，此次炀帝非但否决了庚质的建议，也使其他术士彻底噤声。这一切都预示着炀帝的行为已经脱离了正常的轨迹。②

---

① 《资治通鉴》卷182，第5689—5692页；《隋书》卷4，第81、86—88页；Bingham，1941，第46页。

② 《隋书》卷78，第1767—1768页。

第三章 隋朝的崩溃

雁门之围

614 年年底,炀帝抵达洛阳,①又往北行巡视隋—突厥边境。这次行动却导致他在雁门(今山西北部地区)受到围困。

将高丽问题暂且搁置,炀帝于 615 年五月十八日(615 年 6 月 19 日)来到太原,又向北到达汾阳宫(山西北部宁武西南)避暑。是年八月,他继续北行至边境地区。一些官员担心御驾被袭,试图奉劝炀帝停止北巡,炀帝对此却置若罔闻。② 很有可能,这次北巡与部署隋军进攻突厥的战略有关。③ 恰在此时,炀帝收到一份突厥将发动突袭的密报。密报的来源义成公主是启民可汗的遗孀,后又嫁给启民可汗的儿子始毕可汗。尽管她心向隋朝,却无力阻止始毕可汗的突袭行动。炀帝大惊失色,在随从的翼护下匆忙逃至雁门郡(治今山西北部代县)。始毕可汗率数十万人马威逼炀帝车队。当时,雁门郡共统辖四十一城,其中三十九城落入突厥手中。有关与突厥交战的详细史料已缺失。但从一方墓志中得知,隋将范安贵是时为护卫御驾而殉命。④ 当时这样的战将应该不在少数。被围困的雁门郡城内有兵民十五万人,粮食供给仅能维持二十天。此次雁门之围几乎使炀帝陷入绝境。不得已,炀帝派密探暗访义成

---

① 《资治通鉴》卷 182,第 5692 页。
② 参见《隋书》卷 39,第 1149 页;《隋书》卷 43,第 1214 页。
③ 刘健明,1999 年,第 242—244 页。
④ 赵万里,1956,卷 9,第 105 页,图版 502。《隋书》(卷 84,第 1874 页;卷 4,第 84 页)范安贵作范贵。参见岑仲勉,1974,第 109 页。

隋炀帝：生平、时代与遗产

公主以寻求帮助。公主迅速派人通知始毕可汗北方有"警"。①同时,来自洛阳以及其他各郡的援兵也已陆续抵达。始毕可汗随即解围而去。②

尽管炀帝毫发无损地度过此次危机,但与之有关的两起事件却加速了隋朝的灭亡。第一起涉及保卫雁门官兵的升迁和奖赏。第二起,与第一起直接相关,牵涉到炀帝征伐高丽的新计划。

当雁门被围时,炀帝曾承诺破格提拔守城将士,并赠以丰厚的物质奖励。但是,返回洛阳后,他却将迁升标准大幅提高,对物质奖励只字不提。赴雁门之前,炀帝已在谋划第四次辽东战役。被围期间,为了鼓舞士气,炀帝宣布解除对高丽的战事。但是解围之后,炀帝立即重启远征高丽计划。炀帝的反复无常、吝啬、对人口和财产重大损失的漠视、在高丽问题上的一意孤行——这一切激怒了所有的将领、士兵。在雁门之围发生后不久,隋军对炀帝和朝廷的忠诚开始瓦解。③

---

① 《资治通鉴》卷182,第5697—5700页;《隋书》卷4,第89页,卷84,第1876页;《北史》卷87,第3299页。注:吕思勉(1982,第991页)对义成公主的作用表示怀疑,但他的观点并未得到广泛认同。

② 岑仲勉,1958,第97—102页;Bingham,1941,第46—48页;Franke,1961,Band Ⅱ,第337—338页。Wright,1978,第195页;刘健明,1999,第238—247页;王三北和赵宏勃,1996。雁门之围与发生在西汉初年的白登之围十分相似。是时(公元前200年),汉高祖刘邦一行在晋北平城附近的白登被匈奴围困,险些被俘。后陈平施计,使阏氏劝说单于退兵。见《资治通鉴》卷11,第378页。

③ 关于奖励问题,参见《资治通鉴》卷182,第5698—5700页。

第三章　隋朝的崩溃

移居南方

　　与此同时,社会和经济状况持续恶化,战争、苛税、贼盗、饥荒使许多百姓食不果腹。他们食树皮、芦苇、泥土以充饥,人相食的现象亦时有发生。惨状发生的同时,官府粮仓的粮食竟然堆积如山。① 绝望的情绪像瘟疫一样弥漫在全国各地,成为产生叛乱的温床。规模超过十万人的叛军已非罕见。② 615年,朱粲在荆襄地区(湖北荆州—襄阳地区)发起暴动,人数甚至达数十万。③

　　615年十月,炀帝听从宇文述的建议,从太原返回洛阳。到616年五月,反叛问题更加严重。当炀帝召集高级臣僚询问有关问题时,阿谀奉承的宇文述试图淡化其严重性。但是苏威直率地揭露了严峻的现实,即:原本守法的民众已经大规模地转变为叛乱暴徒。他提出应赦免暴民,并征召他们讨伐高丽。炀帝大怒,将这位政坛不倒翁罢官除名。④ 很显然,炀帝根本不愿意

---

①　《隋书》卷24,第688—689页;Balazs,1953,第172—173页。粮仓系统未能发放救济粮是因为隋朝有着严苛的法律,严禁擅自挪用粮食。

②　例如,在陕西南部扶风地区(614年)的李宏—唐弼集团;山东的左孝友(614年);上谷(河北易县)的王须拔集团(615年)和魏刀儿集团(615年);在陈、汝地区(河南淮阳和汝州)的卢明月集团;太原的甄翟儿集团(616年)。参见《隋书》卷4,第87—91页;《资治通鉴》卷182—183,第5689—5705页;气贺泽保规,1978,第281—284页。

③　《隋书》卷4,第90—91页。

④　关于宇文述,参见《资治通鉴》卷182,第5699页。关于叛乱,参见谷川道雄,1995,第55—58页。关于苏威,参见《资治通鉴》卷183,第5703—5704页;《隋书》卷41,第1189页。

隋炀帝：生平、时代与遗产

触及那些已经完全失控的叛乱问题。炀帝偶尔也注意到了叛乱带来的严重后果。在615年二月的一道诏书中，炀帝罕见地公开承认，百姓居无定所和盗贼横行已经引发了严重的问题，虽然他同时强调社会已经恢复太平，以图消弭这些消极影响。事实上，炀帝很清楚叛乱带来的危险，但他并没打算全力以赴去处置问题。与此同时，住在洛阳也让炀帝烦恼日增。按惯例，每年年初各郡应遣使者赴京师集会。616年这一年，有二十多郡未派人前来。非常明显，朝廷已经丧失了对地方政府的掌控权。是年四月，洛阳宫大业殿发生火灾。炀帝误以为是盗贼袭击，惊慌失措地逃往西苑，躲在草丛中，直到火扑灭后方敢回宫。①

洛阳宫火灾加上叛乱的凶讯逐渐改变炀帝以洛阳为主要帝居的想法。他面临两个选择：第一，西迁关中的大兴城，重建权力基地；第二，南迁，将北方所有问题抛诸脑后。尽管炀帝曾一度考虑过西迁关中，但是他最终做出迁往南方的战略决策。此时，来护儿，炀帝最信任的将领之一（他本身就是南方人），从战略角度提出了反对意见，引起炀帝勃然大怒。另一位名叫赵才的将军亦提出同样的建议，竟被炀帝投入大狱。当建节尉任宗和奉信郎崔民象同样试图阻止炀帝南迁时，其下场远不如两位将军幸运：一个被杖杀，另一个被斩首。

炀帝和他的随从于616年七月启程南行。途中遇到自作主张的进谏者时，炀帝立即将他们斩杀。如此多的谏者，不惜冒杀身之罪劝阻炀帝，说明当时群臣普遍认为此次南行必会酿成大

---

① 关于炀帝的诏书，参见《隋书》卷4，第88—89页；《北史》卷12，第466页；《资治通鉴》卷182，第5695页。关于炀帝在洛阳城的不安感，参见《资治通鉴》卷183，第5702—5703页。

祸。而将整个北方拱手让给叛军无异于放弃帝王天命。

616年的南方之旅终将成为炀帝的最后一次南巡。①

第三阶段(616—618)：最后的时光

我们并不知道炀帝何时到达南方。但可以肯定，至迟到十月份，炀帝已经抵达江都，因为随同炀帝而来的宇文述这个月在江都去世。在炀帝南行途中，政治和军事形势进一步恶化。叛军首领李子通、左才相、杜伏威都拥兵数万，纵横于淮河流域和长江下游地区。八月，赵万海率领数十万叛军袭击高阳(今河北高阳东部)。② 炀帝缺乏积极处理的意愿是导致叛军急剧增加的首要原因。与高丽或突厥不同，炀帝从未将草民贼盗看作真正的威胁。毕竟，在最初阶段，绝大多数叛军并没有称帝的野心。除此之外，炀帝周边布满佞臣，他们竭力掩盖坏消息，使得炀帝无从评估事态的严重性。再者，叛军数量众多、分布广泛，很难进行有效的镇压。

到617年，出现了一种更致命的趋势。越来越多的将领、高官开始参与叛乱。作为隋朝的社会精英，他们拥有权力基础和社会地位，跟出身于底层的叛军首领有天壤之别。当全国陷入无政府的混乱状态时，他们开辟出自己的地盘，在逐鹿中原的竞

---

① 关于来护儿，参见《北史》卷76，第2593页。关于其他劝谏者，参见《资治通鉴》卷183，第5705—5706页。

② 《资治通鉴》卷183，第5706页；《隋书》卷4，第91页。关于叛乱，参见《隋书》卷64，第1519页；气贺泽保规，1978，第276—281、263—269页。

隋炀帝：生平、时代与遗产

争中占据一席之地。虎贲郎将罗艺即是较早发动叛乱的高官之一。原本他负责镇压位于今天河北北部地区的叛乱。通过发动兵变，罗艺一跃成为幽州（治今北京）的实际控制者。这一趋势在北部边境和西北地区尤为明显。反叛的隋朝官员一夜之间变成了地方军阀。617年二月，正五品鹰扬将梁师都于朔方郡（治今陕西白城子东北）公开反隋。在成功地占领今天陕西、甘肃、宁夏地区之后，他自称皇帝，国号为梁。① 与此同时，正六品的鹰扬府校尉刘武周在马邑郡（治今山西北部朔州）杀害太守，控制了今天山西北部到河套地区。与梁师都一样，刘武周也自立为帝。在金城郡（治今甘肃兰州），校尉薛举囚禁郡县官员，也建立了自己的政权。在控制了陇西和今青海地区后，薛举自称西秦霸王，后亦称帝。②

伴随着隋朝中央政权的崩溃，号称控弦百余万的东突厥一跃成为北方和西北的霸主。③ 其首领始毕可汗与一些隋朝地方割据势力建立了宗主关系：册封刘武周为定杨天子、梁师都为解

---

① 关于罗艺，参见《资治通鉴》卷183，第5716—5717页；《旧唐书》卷56，第2278页；《新唐书》卷92，第3806页。关于梁师都，《新唐书》卷78，第3730—3731页；《旧唐书》卷56，第2280页；《隋书》卷4，第92页；气贺泽保规，1978，第246—251页。

② 关于刘武周，参见《新唐书》卷86，第3711—3712页；《旧唐书》卷55，第2252—2253页；《隋书》卷4，第92页。关于薛举，参见《隋书》卷4，第92页；《旧唐书》卷55，第2245—2247页；《新唐书》卷86，第3705—3707页；气贺泽保规，1978，第200—209页。

③ 关于当时突厥军队的实力，《资治通鉴》卷185，第5792页，武德元年五月辛未条记载："时中国人避乱者多入突厥，突厥强盛，东自契丹、室韦，西尽吐谷浑、高昌，诸国皆臣之，控弦百余万。"

第三章　隋朝的崩溃

事天子。①

617年五月，太原发生了一场影响深远的反叛活动。发动者李渊是隋朝权力核心的重要人物，②时任太原留守。在隋朝末期，留守是炀帝特设的职位，授予他最信任的官员，负责管控重要都市及其周边地区。③李渊因此在当地拥有了强大的行政权、军事权。大多数正史典籍的记载，都认为是李渊次子李世民在李渊亲近幕僚裴寂的支持下，劝说李渊起兵。④当代学者对此表示质疑，认为李世民在这一事件中的关键作用实为唐代史臣编造，目的是为了抬高李世民的地位。⑤无论如何，李渊起兵取得了最终的成功。这不仅是因为军队规模庞大和组织超群，更是因为领导者卓有远见的决策：西取关中。⑥

隋末的反叛活动不仅仅发生在北方和西北。在炀帝新近定居的南方，不少精英也开始建立独立政权。617年十月，在校尉

---

① 天子称号亦被授予榆林的叛军首领、前隋朝官员郭子和，但被他婉拒。其他叛军首领或军阀依附于突厥的有薛举、窦建德、王世充、李轨、高开道等。参见《隋书》卷84，第1876页；《资治通鉴》卷183，第5724页；《旧唐书》卷56，第2280页；《旧唐书》卷55，第2253页；《新唐书》卷87，第3730页；《新唐书》卷86，第3712页。

② 关于李渊的反叛，参见Wechsler，1979，第153—160页；布目潮渢，1968d，第101—149页。

③ 关于唐朝和唐以后对"留守"的定义，参见Hucker，1985，第320页；瞿蜕园，1965，"历代职官笺释"，第114页。

④ 《册府元龟》卷7，第74b—75b页；《旧唐书》卷1，第2—3页；《资治通鉴》卷183，第5730—5735页。比较Bingham，1941年，第83—90页。

⑤ 李树桐，1985；汪篯，1981，77—79页；Wechsler，1979，第154—156页。

⑥ 鉴于李渊的主要支持者和跟随者都来自士族大家，布目潮渢（1968d，第136—146页）强调李渊起兵的贵族特点。

隋炀帝：生平、时代与遗产

董景珍和雷世猛的支持下，西梁皇族后代萧铣公开宣布脱离隋朝，于江陵复兴梁朝。①

在这种混乱的状况中，炀帝在江南安顿下来。从流传至今的逸闻轶事中可以得知，炀帝南迁后，变得日趋焦躁、沮丧，经常沉浸在感伤中。这个一度野心勃勃、自信满满、不可一世的帝王也只能听任命运的摆布。②

炀帝向他身边的人明示，他最不愿听到叛军节节胜利的消息。近臣虞世基等人自觉地将坏消息隐藏起来。每当收到某一将领或地方官员因遭叛军攻击而请求紧急增援的报告时，虞世基都不向炀帝据实以报，而是说，"鼠窃狗盗，郡县捕逐，行当殄尽，愿陛下勿以介怀"。

受到虞世基的误导，炀帝有时甚至将求援使者以妄传流言的罪名杖杀。越来越多的郡县落入了叛军之手，炀帝对此却一无所知。而后，杨义臣将军大战告捷。炀帝不但未感欣喜，反倒大吃一惊。他不敢相信杨义臣所报告的河北叛军规模——数十万人。此时虞世基进言道："小窃虽多，未足为虑。义臣克之，拥兵不少，久在闱外，此最非宜。"于是，杨义臣，这位隋军中镇压叛军能力最强的将领，被解除指挥权，其部队也被遣散。而该地区

---

① 关于萧铣，参见《隋书》卷4，第93页；《资治通鉴》卷184，第5760—5761页；《旧唐书》卷56，第2263—2266页；《新唐书》卷87，第3721—3724页；气贺泽保规，1978，第252—256页。

② 关于炀帝的沮丧，参见《资治通鉴》卷183，第5703页。又见《资治通鉴》卷185，第5775页，武德元年（618）三月条："然帝见天下危乱，意亦扰扰不自安，退朝则幅巾短衣，策杖步游，遍历台馆，非夜不止，汲汲顾景，唯恐不足。"

第三章　隋朝的崩溃

的反叛活动迅速得到喘息、复苏。①

炀帝对反叛问题掩耳盗铃的处置方式,进一步摧毁了中央的权威。而得到突厥支持的强大的地方割据势力在西北、北方无人能敌,南方萧铣的梁朝亦复如是。此外,一些由怀有帝王野心的领袖所领导的平民反叛群体也开始名声大震。其中最强大的是一支由翟让创建、后由李密领导的瓦岗军。李密曾为杨玄感的重要谋臣,因杨败而被俘获,后通过贿赂监管者而得以逃脱。作为瓦岗军的首领,他立足河南,占据了具有重要战略意义的、位于洛阳附近的洛口仓,以号称百万之师,直接威胁着炀帝之孙杨侗所守卫的洛阳。② 与此同时,全国各地此起彼伏的反叛活动也严重侵蚀着隋朝的地方统治。其中特别强大者,有活跃于今河北地区的窦建德;有活跃于渔阳(今天津蓟县)的格谦旧部高开道;有从今山东一带起兵,后立足南方历阳(今安徽东部的和县)的杜伏威。在全国混乱无序的局面中,李渊不失时机地将关中地区置于自己的掌控之下。在突厥的帮助下,他挫败了隋将宋老生和屈突通的抵抗。617年十一月,李渊获得了隋末战争中的最大收获:大兴城。③

为了实现平稳的权力更迭,李渊没有打出公开反隋的旗号,

---

① 关于杨义臣,参见《隋书》卷63,第1498—1501页。关于虞世基的评论,参见《资治通鉴》卷183,第5715页。

② 关于李密,参见《旧唐书》卷53,第2210—2211页;《资治通鉴》卷183,第5719—5720页;《新唐书》卷84,第3679—3680页;布目潮渢,1968c,第53—100页。

③ 关于叛乱者,参见《资治通鉴》卷183,第5713—5715页(窦建德)、第5716页(高开道)、第5717—5718页(杜伏威);气贺泽保规,1978,第230—232页。关于李渊的壮大,参见《资治通鉴》卷184,第5748、5757、5761、5768页。

隋炀帝：生平、时代与遗产

却颁布了一个新的隋朝年号：义宁，于大兴殿（唐称太极殿）册立炀帝之孙、杨昭之子杨侑为傀儡皇帝（恭帝，617—618年在位），并遥尊炀帝为太上皇。① 这一系列举措无异于宣告炀帝退位。

与此同时，社会经济和政治秩序的崩溃已经危及炀帝自身。甚至于其禁卫部队也在秘密策划于江都发动暴动，将他置于死地。在此之前，炀帝的安全向来是由在江南一带最有权势的将领王世充负责。洛阳被李密围困后，王世充及其麾下的部队被派往北方。炀帝从中原南下时带来的卫士因此接替了保护御驾的任务。根据《隋书》的记载，这些称作骁果的卫兵大部分来自关中，返乡的渴望是其暴动的首要原因。但是，这一记载并不完整。《隋书·食货志》的一段文字，给我们提供了关于骁果人员构成的相关信息：

> （炀帝）遂幸太原，为突厥围于雁门。突厥寻散，（炀帝）遽还洛阳。募益骁果，以充旧数。

据此，炀帝在最后一次南下之前已经开始大量从中原地区招募新兵以补充骁果人数了（而不仅仅限于关中）。② 不管骁果

---

① 《隋书》卷5，第99—102页。炀帝的死讯于四月份传到大兴城。李渊立即精心安排了恭帝的禅让仪式。参见《资治通鉴》卷185，第5791页。

② 关于骁果，参见刘健明，1996，第273—276页；《隋书》卷24，第688页；Balazs，1953，第172页；《隋书》卷85，第1888页。炀帝被害后，宇文化及率骁果北上，其中有一万来自岭南者和数千来自江东者，投降李密，宇文化及所属仅剩下二万人。据此，我们可以说，将弑君叛乱归因于关中骁果思乡之情的看法并非完全正确。参见刘健明，1999，第148—149、177—178页。

第三章 隋朝的崩溃

来自何方,他们确实是这次暴动的关键人物。最初的不祥之兆是骁果的大规模逃亡。这一情形在炀帝居留江南的最后几个月里愈演愈烈。

在洛口仓被李密占领后,炀帝失去了收复北方的最后一线希望。① 他开始认真筹划将都城移至丹阳(今南京)。这促使将领窦贤率领一批思乡的骁果向西逃走。尽管窦贤被擒获后斩首,但是骁果成批逃亡的大势已无法制止。此时,多数将领们仍依违两可,不知所从,他们既畏惧炀帝对逃亡者采取的极端手段,却又难以遏阻兵士们渴望归乡的冲动。统领骁果的虎贲郎将、扶风(治今陕西扶风)人司马德戡道出了他和其他将领所处的两难境地:

> 今骁果人人欲亡,我欲言之,恐先事受诛;不言,于后事发,亦不免族灭,奈何?

在与同僚们商议之后,司马德戡终于做出了决定——与其他骁果一起逃亡乃是唯一的出路。尔后众多的将领和高官都参与了逃亡谋划。随着时间的推移,这一阴谋不断发酵,最终演变成密谋刺杀皇帝、终结隋朝统治的宫廷政变。其中起到关键作用的是一位心怀不满的官员——将作少监宇文智及。他力劝同谋者切勿重蹈窦贤的覆辙,而必须建立自己的新王朝。随后,宇文化及(宇文智及的哥哥)成为谋主。具有讽刺意味的是,宇文兄弟是炀帝最宠信的将军宇文述的儿子。很快谋反者们变得肆无忌惮,甚至在公开场合讨论反叛计划。一个宫女受萧皇后的

---

① 李密攻占了洛阳周边的兴洛仓和回洛仓。参见《旧唐书》卷53,第2211—2212页。

隋炀帝：生平、时代与遗产

鼓励向炀帝禀告即将发生武装政变的事情。炀帝置若罔闻，并将宫女以造谣惑众罪而斩首。于是，再无人敢冒生命危险向危在旦夕的炀帝提出警告。之后，谋反者们采取行动，以获得骁果的全力支持。司马德戡和他的同谋开始散布谣言，声称炀帝发现了骁果的密谋，并准备在宴会上将其全部用毒酒杀死，又称只有南方人可免于一死。骁果们早已军心摇动，不仅相信谣言，而且开始积极参与谋反。①

618年三月十日（公历4月10日）晚，负责安全警卫的官员元礼和裴虔通（同为谋反者）正好在殿内值班。他们故意未将宫门上锁。与此同时，司马德戡在东城（应距江都宫仅一墙之隔）集结了一支数万人的叛军，准备与宫内里应外合，趁势攻入宫中。此前，炀帝为了确保自身安危，从官奴中挑选了几百名体格健壮者组成私人卫队，安置在宫城北部入口——玄武门。该门通常是维系皇帝寝居安全的关键。但是当天有人假传圣旨把他们全部调出宫。谋反的骁果们遭到了零星抵抗后，很快便牢牢控制住江都宫。在司马德戡的率领下，叛军由玄武门顺利杀入宫内。

听到外面的厮杀声，炀帝换装后匆忙逃入西阁躲藏起来，但没多久便被校尉令狐行达擒获。第二天早上，炀帝被裴虔通逼入朝堂、寝殿。一位叫马文举的叛军头目宣布了炀帝的十大罪状：

1. 违弃宗庙
2. 巡游不息

---

① 关于窦贤，参见《资治通鉴》卷185，第5776页。关于司马德戡等，参见《隋书》卷85，第1888—1889页。关于司马德戡的言论，参见《资治通鉴》卷185，第5776—5777页。关于宇文化及，参见《隋书》卷36，第1113页；《资治通鉴》卷185，第5777页。关于忠诚于炀帝的卫士如何变成谋反者，参见《隋书》卷85，第1889—1890页；《资治通鉴》卷185，第5778—5779页。

3. 外勤征讨

4. 内极奢淫

5. 使丁壮尽于矢刃

6. 使女弱填于沟壑

7. 四民丧业

8. 盗贼蜂起

9. 专任佞谀

10. 饰非拒谏

当时,炀帝最疼爱的儿子——年仅 12 岁的杨杲——啼哭不已,裴虔通当众手刃之,鲜血溅满炀帝的皇袍。炀帝要求饮鸩酒,按天子的死法自尽,却被拒绝,最终被叛党令狐行达用练巾缢杀。这一年炀帝 50 岁。①

在一些宫女的帮助下,萧皇后用两副漆板做成的简易棺材收葬了炀帝和儿子杨杲。具有讽刺意味的是:炀帝终身喜爱拈花惹草,死后却由对之忠贞不贰的正妻萧皇后收尸安葬。唐朝建立后,炀帝被重新安葬在江都西北的雷塘。② 648 年萧皇后去世后,根据唐太宗的旨意,与炀帝合葬一处。③

直到生命的最后时刻,炀帝依然对江都叛乱者的动机感到

---

① 关于炀帝如何被抓获,参见《隋书》卷 85,第 1889—1890 页;《资治通鉴》卷 185,第 5780 页。关于炀帝的罪行,参见《资治通鉴》卷 185,第 5781 页。关于炀帝之死,参见《资治通鉴》卷 185,第 5779—5781 页;《隋书》卷 85,第 1890 页;布目潮渢,1980,第 134—137 页;Bingham,1941,第 111—112 页;刘健明,1996。

② 关于炀帝的下葬,参见《资治通鉴》卷 185,第 5782 页;《隋书》卷 4,第 92—94 页;关于雷塘,参见《太平寰宇记》卷 123,第 165b 页。

③ 中国唐史学会唐宋运河考察队,1985,第 77—78 页。

隋炀帝:生平、时代与遗产

困惑,因为其中有炀帝最宠信的官员和将领。他没有意识到,由这些人煽动的宫廷政变,本质上不过是持续恶化的统治所导致的悲剧结局。①

613年,杨玄感之乱和第二次辽东战役失败后,统治危机很明显加速恶化。随着悲观情绪日渐弥漫,炀帝变得越来越孤僻,不愿意去正视各地的叛乱问题。面对日益崩塌的帝国,炀帝选择了逃避主义,从声色中寻求慰藉,最后逃离祸乱丛生的洛阳。他选择江南为最后的归宿,其实也是承认失败的一种标志。这导致军队元气大伤,民众士气丧尽。此时隋朝官员纷纷竖旗举事,建立政权,亦不足为怪。炀帝则继续沉浸在自欺欺人的幻觉世界中,在与外部世界完全隔绝的情况下,成为遭将领背叛,被卫士、随从抛弃的孤家寡人,最终与爱子一同被害。

---

① 《资治通鉴》卷185,第5781页。

第二部分

炀帝治下的帝国

第四章　洛阳与大运河

有别于前几章按时间顺序的写作方法，接下来的几章将以专题形式，从社会经济、政治、宗教、对外关系等多个层面对炀帝所构建的隋代中国进行研究。首先我们将聚焦两个浩大的标志性工程——东都洛阳和大运河。作为炀帝时期耗资最多的两个工程，它们具有重要的战略意义，对隋朝和唐朝的经济产生长远、深刻的影响。

洛阳工程

> 洛阳春稍晚，四望满春晖。
> 杨叶行将暗，桃花落未稀。
> 窥檐燕争入，穿林鸟乱飞。
> 唯当关塞者，溽露方沾衣。①

---

① 《初学记》卷3，第48页。同见《文苑英华》卷157，第740页。

第四章　洛阳与大运河

这些优美的诗句勾勒出炀帝心目中的晚春洛阳——一座有着华美建筑和自然风貌的城市。位于城西北角的洛阳宫是隋朝三处主要宫殿群之一，另外两处是位于大兴城的大兴宫和位于江南的江都宫。作为炀帝所建的第一个大型建筑工程，洛阳在规模上小于文帝所建的大兴城。不过，其奢华却无人能及。由于洛阳城壮丽的建筑以及耗费的人力、物力，一个广为人们所接受且长期存在的观点产生了，即：正是洛阳城的修建压垮了隋朝的经济并最终摧毁了隋帝国。但是，如下述文献所示，炀帝修建洛阳作为第二座都城有着深刻的战略、政治、地理、军事、经济的考量。①

隋炀帝建洛阳诏

皇帝的诏书通常由朝廷官员负责执笔。这一现象在北方胡族所建的政权里尤为突出。执政者一般都不擅长撰写言辞考究的诏令。不过，除非执政者被强臣控制，形同傀儡，否则诏令应出于其本人的旨意。下面要讨论的这份诏令，是唯一完整记录营建洛阳起因的诏令，据《隋书》记载，它出于炀帝之手。考虑到炀帝对自己的文学才能十分自负，这一点应无疑义。

炀帝建洛阳诏（十二月十七日，607）

乾道变化，阴阳所以消息，沿创不同，生灵所以顺叙。若使天意不变，施化何以成四时？人事不易，为政何以厘

---

① 关于洛阳，见 Xiong，1993，第 83—84 页。关于宇文恺，见《隋书》卷 3，第 63 页；卷 68，第 1588 页。关于隋唐时人对洛阳的印象，见《贞观政要》卷 2《纳谏第五》，第 57 页。

万姓？《易》不云乎："通其变，使民不倦"，"变则通，通则久。""有德则可久，有功则可大。"朕又闻之，安安而能迁，民用丕变。是故姬邑两周，如武王之意；殷人五徙，成汤后之业。若不因人顺天，功业见乎变，爱人治国者可不谓欤！

然洛邑自古之都，王畿之内，天地之所合，阴阳之所和。控以三河，固以四塞，水陆通，贡赋等。故汉祖曰："吾行天下多矣，唯见洛阳。"自古皇王，何尝不留意，所不都者盖有由焉。或以九州未一，或以困其府库，作洛之制所以未暇也。我有隋之始，便欲创兹怀、洛，日复一日，越暨于今。念兹在兹，兴言感哽！

朕肃膺宝历，纂临万邦，遵而不失，心奉先志。今者汉王谅悖逆，毒被山东，遂使州县或沦非所。此由关河悬远，兵不赴急，加以并州移户复在河南。周迁殷人，意在于此。况复南服遐远，东夏殷大，因机顺动，今也其时。群司百辟，佥谐厥议。但成周墟堕，弗堪葺宇。今可于伊、洛营建东京，便即设官分职，以为民极也。

夫宫室之制本以便生，上栋下宇，足避风露，高台广厦，岂曰适形。故《传》云："俭，德之共；侈，恶之大。"宣尼有云："与其不逊也，宁俭。"岂谓瑶台琼室方为宫殿者乎，土塠采椽而非帝王者乎？是知非天下以奉一人，乃一人以主天下也。民惟国本，本固邦宁，百姓足，孰与不足！今所营构，务从节俭，无令雕墙峻宇复起于当今，欲使卑宫菲食将贻于后

第四章　洛阳与大运河

世。有司明为条格，称朕意焉。①

以工整骈体写就的这份诏书，从阴阳五行、历史、政治地理的角度论述了兴建洛阳城的意义。不过，如果将诏书与类似文件相比较，则会发现它们关于在洛阳兴建新城的理由非常相似。北周宣帝在579年的诏书中提到"上则于天，阴阳所会；下纪于地，职贡路均"。② 而距炀帝时期100多年后，唐玄宗在其诏书中同样强调洛阳的种种优势，包括历史渊源，税收便利，地处天地之中心，集合六气（阴、阳、风、雨、晦、明）等。③ 炀帝诏书有新意的是运用《易经》的言辞证明变通的必要性——它不仅会给新王朝带来活力，也同样适用于建造新都。当然，变通的观点早在炀帝的父亲文帝兴建大兴城的诏书中就提到过了。④

据此，可以说炀帝诏书的开篇，从历史先例和税赋角度论证兴建洛阳城的重要意义，从形式到内容并没有多少新意。而炀帝的远见卓识在于他注意到这一地区日益凸显的战略重要性。洛阳正好处在北方并州地区（位于今山西）和南方新征服的陈朝领土之间，地理位置十分关键。炀帝的弟弟，并州总管杨谅，曾

---

① 关于诏令作者为炀帝，见《隋书》卷76，第1730页。关于诏令本身，见《隋书》卷3，第60－62页；《资治通鉴》卷180，第5615页；Xiong，1993，第82－83。关于诏令中前两段《易经》引文，见《周易正义》卷8，第74c页。关于诏令中第三段《易经》引文，见《周易正义》卷7，第64b页。注："有德则可久，有功则可大"，今本《易经》作"有亲则可久，有功则可大"。

② 《周书》卷7，第117－118页；Xiong，1993，第83－84页。

③ 《唐大诏令集》卷79，第407页；Xiong，1993，第70－71页。

④ 关于文帝兴建大兴城的诏令，见《隋书》卷1，第17－18页；Xiong，2000年，第35－36页。

隋炀帝：生平、时代与遗产

发动一场大规模的叛乱，严重威胁到炀帝的统治。叛军很快攻入防御薄弱的中原。后来，在将军杨素的指挥下，依赖山东援兵方转败为胜。杨谅投降后，炀帝依照传统做法，将大批并州人口迁移至河南地区。鉴于此，有必要在这一带建立一座中心城市以实施管控。

诏令用冗长的篇幅表述了洛阳对于北方的战略重要性，之后却只字未提洛阳对江南的战略意义。诏令第三段提到"南服遐远"。这里的"南"不是指长江下游的江南政治中心。毫无疑问，炀帝兴建洛阳城的重要考量之一，就是为了更便捷地抵达原属于陈朝的江南，尤其是坐落在长江江畔的都市江都。① 之后局势的发展也证明了江南对于炀帝的巨大吸引力。诏令避开讨论江南，显然不是忽略，而很可能是因为江南会使人联想到奢靡和颓废。

诏书最后一部分集中讨论了节俭问题。炀帝先强调建造宫殿的意义在于其实用性而非奢华的构造，然后引用《易经》以及孔子的言论来论证此观点。在结尾处，炀帝为他的首个大型建设项目定下了节简和简约的基调（诏令第四段）。但是对节俭的强调看起来有点掩人耳目。实际上是为了刻意淡化江南在洛阳兴建计划中的影响。

炀帝生性喜好奢华的工程项目，这与文帝极力灌输给诸子的节俭精神相违背。文帝去世后，在启动洛阳城兴建项目时，炀帝不得不面对现有的价值观与个人天性之间的矛盾冲突。《隋书》的一段记载揭示了炀帝的真实想法：

---

① Wright,1975,第167页。

第四章　洛阳与大运河

(宇文)恺揣帝心在宏侈,于是东京制度穷极壮丽。帝大悦之,进位开府,拜工部尚书。

作为洛阳城的主要设计者,宇文恺深知炀帝不可言说的心思,即修建一座辉煌瑰丽的都城,尽管它与诏令的主旨相悖。①

洛阳:结构与设计

605年三月,炀帝下了一道诏书,为兴修洛阳城补充一条理由——为更好地接近百姓以倾听其意见和冤苦。这也为将来的巡幸提供了冠冕堂皇的借口。此时,洛阳已修建数月,整个城市初具规模。按照炀帝的旨意,数万户洛州郭内百姓及其他地区的富商大贾被迁入新城。②

在诏书中,炀帝任命三位大臣——杨素、杨达、宇文恺——主持洛阳城的营建。事实上宇文恺是唯一的负责人。宇文恺是陈寅恪先生所言"隋代三大技术家"之一(另二人为阎毗、何稠),他对炀帝的奢华建设项目做出了无可比拟的贡献(见图4.1)。③具有匈奴血统的宇文恺,在隋初文帝清洗北周皇族宇文氏时,也曾在名单之列。之所以大难不死,是因为文帝发现他并不属于宇文氏皇族这一支。早在营建洛阳之前,宇文恺就已经是隋朝

---

① 《隋书》卷68,第1588页;Xiong,1993。
② 据《隋书》卷3(第63页),豫州郭下居民被迁入洛阳城。《隋书》卷24(第686页)和《资治通鉴》卷180(第5617页)"豫州"作"洛州"。据《隋书》卷30(第834页)和《大业杂记》(第1a页),洛州被炀帝更名为豫州。
③ 陈寅恪,1977,第79页。

隋炀帝：生平、时代与遗产

建筑设计的第一人。他曾主持太庙、大兴城和仁寿宫的营建。①

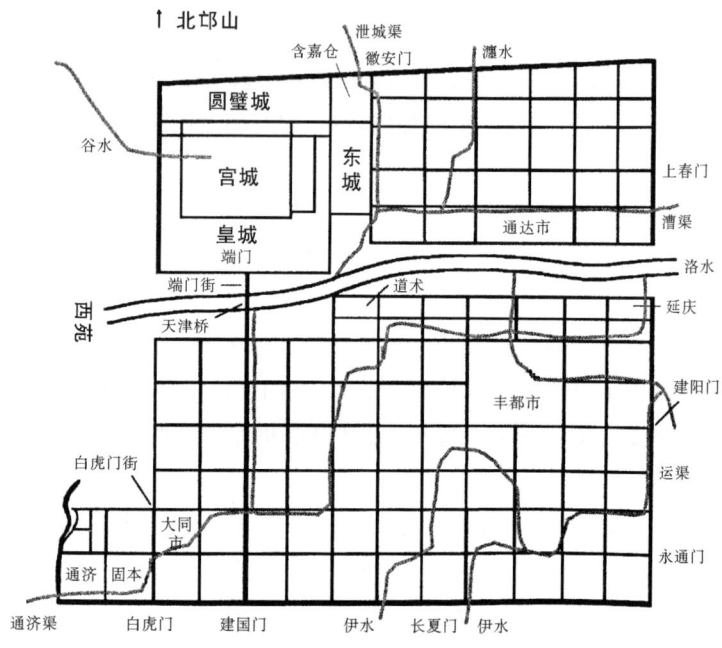

图 4.1 隋东都洛阳

朝廷的技术专家，像宇文恺、何稠、阎毗等，常因纵容炀帝追逐奢华的恶习而遭到指责。② 虽然能工巧匠的职责是贡献精妙的设计和构思，劝谏非其本职，但面对炀帝的恶习，他们的确未置一词。

---

① 关于宇文恺，见田中淡，1978，第 224—225 页；《隋书》卷 68，第 1588 页。比较陈寅恪，1977，第 74—75 页。关于杨素，见《隋书》卷 48，第 1291 页。关于杨达，见《隋书》卷 43，第 1218 页。

② 例如高敏，1983，第 268 页。

第四章 洛阳与大运河

炀帝颁诏一年之后,606年元月初六辛酉(公历2月18日),洛阳城正式竣工。这座被称为东都的新城,是设计师宇文恺一生中具有里程碑意义的工程。它占地47平方公里,比大兴城的一半稍大。虽规模略小,却取胜于其匠心独运的设计和绮丽的宫殿建筑。《隋书》是这样描述的:

> 初造东都,穷诸巨丽。帝昔居藩翰,亲平江左,兼以梁、陈曲折,以就规摹。曾雉逾芒,浮桥跨洛,金门象阙,咸竦飞观,颓岩塞川,构成云绮,移岭树以为林薮,包芒山以为苑囿。①

在洛阳城整体规划布局中,位于西北角的宫城和衙署(或称皇城)所处的独特位置值得一提。其北有邙山环绕,南有宽阔的洛水穿过,东则有河渠自西向东流过;这正好吻合了某种风水理论。根据这一理论,最理想的选址,是北有山,南有池,东有河,西有路。中国古代城市规划的理念强调对称和平衡,宇文恺规划洛阳时却并未遵循这一原则,而将宫城和衙署设置在城的西北角。一些学者认为这说明洛阳城低大兴城一等。其实,这种规划布局更多是出于功能性的考量。如果按照大兴城的惯例,都城北部应当有一个面积广阔的禁苑。但洛阳受到地理条件的限制,其城北群山环绕,长期以来为皇室和贵族的墓地,不适于用作禁苑。

所以禁苑被设置在洛阳城的西边。宫城设置于洛阳城西北角,正好能与禁苑直接相通(这显然背离了《周礼·考工记》所概括的中国古代城市规划的"方九里,旁三门"原则,即宫城应该营

---

① 《隋书》卷24,第672页;Balazs,1953,第132页。

建在都城中间或偏南)。洛阳宫又恰好占据了城内的制高点,从而避免了宇文恺营建大兴城时所犯的错误——出于风水的考虑将宫城设置在城内的低洼地带。①

宫城的主殿是乾阳殿,也是洛阳城最宏伟的标志性建筑。它东西长30间(约120米),南北阔29架(或曰9丈,21.12米)。② 建筑地基高出地面9尺(2.12米),整座建筑从地面到屋顶有170尺(40米)高。③

为了理解上述数据的真正意义,与长安大明宫主殿含元殿进行比较,才更能感受到乾阳殿的宏大。含元殿于唐高宗(649—683年在位)时期建成后,取代了太极殿成为最主要的宫殿。因此含元殿应当是唐朝修建的最大建筑。但根据考古发现,含元殿的面积为55米×20米,④仅仅是乾阳殿面积的一半。

---

① 关于住宅风水,见俞灏敏,1991,第156—157页。关于洛阳,见《唐两京城坊考》"东都外郭城图"。关于洛阳城内的状况,见宿白,1978,第421页。关于大兴城,见Xiong,2000,第76页。

② "间"是中国传统建筑的术语,表示建筑面积,相当于日语的"坪",为长方形结构,长度和宽度不等。一般来说,位于建筑地面中央的"间"要比两边的"间"宽很多。一"间"通常宽度为3~4米。建筑的地面通常由奇数的间构成。而建筑的进深则由"架"的数量来决定("架"是指檩条之间,或檩条与横梁之间的距离)。《大业杂记》(第2b页)载乾阳宫为13间。在唐代,乾阳殿被含元殿(非长安城同名建筑)所取代。据载,洛阳含元殿东西宽345唐尺(107米),这与30间(90~120米)的宽度大致相当。考虑到这些因素,我认为《元河南志》(卷3,第15b页;又见《河南志·隋城阙古迹》102)30间的记载比较可信。见Xiong,1996,第267—268页;张驭寰,1990,第553—554页。关于洛阳含元殿,见《唐两京城坊考》卷5,第133页。

③ 《大业杂记》,第2b页。《元河南志》(卷3,第15页)所记载的270尺(63.6米)看来不太可信。

④ 安家瑶、李春林,1997,第352页。

作为隋朝最富丽堂皇的宫殿,乾阳殿所费甚巨,以至于到唐初民间还流传着这样的说法,"乾元(隋称'乾阳')毕工,隋人解体"。①

宫城的南部是百官衙署的所在地皇城。从皇城正南门一直往南是一条宽阔笔直的大道。它穿过居民区,经洛阳城的南正门建国门,一直通往城郊。唐朝称这条大道为定鼎门街。这条中轴线大街与大兴城的朱雀门街一样,具有使整个都城保持结构平衡和对称的功能。但是,洛阳城的中轴对称结构仅限于城西地区,而并非全城。对称性是中国古代都城规划的一个核心概念,都城的中轴线被认为是宇宙之轴(axis mundi),与天地相连。隋朝洛阳城中轴线设计上的局限,显示了设计者在古老都城规划传统与功能性需要之间所做出的妥协。同时也可以看出,设计者规划这条穿城而过的南北大街时,优先考虑的是功能性,而没有拘泥于整座城市在布局上的左右对称。(图4.1、图4.2)②

宫城和皇城以外的部分便是居民区,它被分割成众多各自独立的小区,即我们通常所说的"里"或"坊"。由于洛水自西向东穿城而过,临河的坊呈现不规则形状。洛水以北及宫城以东的区域被划分为30坊。其中,通远市占据两坊面积,因此北部的居民坊数实为28。紧邻洛水的南岸有14个小坊,其面积仅为普通坊的一半。再往南为66个标准坊,其中东部四坊合并为丰都市,西南角一坊改称大同市。故此洛水以南的区域共有61个标准居民坊和14个小居民坊,共75坊;加上北部的28坊,整

---

① 《贞观政要》卷2《纳谏第五》,第57页。参见《唐两京城坊考》卷5,第133页。

② 考古工作者已证实洛阳的确有一条贯穿南北的大道。见陈久恒,1978,第373页。比较《唐两京城坊考》,"东都外郭城图"。

隋炀帝：生平、时代与遗产

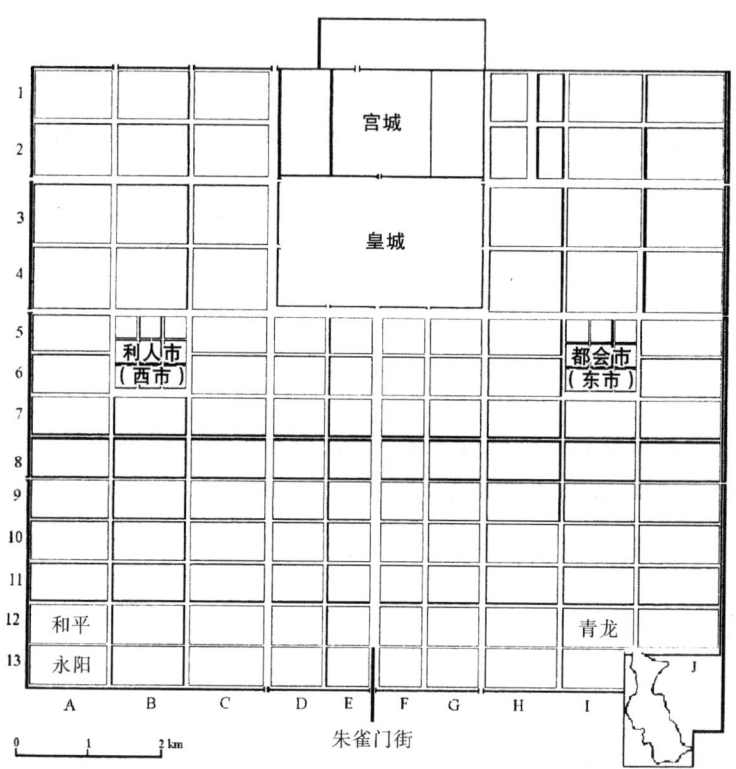

图 4.2　隋大兴城

个洛阳城总计 103 坊。① 不过,城西南角白虎门街以西的 6 个坊并不计算在内。②

关于隋唐洛阳的原始文献,《两京新记》应是最有影响的

---

① 《隋书》卷 30,第 834 页。

② 洛阳的坊在唐朝和宋朝经历过多次变化,以至于坊的总数在不同的文献中有不同的数字。见辛德勇,1991,第 156—160 页。

第四章　洛阳与大运河

一部。它成书于八世纪早期,逐个描述了长安和洛阳城中每个坊的情形。可惜的是,该书大部分已佚失。为了弄清城中里坊的大致状况,我们必须借助一些后出的史料。其中《元河南志》引用《两京新记》的说法,指出隋唐洛阳城每坊面积为300步×300步;这与北魏洛阳城标准坊的大小相同,说明隋洛阳城的坊制,并没有采用此前大兴城的标准,而是沿袭了北魏以来的传统。①

与其他城市相同,洛阳有称作"市"的商业区。其制度亦受到北魏以来传统的影响。隋都大兴城有两个"市"在皇城的南面,对称地分布于中轴线的左右,这种布局显然也符合中国传统的宇宙观。与大兴城不同,洛阳有三个(而不是两个)"市",三个市的位置似较特别,与中轴线及城市对称布局完全无涉。这实际上是沿袭了北魏以来的地方传统。其中通远市和丰都市分别位于洛水的两岸,②而大同市(其最初的位置史书缺载)在610年移到位于洛阳城西南角的通济渠旁。③ 洛阳的市,布局上较为务实,相较大兴城而言,是一种进步,因为大兴城的二市离天然水道都有相当的距离。④

---

①　《元河南志》卷1,第2a页;森鹿三,1970,第248—249页,Xiong,1993,第80页。关于北魏洛阳的坊数,见《河南志·后魏城阙古迹》,第84页。关于大兴城的坊数,见《唐两京城坊考》卷2,第34—35页。

②　通远市的确切位置并不明确。辛德勇(1991,第161—162页,及图23)将其位置确定为洛水以北,景行坊和时邕坊以南。

③　《元河南志》卷1,第18b页;《唐两京城坊考》卷5,第169页。

④　关于隋洛阳三市的位置,见辛德勇,1991,图23。关于地方传统对三市的影响,见Xiong,1993,第80页。关于更早的洛阳三市,见《元河南志》卷2,第11a页。注:为了弥补隋大兴城(唐长安城)二市漕运不便的缺陷,唐代开凿了若干条水渠。

隋炀帝：生平、时代与遗产

洛阳作为河南尹治，共管辖 18 县（其中河南和洛阳为畿县）。在隋朝最鼎盛时，洛阳作为当时的大都会，其户籍人口达到 202 230 户，约 1 045 500 人。① 其中十之四五居住在城区。② 此外，不在籍的人口很可能达到数万人，包括皇室及其亲属、随从、僧侣、军士、过往旅客等。作为一个全盛时期城区人口达到或超过 50 万的城市，一个人口排名世界第二的城市，③洛阳亦是炀帝统治时期国内最繁华的中心城市之一。

元宵节

在洛阳城宽阔的街道上举办一些公共活动，最能彰显城市的繁盛景象。令人印象最深刻的一次起始于 610 年元月十五的晚上。当时，在炀帝的关照下，洛阳皇城南端的端门外的街上，举行了一场盛大的表演，以款待各蕃国首领。根据《资治通鉴》记载，此次演出的戏场周长 5 000 步（合 7 650 米），执丝竹演奏者达到 18 000 人，"于端门街盛陈百戏……声闻数十里，自昏达旦，灯火光烛天地，终月而罢"。根据炀帝的旨意，这项奢华的活动成为惯例。这便是传统的元宵节盛会的由来。

对正统史家而言，元宵盛会是炀帝铺张奢华的又一罪证。然而这一条史料的准确性令人怀疑。假定所提到的戏场是正方形，其面积应为 1 766 米 × 1 766 米。而当时整个洛阳城

---

① 《隋书》卷 30，第 834 页。这个人口数字是以 202 230 乘以 5.17 而得出的（5.17 是隋代每户平均人口数）。

② 炀帝迁移天下数万家富商大贾到洛阳。见《隋书》卷 3，第 63 页；《资治通鉴》卷 180，第 5617 页。城里应该还有大量其他类型的城市居民，包括官员及其仆从、小商贩、工匠、艺人，甚至农民。

③ 人口最多的城市是大兴城。见 Xiong，2000，第 196—197 页。

第四章　洛阳与大运河

区,被划分成100多个带有围墙的独立小区(坊);端门以南唯一可能的表演地点是一条南北向的道路,即唐人文献中所称的定鼎门街。根据史料记载,这条洛阳城最宽的街宽度为100步(按607年以后的标准为141.3米)。考古挖掘证明它要更窄些,只有90～121米宽。① 端门以南的地段由于洛水的存在,宽度进一步受到限制。从这些材料来看,文献所称的那个壮观的表演场地根本不存在。② 尽管《资治通鉴》可信度通常较高,但它也难免存在一些未经考证的夸大之词。就隋史而言,部分原因是炀帝执政时期起居注的缺失。缺少了这些作为官修史书的原始史料,后世史家只能依靠那些可信度有限的、驳杂的私家记录。③ 相较而言,《隋书》的记载更为可信,它指出天津街(应该就是唐定鼎门街)是举行活动的场所,但并未明言场所的实际大小。④

尽管文献中关于盛会的规模有相互矛盾的记载,但不应否认这样一个事实,即:炀帝的确耗费了众多国家财力以取悦诸番国首领,给他们留下了极其震撼的印象。而洛阳的街道尽管远不如《资治通鉴》记载的那么宽阔,但在皇帝的恩允下,能够有效地发挥其公共活动空间的功能,给洛阳居民带来便利。

---

① 陈久恒,1978,第369页。
② 《资治通鉴》卷181,第5649页。
③ 岑仲勉,1958,第88页,注。
④ 《隋书》(卷3,第74页)提到"端门街";它应该就是指610年举行活动的天津街。《隋书》(卷15,第381页)有若干炀帝时期百戏演出的记录。第一条是关于606年在西苑积翠池边的表演。第二条描述每年正月十五举行的表演:三万名身着盛装的舞蹈者在从端门向南到建国门(唐定鼎门)的、绵延长八里的道路上表演。第三条是关于610年举行的活动。

隋炀帝：生平、时代与遗产

大运河

隋洛阳最显著的特征之一，就是将市场巧妙地分布在主河道的附近，这凸显了炀帝对河道运输在城市经济中重要性的高度认识。事实上，炀帝统治时期，洛阳发展成为一个前所未有的全国性水路交通网络（即人所熟知的大运河）的枢纽。（图4.3）作为炀帝留给世人的宝贵遗产，大运河同时也是最饱受争议的公共工程项目之一。①

在炀帝之前，文帝已于584年开凿了隋朝第一条具备战略意义的河渠——广通渠，长度超过300里（约合160公里，若以607年以后的标准，则约为127公里）。广通渠将大兴城与东边的黄河在潼关连在一起，②而与其并进的渭水亦在潼关并入黄河。③由于渭水多泥沙，时常阻塞漕运，广通渠成了运输战略物资的另

---

① 关于隋大运河，见张崑河，1937，第201—211页。又见青山定雄，1931，第1—49页；岑仲勉，1957，第295—311页；Twitchett，1970，第182—189页；马正林，1986，第1—28页。

② 隋代的潼关（即今风陵渡）位于今潼关东北。见《隋书》卷24，第683—684页；Balazs，1953，第159—160页；《资治通鉴》卷176，第5474页；张崑河，1937，第203—204页；Wright，1978，第177—178页；Xiong，1993，第67—68页。注：马正林（1986，第2—5页）根据田野调查指出，这条运河路线的实际东端出口与文献记载有所不同。它不像《隋书》所说的那样与潼关相连，而是在今三河口处汇入了渭水。比较谭其骧，1982—1987，卷5，第7—8页。

③ 按607年之前的标准，1里约等于0.531公里。按607年之后的标准，1里则约等于0.4239公里。唐代的1里约等于0.56公里。

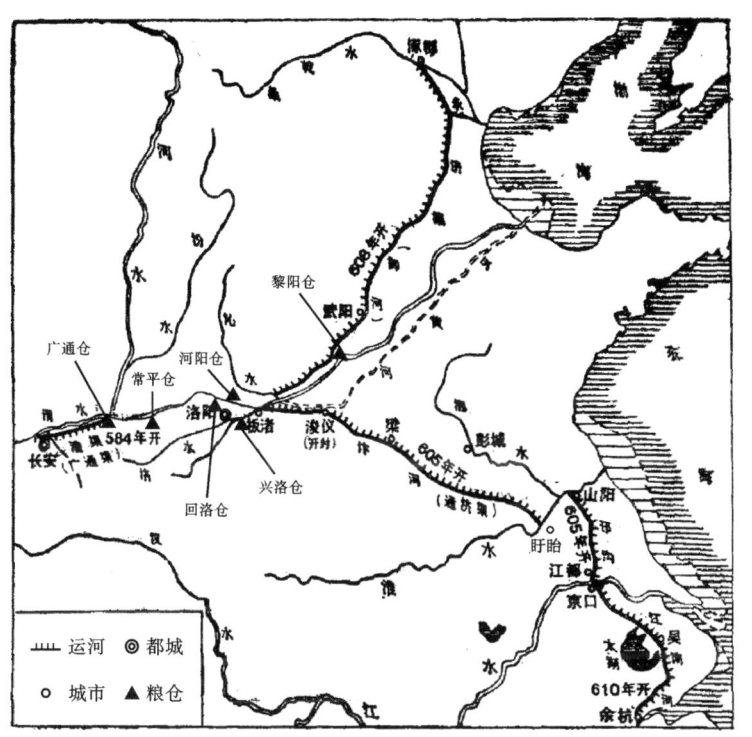

图 4.3　大运河①

一可选通道,与之相匹配的是在华北平原和关中建立的粮食储备系统。

炀帝时期所建的更为庞大的运河系统,其战略意义远胜于文帝。它由两部分组成:一,南线:由洛阳东和东南经淮河到达长江下游的江都和余杭(今杭州);二,北线:从洛阳往东北延伸

---

① 据马正林,1986,第 2 页;BaLazs,1953,第 212 页绘制。

隋炀帝：生平、时代与遗产

到涿州（今北京）。①

通济渠（605—611）

通济渠乃大运河南线的第一条战略通道，它将洛阳与淮河流域连在一起。② 它包括东、西两段，东段便是唐朝所称的汴水或汴渠。根据唐代诗人白居易留下的线索，我们知道东段连接黄河、淮河，长度约为1 300里（按隋607年后的标准，则为1 717里）或728公里（唐1里＝560米）。③

通济渠西段始于西苑的洛水和谷水交汇处，向东进入洛阳城西南角的怀义坊，然后继续向东北方向延伸，在延庆坊（位于洛阳城南部的东北角）处汇入洛水。④ 洛水一路向东，汇入黄河。由此往东，便是通济渠东段的起点。这一段通常被当作大运河的主干。它在板渚从黄河分流以后，转向东南，将浚仪（今

---

① 潘镛，1987，第29页；全汉昇，1976b，第269页。

② 关于运河，Needham 提供了最易懂的解释，遗憾的是，他未经甄别地引用《开河记》。比如，据《开河记》，Needham 称麻叔谋在修通济渠的时候受到指责。麻叔谋在《大业拾遗记》（第1页）中也被提到。事实上《开河记》和《大业拾遗记》都是虚构作品。正史资料中不见麻叔谋的记载。见邓瑞全、王冠英，1998，第571—576页。Needham 关于宇文恺是通济渠总工程师的说法似乎也没有史料依据。见《隋书》卷68，第1587页；田中淡，1978，第245页。比较 Needham，1971，第306—308页。又见 Twitchett，1970，第187页。

③ 《全唐诗》卷427，第4708页：白居易《隋堤柳》；谭其骧，1982—1987，卷5，第5—6页。

④ 怀义坊在大运河修成后被重新定名为通济坊。见高敏，1980，第175—180页；《隋书》卷3，第63页；卷24，第686页。比较《唐两京城坊考》卷5，第179页。

河南开封)、雍丘(今河南杞县)和宋城(今河南商丘南)连在一起。关于大运河自宋城流向淮河的路线,学者们有不同意见。一种观点认为,通济渠在宋城经由一条向南的捷径,在泗州(今江苏盱眙北)汇入淮河。关于这条捷径的证据,主要来自于唐人李翱根据亲身经历所留下来的记录,他于 808 年沿通济渠向南旅行,在进入淮河之前曾经停留于泗州。① 根据学者们近期的考察,这段隋运河的堤坝遗址仍清晰可辨,其线路沿线已发掘出唐宋时期的沉船及其他物品。②

另一种观点认为,通济渠过宋城之后,继续东行,在彭城(今江苏徐州)东北进入泗水,然后沿泗水往南进入淮河。证据主要来自于唐人李吉甫和宋代史家司马光及其助手的记录。③(图 4.4)而且有学者认为,根据正史记载,工程持续了 171 天,如果不利用已有的水道,炀帝很难在很短的一段时间内完成通济渠工程。④ 但是,这一点或可存疑,因为最近的研究认为通济渠的完工时间可以被推到 611 年。

通济渠泗水线所流经的已有水道,即为古老鸿沟的一条分支。鸿沟始建于战国时期,由黄河在荥阳以北的某处截流而成。

---

① 《来南录》,第 3000a 页;潘镛,1987,第 31—34 页;全汉昇,1976b,第 281 页,注 1。

② 捷径路线利用了现存的睢水和古运河路的蕲水河道。关于这条路线的主要走向,学者们观点基本一致,不过,在细节问题上还存在着一定分歧。见马正林,1986,第 11—12 页;潘镛,1987,第 33 页;Twitchett,1970,第 186—187 页。

③ 《元和郡县图志》卷 5,第 137 页(李吉甫的记录);《资治通鉴》卷 180,第 5618 页。

④ 朱偰对这一观点表示支持。见潘镛,1987,第 30—31 页;译者按:可参见朱偰编:《中国运河史料选辑》,北京:中华书局,1962 年。

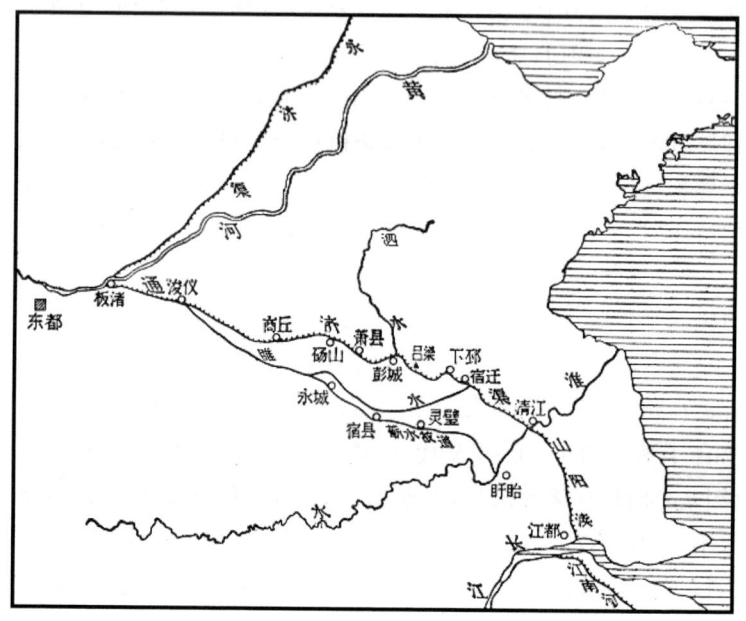

图 4.4 隋通济渠(泗水线)①

随着时间的推移,它变成了庞杂的水道网,支流众多,将黄河流域与淮河流域连在一起。通济渠泗水线,沿着鸿沟的一条支渠,从浚仪往东南,经宋城,最终在彭城汇入泗水。这就是六朝时期所称的汴水,也是后世人们所称的旧汴水。②

无论是泗水线还是在泗水西南且与之平行的捷径,两条路线在隋朝都可通航,故此潘镛在1984年对隋唐运河做过实地考

---

① 底图据刘希为,1986,第170页。
② Needham,1971,第269—270、306—308页;潘镛,1987,第8—9页;刘希为,1986,第169—186页。

第四章 洛阳与大运河

察后仍然不能断定哪一条是通济渠的航道。① 炀帝似乎更喜欢走捷径,因为他在该路线南端靠近盱眙的地方建造了一组宫殿群——都梁宫。

通济渠在炀帝的旨意下于605年三月开始动工,但何时建成并无记载。许多学者把同年的八月当作竣工的时间,也就是炀帝以皇帝身份第一次踏上南巡之旅的时间。② 不过,606年四月当炀帝返回时,却在伊阙改走陆路,而伊阙位于洛阳之南,并不在运河航线上。③ 这很明显表明当时通济渠还未通航。

610年三月,炀帝开始第二次南巡。据记载他途中出现在东平(今山东郓城东),④其与大运河的距离比伊阙还远。这表明直到610年年初,通济渠仍未投入使用。只有在611年二月,炀帝第二次南巡返回的时候,才第一次使用了已通航的通济渠。事实上,在通济渠竣工之前,炀帝走另一条水路航线,经黄河、济水、泗水、淮河、邗沟到达长江。⑤

邗沟(605年)

淮河下游的山阳(今淮安)是一条南下支流的起点。这条称

---

① 见潘镛,1987,第34页。张崑河(1937,第207—209页)尽管强调了两条线路的通航性,但基本上倾向于支持捷径说。另一个观点认为运河在宋城附近先汇入涣河(浍河),而后才汇入了淮河。见潘镛和王永谦,1986,第45页。
② 例如,韩隆福,1992,第177页。
③ 《资治通鉴》卷180,第5624页。
④ 炀帝旅途中接见了东平太守。见《隋书》卷65,第1538页。
⑤ 翁俊雄,1995,第533—534页。

隋炀帝：生平、时代与遗产

作邗沟的支流亦是大运河的一部分。根据《资治通鉴》的记载，炀帝动用了超过10万的劳动力，于605年完成了邗沟的修建。① 在此之前，从淮河到长江有两条水路航线。一条是春秋时期已有的古邗沟，它从淮河向东南汇入射阳湖，由射阳湖南端进入博芝湖，再往西南进入樊良湖，出樊良湖后继续南行直至汇入长江。这一条航线可称之为射阳湖航线。另一条航线即东汉建安故道。它从淮河边的山阳出发，径直向南流入樊良湖，与射阳湖航线的终端交汇在一起。在隋朝，文帝和炀帝都利用已有河道，修了连通淮河和长江的运河，文帝所修为"山阳渎"，炀帝所修就是邗沟。

关于这两条运河的线路，有许多不同的意见。较有影响力的一种说法认为，文帝和炀帝所修的运河都经由射阳湖航线。换言之，炀帝只是重修了其父留下的运河，而二者都依赖于春秋时已有的古邗沟。另一种不同意见则认为炀帝所修的运河路线由笔直向南的水路（即东汉时的邗沟）与樊良湖和长江之间的春秋古邗沟组成，而文帝所修的运河则是射阳湖航线。这种观点还认为，在隋朝，上述笔直的航线和射阳湖航线是两条同时存在的、并行不悖的路线（图4.5）。②

邗沟的建成将江都——江南事实上的都城——纳入了大运河系统。炀帝死后即葬在附近的邗江县。④

---

① 《资治通鉴》卷180，第5618页。
② 潘镛，1987，第38—39页；张崟河，1937，第209页；中国唐史学会唐宋运河考察队，1985，第73—74页。
③ 据潘镛，1987。

第四章 洛阳与大运河

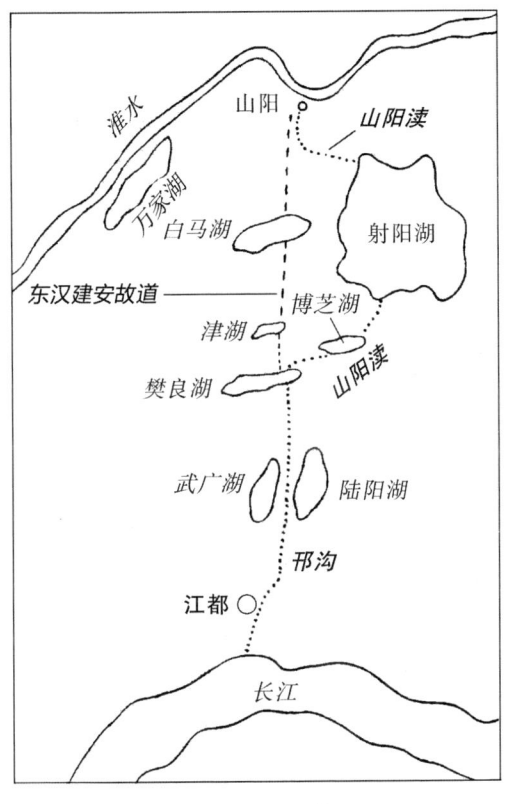

图 4.5 邗沟①

江南河(610)

作为大运河在江南的最后一段工程,江南河始于位于长江南岸的京口(今镇江),向南流经曲阿(今丹阳)和晋陵(今常州),

---

① 潘镛,1987。

绕过太湖,经无锡和吴郡(今苏州附近),最终抵达余杭(今杭州),并汇入现在的杭州湾。江南河开凿于610年,其长度超过800里(339公里),宽度超过10丈(23.55米)。① 早在通往余杭的新运河修成之前,开疆拓土的野心已在召唤炀帝经运河北上。611年二月,为进攻高丽的战争做准备,炀帝踏上了北行的航程。②

永济渠(608)

为了将河北地区纳入新的水路交通系统,608年正月,炀帝开始开凿永济渠。这是大运河最长的一段,总长超过2 000里(约848公里)。③ 为完成这一工程,炀帝的工程师们再一次将现存的旧航道连在一起,并改善其适航性。有两条河流对永济渠工程起着至关重要的作用:发源于陕西地区的沁水和发源于河南中部、流向东北方向的清水(卫河)。工程第一步是疏浚沁水河段(从今武陟直至黄河),第二步则在武陟将沁水与位于其东的清水相连。永济渠由此一直向北延伸到涿州(今北京)。

对于炀帝而言,永济渠具有非凡的战略意义。一旦高丽战争爆发,它将可用于后勤运输。炀帝早在607年已扬言对高丽用

---

① 《资治通鉴》(卷181,第5652页)将此记录系于610年十二月条之后。实际上并不能确认江南河开凿的月份。又见《大业杂记》,第5b页;Twitchett,1970,第188页;张崑河,1937,第209—210页。

② 《资治通鉴》181,第5653页;《隋书》卷3,第75页。

③ 《资治通鉴》卷181,第5636页注;张崑河,1937,第210—211页;Twitchett,1970,第188—189页。

第四章 洛阳与大运河

兵,故很可能用这条新增的军事补给线来增加其威胁的可信度。①

小结

如果将通济渠(1 430里)、永济渠(2 000里)、江南河(800里)和邗沟(400里)的长度相加,炀帝所修的大运河总长达到4 630里,约合1 963公里。② 单就规模而言,这无疑是中古史上超越其他所有皇帝的最宏大的壮举。通济渠加上邗沟,成为连接华北平原与江淮流域的运输通道,更笼统地说是连通了北方与江南之间的运输;而运河南端的江南河则将交通网络向南方更进一步延伸;北段的永济渠则将炀帝意欲亲征的高丽直接纳入视线范围。显然,由四段运河组成的大运河是炀帝战略规划的产物。长远来看,大运河这一全国性的交通网络使南北方的经济联系更为紧密,并有力地推动了全国经济重心从华北平原的小麦产区向富庶的长江下游水稻产区转移。③

评估炀帝所兴建的这些大型工程的历史重要性时,我们无法回避由此造成的巨大的人力和财力消耗。但不可否认,作为炀帝耗时最久的工程,大运河为后世的经济繁荣提供了极大便

---

① 关于永济渠,见《资治通鉴》卷181,第5636页;《隋书》卷3,第70页;《大业杂记》,第5a—5b页;潘镛,1987,第46—50页;Wright,1978,第179页;谭其骧,1982—1987,卷5,第17—18页,⑦4—6。关于高丽,见《资治通鉴》卷181,第5653页;《隋书》卷68,第1595页。

② 据《资治通鉴》(卷181,第5653页),从涿郡到江都距离为3 000里;这个数字很可能低估了实际距离。

③ 全汉昇,1976b,第269—281页;潘镛,1987,第17—28页。

隋炀帝：生平、时代与遗产

利。当谈到炀帝耗费巨资的工程项目时，晚唐文人皮日休对表达了一种颇具代表性的、爱恨交加的心理，他说道：

> 则隋之疏淇、汴，①凿太行，②在隋之民不胜其害也，在唐之民不胜其利也。今自九河外，③复有淇、汴，北通涿郡之渔商，南运江都之转输，其为利也博哉。不劳一夫之荷畚，一卒之凿险，而先功巍巍，得非天假暴隋，成我大利哉！④

城市设计和运河开凿，作为两种不同类型的土木工程，却因洛阳和大运河这两项工程项目紧密连接在一起，因为洛阳作为运河网的枢纽与运河之间有着有形的纽带，洛阳也依赖运河而获得繁荣。洛阳城的营建为大运河的开凿奠定了基础，随之而来的是全国文化、经济和政治中心向东部和江南转移。花费6年时间(605—611)完成的大运河系统，以洛阳为中心，成为连接北方和南方的交通命脉，在历史上第一次将黄河、淮河和长江流域这几个主要的经济区域紧密交织在一起。在隋以后的唐朝，洛阳迅速发展为一个繁华的大都市。而随着南方经济地位的持续上升，大运河逐渐发展成为成熟的、中央朝廷赖以生存的南北战略通道。

---

① 淇水在安阳之南，汇入永济渠。见《隋书》卷25，第847页。这里的汴水指通济渠。见谭其骧，1982—1987，卷5，第15—16页，⑦1—2。

② 607年五月，炀帝集结了十多郡的成年男子，修筑一条穿过太行山到达并州的道路。见《隋书》卷3，第68页："发河北十余郡丁男凿太行山，达于并州，以通驰道。"

③ "九河"为远古时期黄河的九条支流，也泛指黄河。见《史记》卷2，第54页；第55页，注2。

④ 《全唐文》卷797，第8363b页。

第五章　宫殿

自高祖大渐,暨谅暗之中,烝淫无度,山陵始就,即事巡游,以天下承平日久,士马全盛,慨然慕秦皇、汉武之事。乃盛治宫室,穷极侈靡。①

这段引文出自《隋书·炀帝本纪》,带有一定偏见、说教的意味,但却凸显了炀帝的一个重要特性:喜好追逐铺张奢华。毫无疑问,大到建造洛阳城,开凿大运河,小到如江都宫、榆林宫、林朔宫的修建,都充分显示出炀帝的战略意图。但是,他所营建的其他众多工程项目则不具有同样的战略意义。它们增加了百姓的经济负担,却没有带来任何远期或近期的效益。(图 5.1)

---

① 《隋书》卷 4,第 94 页;《北史》卷 12,第 471 页。

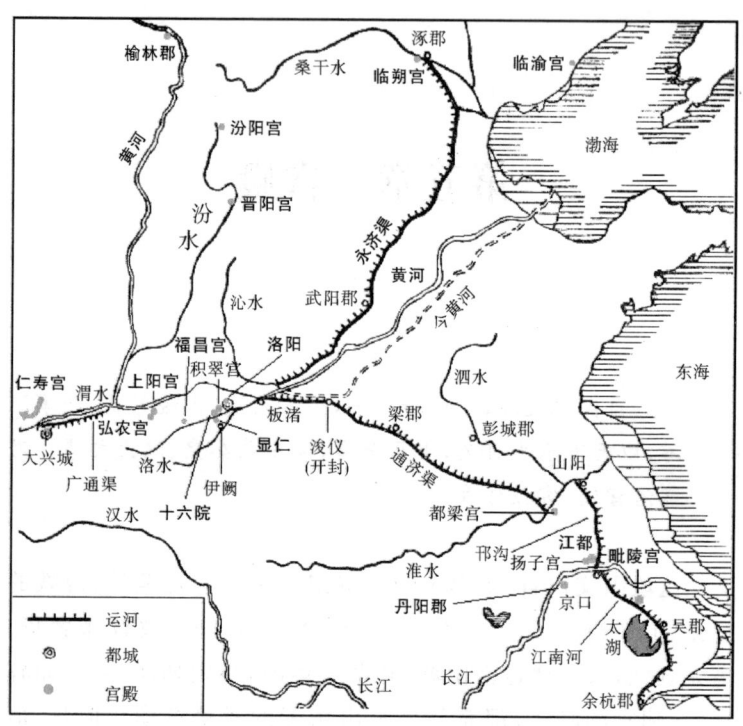

图 5.1 隋炀帝时期的主要宫殿

通济渠两端的宫殿

西起关中,东至洛阳,再到长江流域的江都,炀帝在大运河沿岸或附近建造了一个由四十座行宫组成的宫殿网络。隋西部宫殿位于以大兴城为核心的关中地区广通渠流域(今陕西东南部),包括渭南(今陕西渭南)的步寿宫和华阴(今陕西华阴)的兴德宫。关中以东和黄河以南的河南西部地区还有更多行宫:如桃林(今河南灵宝北部)的上阳宫、陕县(今三门峡)的弘农宫、宜阳(今河南宜阳西部)的福昌宫等。① 遗憾的是,关于这些宫殿没有更多的文字记录。不过,坐落于通济渠东、西两端的宫殿群,却有不少文字材料保存至今。

西苑

洛水在流经洛阳西郊时,分出一条支渠,东行横穿洛阳城区。这条渠便是通济渠的西段;其西郊部分流经著名的皇家园林西苑(亦称芳华苑②、会同苑或上林苑,在唐代则称禁苑或神都苑)。在苑内聚集了炀帝所建造的最重要的宫殿群。③ 西苑北临北邙山,南接通济渠,④西至孝河,东连洛阳城,方圆达229里138步(约97公里)。其围墙内不规则地分布着十四座苑门。

---

① 见李则芬,1989,第388—389页。李则芬将这里所列的宫殿都归在炀帝名下。然而,除了弘农宫,我们找不到炀帝营建其他宫殿的证据。李则芬将位于朝邑(陕西大荔东)的长春宫同样归至炀帝名下,但事实上它在文帝时已存在(见《隋书》卷2,第41页)。关于运河附近的宫殿,见《资治通鉴》卷180,第5618—5619页。关于关中的宫殿,见《隋书》卷29,第808—809页。关于河南西部的宫殿,见《隋书》卷30,第834—835页。注:唐代上阳宫就位于洛阳西苑,东接皇宫西南隅。见《唐两京城坊考》卷5,第141—142页;《河南志》,第220页。
② 《河南志》(第136页)芳华苑是唐代苑名。但《隋书》(卷5,第381页)和《资治通鉴》(卷180,第5626页)视之为隋苑。比较《唐两京城坊考》卷5,第143页。
③ 《唐两京城坊考》卷5,第143页。
④ 《唐六典》卷7,第222页;《河南志》,第217页。

隋炀帝：生平、时代与遗产

东边有二门：嘉豫门、望春门；西边有五门：迎秋门、游义门、笼烟门、灵溪门、凤和门；南边有三门：清夏门、兴安门、昭仁门；北边有四门：朝阳门、灵圃门、御冬门、应福门。

到了唐初，唐太宗将西苑的一部分归还于民。因此，唐代西苑的范围缩小到126（唐）里（一说120里），约71公里。隋代西苑的具体结构史书缺载，而唐禁苑则呈不规则状，东边长度为17里，西边长度为50里，南边长度为39里（一说29里），北边长度为24里。①

唐代的禁苑被1.9丈（5.9米）高的围墙所围。尽管未见隋西苑围墙的记载，鉴于上述苑门的存在和皇家园林建立围墙的传统，隋代的西苑也应当建有围墙。虽然西苑面积在唐代被缩小，但唐代禁苑很可能仍保留了部分原有的围墙。② 西苑的规划应以方便住在宫城的皇帝出入为原则。但就现存的史料来看，宫城并没有直接通往西苑的通道。根据清代学者庄璟从《永乐大典》辑出的地图来看，宫城仅有一个西向的出口——宝城门，通向环绕在宫城西侧的外围缓冲区。③ 皇城西边，则有两个出口，分别是靠北的西太阳门和偏南的丽景门。丽景门是现存史料中唯一明确记载可以直通西苑的城门。④ 而西苑东侧的两座苑门，嘉豫门和望春门，极有可能并未直接与洛阳的城墙相毗邻。

---

① 《河南志》，第111、136页；《太平御览》卷183，第7页。《资治通鉴》（卷180，第5620页）记载西苑周长为200里。在唐代，西苑周长应为130里（四边长的和），而不是文献上的126里。《唐两京城坊考》（卷5，第143页）：南面39里。注：一作29里。

② 《河南志》，第136页。

③ 《河南志》，第198、101页。

④ 《河南志》，第107—108页。

第五章 宫殿

炀帝在辽阔的西苑内至少营建了八组宫殿群,此外还有十六院。① 在唐代,缩小后的禁苑则至少有十一组宫殿群,其中五组乃炀帝时期所遗留。② 大约在西苑的东南侧有湖,名叫"海",方圆大于10里。湖中修建了三座假山,每座高百余尺,象征着三座仙山——蓬莱、方丈、瀛洲,山上遍布着台观殿阁。

海的北面有龙鳞渠。渠宽20步,迂回曲折地绕经十六院,然后汇入海里。十六院的院名都保留了下来:延光、明彩、含香、承华、凝晖、丽景、飞英、流芳、曜仪、结绮、百福、万善、长春、永乐、清暑、明德。③ 每座院子的入口,都由三座朝向龙鳞渠方向的南向大门组成。每院都由一位四品夫人掌管,院内有与院同名的农场,饲养家畜、鱼类,并种植瓜果蔬菜。院内各有亭台楼阁,壮丽非凡。各院为了获取炀帝的青睐,竞相提供精致而奢美的食物。

在秋八月月光明媚的夜晚,炀帝醉心于在数千宫女的簇拥下,骑马在西苑中漫游。④

在西苑最东端还有一座湖,东西长5里,南北宽3里,在唐代被称为凝碧池,或许就是隋朝的积翠池。炀帝曾在此用杂技招待启民可汗,积翠池因此而闻名。作为积翠宫的中心部分,积翠池位于苑中上乘风景区内,以山丘、湖池、绿树而闻名。⑤

---

① 《河南志》,第111—115页。
② 唐代新建的宫殿包括:合璧宫、高山宫、龙鳞宫、宿羽宫、望春宫、黄女宫。见《唐六典》卷7,第222页;《唐两京城坊考》卷5,第144—145页。
③ 《河南志》,第111—113页。《河南志》缺第十院"结绮",今据《大业杂记》(辛校)(第14页)补。
④ 《资治通鉴》卷180,第5620页。《大业杂记》(辛校)(第14页)"宫女数千骑"作"宫人三、五十骑"。
⑤ 《唐两京城坊考》卷5,第144页。关于百戏的讨论,见第十章。

隋炀帝：生平、时代与遗产

洛阳城的营建尚未完工时，炀帝就命宇文恺及其助手在西苑内海的南边建造显仁宫。显仁宫位于寿安（今河南益阳），唐代改为明德宫，宫址向南延伸与阜涧宫相连，向北至洛水。① 在西苑西北部的最西端，唐代还兴建了合璧宫。② 因洛水连接着通济渠的西段，位于洛水附近的显仁宫便很自然地与大运河系统联系在一起。（图5.2）

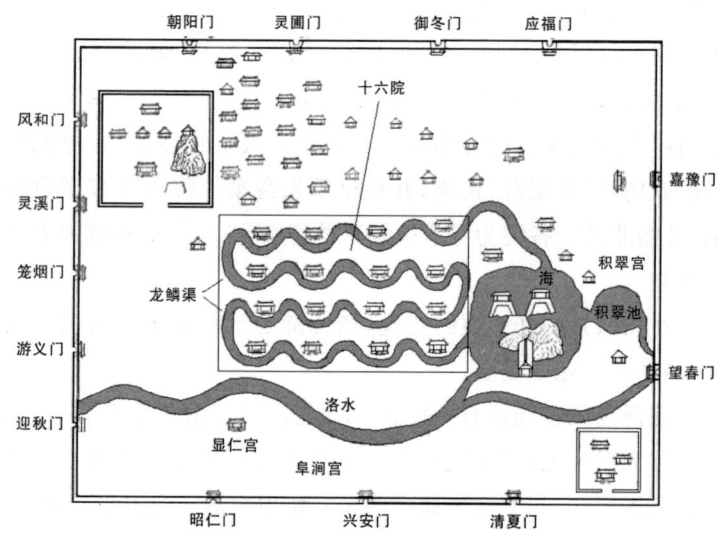

图5.2　隋洛阳西苑示意图③

距离宫城西城门——宝城门——7里开外的地方，坐落着青城宫。青城由北齐高洋于554年始建，用以防御来自北周的

---

① 谭其骧，1982—1987，卷5，第5—6页，⑫19；《水经注》卷15，第1306页；《资治通鉴》卷180，第5618页。
② 《唐两京城坊考》卷5，第144页；《河南志》，第114、138页。
③ 采用《河南志》，"隋上林西苑图"，第199页。

第五章 宫殿

袭击。炀帝将其改建为宫。距离宝城门不远应是凌波宫。其内最著名的建筑包括含景殿和射堂。此外还有楼、阙,以及10里多长的护城池隍环绕四周。①

再往南是阜涧宫,也被称为甘泉宫,由内史舍人封德彝修建。宫址方圆超过10里,北边与西苑毗连。阜涧宫所在地多山,其内有百尺涧、通仙飞桥以及南部的青莲峰。②

西苑内还有景华宫。史载炀帝曾令随从于景华宫捕捉大量的萤火虫,以用于照明。③ 苑内还有几座炀帝时期修建的宫殿:冷泉宫、朝阳宫、栖云宫。与景华宫一样,其确切位置尚不得而知。④

除了上述的宫殿、十六院,西苑内还有许多独立的殿、堂、阁一类的建筑。

在西苑以外的洛阳郊区,仍有若干宫殿群,如亭子宫,位于上春门(洛阳北东城门)以东12里。往东是积润池。再往东20里是华林园,园中有池塘亭榭。此外,还有龙川宫和平洛园,都坐落在上春门以东。⑤

---

① 《河南志》,第115—116页。护城壕沟有水者称"池",无水者称"隍"。

② 《河南志》,第115页。

③ 关于景华宫的位置,见《玉海》卷158,第26页;《河南志》,第139页;《唐两京城坊考》卷5,第145页。关于炀帝616年游景华宫,见《资治通鉴》卷183,第5703页;《隋书》卷4,第90页。《贞观政要》(卷6《慎言语第二十二》,198页)记录了另一起捉萤火虫的事件,发生地点是甘泉宫(位于关中鄠县)。关于隋甘泉宫,见《隋书》卷29,第808页。

④ 《河南志》,第114—115页。

⑤ 《河南志》,第115—116页。

隋炀帝：生平、时代与遗产

都梁宫

洛阳以东不远，黄河分出一条支流，这就是通济渠东段。东段向东延伸一直到盱眙（今江苏盱眙东北）汇入淮河。这段沿岸栽有柳树的运河是连接黄河流域、淮河流域的重要交通干线。在其东端的盱眙，坐落着方圆2里的都梁宫。都梁宫建于605年，位于临淮县治（唐置）西南16里，其南有山。宫殿三重，四周有长廊环绕。院西有七眼泉水，流向东泉，泉上建有流盃殿。①在都梁宫西南角靠近淮河岸边，建有垂钓台。在可以望见淮河的山顶上坐落着四望殿，旁边是曲河，停泊着龙舟和其他大型船只。610年，在盱眙县附近又建了都梁驿宫，作为炀帝在都梁和江都之间的歇脚之处。②

北方边境附近的宫殿

北方的河东地区虽处于运河流域之外，但这里却有炀帝时

---

① 这很显然受到了东晋书法家王羲之《兰亭序》的影响。《兰亭序》记述了王羲之与友人在兰亭集会，玩"流觞曲水"游戏的情景，见《全上古三代秦汉三国六朝文·全晋文》卷26，第1609b页。

② 关于都梁宫，见《太平寰宇记》卷16，第5页。《太平寰宇记》（卷16，第10—11页）系都梁驿宫于"开皇六年"（586）。很显然，都梁宫是大运河航线上的中转站，在开皇六年不可能存在，"开皇六年"可能是"大业六年"（610）的笔误。这一年，炀帝到南方巡游，并在江南渠沿线修建了用于中转休憩的宫殿。见《资治通鉴》卷181，第5652页。

第五章　宫殿

期建造的、结构十分复杂的宫殿群。在被任命扬州总管和册封太子之前,炀帝以晋王身份,在晋阳度过他的青少年时期。对炀帝来说可,晋阳可让人怀旧,又具有重要战略意义。

晋阳宫位于晋阳(今山西太原)西北,按炀帝的旨意,于607年营建。建成后的晋阳宫方圆2 520步(8.4里),为高四丈八尺的围墙环绕。

晋阳宫以北,是炀帝于608年建造的汾阳宫,位于楼烦郡(治在今山西北部宁武西南)的北部。汾阳宫的修建源于有关当地有"天子气"的传言。鉴于天子气会直接威胁皇权,所以建此宫以压制之。汾阳宫坐落于汾水的发源地湫山,夏季气候十分凉爽,是炀帝喜爱的避暑胜地。

离汾阳宫不远,有一组由十座宫殿组成的建筑群,被称作十宫。十宫位于长阜苑内,错落地建在溪流旁和起伏的山地上。十宫分别为:归雁宫、回流宫、九里宫、松林宫、枫林宫、大雷宫、小雷宫、春草宫、九华宫、光汾宫。①

并州以西,是今内蒙古河套地区,这里自古以来就是汉人与游牧民族拉锯争夺的区域。炀帝将此处的胜州改为榆林郡,即隋榆林宫所在地(位于今内蒙古托克托西北)。榆林宫很可能是炀帝所建,用作处理突厥事务的落脚点,也可以用作监督庞大的长城工程的重要据点。②

往东,在今北京西南,有临朔宫。611年,炀帝亲临临朔宫,

---

① 关于晋阳宫,见《资治通鉴》卷180,第5634页;卷253,第8214页。关于汾阳宫,见《资治通鉴》卷181,第5639页。关于十宫,见《太平御览》卷173,第848页。关于"天子气"的传言,见《大唐创业起居注》卷1,第5页。

② 《隋书》卷29,第813页;卷3,第70页。关于榆林宫,见《新唐书》卷37,第975页。关于河套地区,见Waldron,1990,第61—64页。

并发布了所有文武九品以上官员都要"给宅安置"的旨令。① 炀帝还于临朔宫接见了处罗可汗。② 更重要的是,临朔宫成了炀帝发动、指挥高丽战争的大本营。

临朔宫以东,在北平郡有临渝宫,就位于今河北卢龙和秦皇岛之间。这是炀帝时期位置最靠东的宫殿群,大概也是炀帝所建。③ 它的北边就是长城以及辽阔的东北地区。

江南的宫殿

炀帝在江南的正式居所是位于江都(今扬州)的江都宫。这组长江三角洲地区的宫殿群,与邻近的扬子宫相伴。关于其规划、修建时间、面积和主要建筑,均不得而知。唯《资治通鉴》有殿、台,以及"百余房"等记载。④

在唐代,江都改名扬州。唐扬州城的面积被日本僧人圆仁在 838 年记录下来:南北 11 里,东西 7 里,方圆达 40 里。⑤ 唐代修建的江都城墙将全城分割为两个部分:西北角的子城和子城外的罗城。在子城西南部,发现了一个 100 平方米左右的夯

---

① 《资治通鉴》卷 181,第 5654 页。
② 《资治通鉴》卷 181,第 5655 页;《隋书》卷 3,第 76 页。关于东突厥阿波部首领处罗的讨论,见第十章。
③ 《隋书》卷 30,第 858 页;谭其骧,1982—1987,卷 5,第 15—16 页,③7。
④ 关于隋代修建的这座宫殿,见《册府元龟》卷 14,第 24 页;关于其结构,《资治通鉴》卷 185,第 5775 页曰:"隋炀帝至江都,荒淫益甚,宫中为百余房,各盛供张,实以美人,日令一房为主人。"
⑤ 《入唐求法巡礼行记》卷 1,第 44 页。

第五章 宫殿

土建筑基址,很有可能是炀帝时期所建的宫殿建筑建楼(后改称摘星楼)。① 炀帝生前最后几年常住江都宫。(图 5.3)

江都宫东南是毗陵宫,616 年建于毗陵郡的东南部,大约在今无锡附近。整个宫殿区占地方圆 12 里,其内建 16 座离宫。结构和装饰超级奢华的毗陵宫,在富丽堂皇的程度上甚至超过了它的原型:西苑。

江都的西边,是建康城旧址。建康城被视为奢靡颓废的象征,平陈之后,文帝将其夷为平地。如今炀帝重新定名为丹阳,成了又一个为炀帝所中意的地方,而他丝毫不介意那些关于腐化和败亡的联想。在他最后的年月里,炀帝已经开始营建丹阳宫,并一度打算将都城移到丹阳,②在更南的会稽郡(今在浙江北部)建新的宫殿。③ 这些计划因为炀帝骤亡而未能付诸实施。

炀帝在各地大兴土木,最不可思议的就是他不加节制、连续不断破土动工的欲望。关于这一点,《资治通鉴》有深刻的观察:

> 帝无日不治宫室,两京及江都,苑囿亭殿虽多,久而益厌,每游幸,左右顾瞩,无可意者,不知所适。乃备责天下山川之图,躬自历览,以求胜地可置宫苑者。④

---

① 蒋忠义,1990,第 39 页、第 44 页注 5。"建楼"显然取名于古星座"建星"。

② 《资治通鉴》卷 183,第 5702 页(毗陵宫);《资治通鉴》卷 185,第 5776 页(丹阳宫);《隋书》卷 31,第 876 页。其他隋代宫殿还有:渭南的崇业宫,位于鄠县(今陕西鄠县)的太平宫和甘泉宫。见《新唐书》卷 37,第 962—963 页。岑仲勉(1982,第 40 页)将所有这些宫殿都归在炀帝名下,但没有提供文献出处。

③ 《资治通鉴》卷 183,第 5702 页。

④ 《资治通鉴》卷 181,第 5639 页。

隋炀帝：生平、时代与遗产

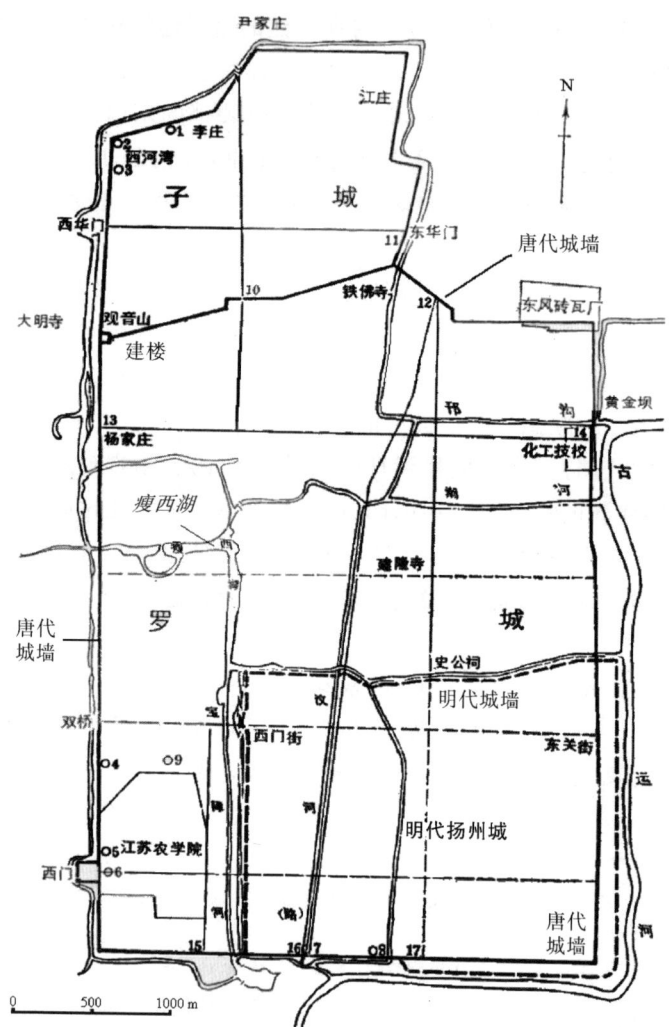

图 5.3　唐代的扬州①

---

①　采用蒋忠义，1990，第 37 页。

第五章 宫殿

炀帝被一种难以自控的冲动所驱使,短短时间内修建了众多宫殿,但大部分都无暇享受。有大臣劝谏炀帝应克制欲望,爱惜民力,却遭到了粗暴的处置(如张衡的例子)。对炀帝而言,对建造宫殿的狂热追逐,远远超出了一般人对于宽敞舒适居所的需求。事实上,大兴土木本身几乎变成了炀帝追求的目的。

炀帝所兴建的宫殿建筑有几大特点:(1)数量众多;(2)选址有政治上和战略上的考量;(3)结构复杂。从大兴城到洛阳再到江都的水路沿线,炀帝建造了 40 多组宫殿。尽管炀帝之前的统治者也建造过结构复杂、规模庞大的豪华宫殿,但这个数字让他之前的所有统治者(除了秦始皇)都望尘莫及。① 而且这还不包括炀帝在靠近北方边境和在江南建造的宫殿。据不完全统计,在不足 14 年的短暂统治期间,炀帝建造了至少 70 组宫殿群(平均每年兴建 5 组),其中很多宫殿群的规模都十分可观。当然,规模庞大并不一定是炀帝的首要考量。洛阳就是一个例子,在那里,炀帝更看重的是宫殿建筑的华美设计和城市的实用功能。

炀帝所建的宫殿,既不像秦始皇的阿房宫一样仅仅以自我膨胀为主旨,也不像汉武帝的建章宫一样受到神灵的感召。炀帝的宫殿建造在选址上多有战略性的考量,可惜的是宫殿只服务于炀帝个人享受和出行便利,而且绝大部分都未能充分利用。在不同时期,中原地区的洛阳宫殿群和长江三角洲的江都宫殿群分别成为炀帝活动的中心。晋阳宫地处并州心脏地带,是两京(西京、东京,即大兴城、洛阳)战略防御的关键地区。榆林宫是炀帝处理河套边境地区事务的基地。林朔宫则是在东北开展

---

① 根据《史记》(卷 6,第 256 页)的记载,秦始皇在关中建造 300 座宫殿,在关中以外建造 400 余座宫殿。其中绝大部分都无法核实。《玉海》(卷 158,第 25—27 页)列举了隋代 40 座宫殿,却只列举了 5 座秦的宫殿。

隋炀帝：生平、时代与遗产

军事行动的后方阵地。

就建造风格而言,炀帝宫殿最突出的特点是超大型宫殿建筑群。与传统的、孤立的宫殿群不同,炀帝的宫殿群往往由多个较小宫殿群组成,比如北方的十宫以及江南的毗陵宫。复杂的建筑结构,既表现出雄伟壮阔,也意味着更高的建筑标准。

在建造宫殿群时,炀帝也受到过去帝王的影响。最具有启发意义的莫过于秦始皇。在西苑的海中央所建的三座假山——蓬莱、方丈、瀛洲——即以秦代三座著名的仙山来命名。据传三山原位于东海中,为神仙居所。① 秦始皇在征服六国的过程中,每攻破一国,即建造一座该国宫殿的复制品于秦都咸阳之北。故此,北起咸阳的北阪,南到渭水,西起雍门,东至泾水、渭水交汇处,"殿屋复道,周阁相属。所得诸侯美人钟鼓,以充入之"。② 秦始皇无意中开创了一种超大型宫殿建筑群的风格,炀帝深以为然,而秦始皇的建筑成就也正是他想要效法和超越的。

作为修建宫殿数量最多的皇帝之一,炀帝陷入了一个怪圈,他无休无止地将国家财政收入投入耗资巨万的工程项目上。同时,他对巡游或者娱乐的巨额花费也毫不在意。尽管关于炀帝滥用国家财力的文献记载恐有夸大之处,但仍有足够的证据证明,炀帝执政时期自始至终都钟情于奢侈享乐。仰仗于从文帝那里继承来的完善的经济基础,以及对国家财富的任意支配权,炀帝充分满足了自己好大喜功的嗜好。炀帝将帝王的奢华推到了一个新高度,使以前的帝王望尘莫及。然而,挥霍无度的生活方式带来了严重的经济问题。劳民伤财的工程建设耗尽了国家资源,而对财政问题的漠不关心导致全国陷入了经济危机。

---

① 《史记》卷 6,第 247—248 页。
② 《史记》卷 6,第 239 页;Wu Hung(巫鸿),1995,第 108—109 页。

第六章 官僚制度

　　文帝所创建的行政体系在古代中国政治史上具有里程碑的意义。与冗杂的南北朝官僚制度相比，文帝所创的是一套更有效、更明晰的综合系统。它不仅运行于隋朝，也成为唐代官制的基础。显然，我们需要在文帝所建的官制框架内探讨炀帝时期的行政运作。但是，出于对现状的不满，炀帝对行政管理和军队体系进行了一系列重要改革。这些改革对君权相权关系以及中央与地方关系都产生了深远的影响。

官僚系统

中央官制

　　北周时期，杨坚作为高官要臣，目睹了北周实行的复古的官制改革。北周的官僚体系由西魏(535—557)实际统治者宇文泰(505—556)所创设，其主要依据是《周礼》。宇文泰是中国历史

隋炀帝：生平、时代与遗产

上最具争议的改革家之一。他在王佐之才汉臣苏绰(498—546)的帮助下，进行了一系列机构改革，以巩固其在关中的地位。改革也旨在使西魏既区别于具有鲜明鲜卑文化传统的东魏，又不同于自诩为汉魏晋正统承袭者的梁朝。宇文泰虽然强调与鲜卑的渊源关系，但所仿效的是古代西周的制度。在新建立的官制中，居首位者为丞相(后称为大丞相)，下设六部，以天、地和四时命名。整个官制也取裁周制，"始作九命之典，以叙内外官爵"，以九命为最高官阶。①

581年文帝登基后，不仅大肆诛戮北周皇室的男性成员，还着手摧毁北周官僚体系。《隋书》简要概括了北周到隋官僚制度的巨大变革：

> 酌丰镐之遗文，置六官以综务，详其典制，有可称焉。高祖践极，百度伊始，复废周官，还依汉、魏。②

文帝杨坚为何要进行如此巨大的制度改革？回答这一问题不太容易，因为史料没有留下太多的线索。最有可能的解释是，北周官制参照的是西周的古老制度而非现实的政治需要。这与文帝的实用主义原则相抵触。而且，作为篡位者，文帝亦急于通过创建一套新的官僚制度来证明新政权的合法性，以区别于他所取代的北周政权，就像宇文氏意图将自己同北魏政权区别开来一样。文帝的父亲，北周高官杨忠，与北周政权的实际控制者宇文护发生过冲突。杨坚本人亦几度在宇文护手中险遭不测。

---

① 王仲荦,1979a,卷1—7；谷川道雄,1971,第332—336页；Pearce, 2001,第149—178页。引文见《北史》卷9,第328页。

② 《隋书》卷26,第720页。

第六章 官僚制度

虽然北周武帝将杨坚置于自己的羽翼之下，但他与杨坚有着截然不同的宗教信仰。武帝死后，杨坚成为北周宣帝朝的危险人物，宣帝制造了一系列事端试图剪除杨坚及其家族。考虑到杨氏一族在北周时经历的种种磨难，登基后的文帝可能对北周的制度缺乏好感。①

被彻底改易的中央及地方官僚体制成为文帝最伟大的政治遗产。抛开前朝北周的旧制，文帝建立了基于汉、北魏、北齐传统之上的、复杂的新体系。② 中枢政治结构主要由五省、六部和九寺构成。五省中主掌中枢政治权力者有三：即尚书省、门下省、内史省，统称为三省。③ 余下二省——秘书省和内侍省——负责宫廷及其他事务，实际上处于权力中心之外。

史书中关于隋朝三省的职能并无明确记载。鉴于唐承隋制的渊源关系，我们可从考查唐制入手。唐中书省（隋内史省）和门下省负责制定政令。政令由中书省拟定，由门下省审核后方下达到最高执行机关——尚书省——执行。但在实际的决策过程中，尚书省的长官也参与政令制定。尚书省所属的六部具有广泛的行政权。它们也是中枢政治的核心机构，但其职能只是负责政令的实施而非制定。

官品高于三省和六部长官的是三公和三师。这些只是朝廷赐予的荣誉品衔，并无实权，三师三公只有同时担任其他有实权的要职，才算是朝廷高官。除此之外，中央政府机构还包括监和寺，但从政令的制定和执行来看，这些机构的重要性要低于三省

---

① 宫崎市定（1956，第498页）对杨坚改制的原因做了一些分析。
② 陈寅恪，1977，第84—92页。
③ 关于隋唐三省制，见袁刚，1994b；雷闻，2003，第68—76页（尚书省）；叶炜，2003，第119—130页（门下省）；刘后滨，2003，第146—148页（内史省）。

隋炀帝：生平、时代与遗产

六部。

九寺及其前身可以追溯到汉朝以来的传统。实际上，九寺的职能经常与六部重叠（当然九寺的权限要小）。唐代九寺的等级较低。作为低于六部的机构，它们按六部旨意行事。隋则不同，九寺长官与六部长官官品相同，均为正三品。① （附录一，表1）。

文帝在全面改组整个中央官制的同时，重新界定了朝廷同中央官僚体制的关系。北周时，朝中最重要的官员是大丞相（或称大冢宰），他是整个中央官僚体系的最高首脑。因此，大丞相府被视为皇权的最大威胁。文帝深谙其弊，他自己便是在任职大丞相期间取代了北周政权。为了消除隐患，他将这一职位永久废除，并设立了一种皇帝直接掌控下的寡头领导体系。因而，三省取代了单一机构，成为中央政府的"中枢神经系统"。在隋朝，尚书省作为中央政府的最高行政机构，无疑是三省中权力最大者，本应由其长官尚书令统领。但由于文帝对尚书省的不信任，在他统治时期尚书令有名无实，而尚书省两位次长（左、右仆射）则成为尚书省的实际最高行政官员。在一篇涉及仆射杨素的诏敕中，文帝对这些权臣的关切一目了然："仆射国之宰辅，不可躬亲细务，但三五日一度向省，评论大事。"②

尚书省左、右仆射和门下省、内史省（唐称中书省）长官共同构成中央政府的最高领导层，负责制定国家政策。通常来说，他们就成了皇帝身边最亲近的智囊集团。③ 除了正式任命的三省

---

① 《隋书》卷28，第785页；严耕望，1991，第436—479页；山崎宏，1956，第26—44页；Wright，1979，第81—84页。
② 《隋书》卷48，第1288页。
③ 山崎宏，1956年，第12—26页；雷家骥，1995年，第160—165页。

第六章 官僚制度

长官,还有一些非正式的、临时任命的宰相参决政事。

炀帝继承这一套复杂的官僚制度后,很快便着手进行改革,尽管作为帝王,他应该尽力保持政治制度上的稳定。炀帝对中央机构的绝大多数改革发生于607年,这并非巧合。就在这一年,炀帝处死了高级官员高颎、贺若弼、宇文弼三人,并罢免了宰相苏威的职务。清除潜在的反对势力看起来为炀帝的中央官僚制度改革铺平了道路。

跟文帝相比,炀帝时期官僚制度的一个显著变化为品阶的调整。"品自第一至于第九,唯置正从,而除上下阶。"[1]很明显,炀帝试图精简文帝所设立的由品、级、阶而组成的多层次的官品系统。在现存的隋朝史料中没发现有上下阶的记载,其运作方式尚不得其详。当文帝登上皇位时,他所承接的是北周九品十八级系统。此前,北魏孝文帝改革时期,官员的等级高达三十阶。十之八九是文帝恢复了北魏的三十阶系统,而炀帝则再度改回北周的十八级系统。唐朝废弃了炀帝沿用的北周系统,而采用了文帝沿用的北魏系统。在三十阶与十八级之间的反复中隐含着当权者力图摆脱前王朝或前执政者影响的意图。

炀帝官制改革的主旨是削弱中枢机构的权力以加强皇权,所以他未曾恢复文帝所废黜的大丞相一职。尽管炀帝一度任命杨素为尚书令(这也是隋朝唯一的尚书令),但他对这一职位非常忌惮,故606年杨素死后,该职位一直虚悬直至隋亡。[2]

或许炀帝对中央官僚体制所做的最持久的贡献在于重新界

---

[1] 《隋书》卷28,第793页。
[2] 《隋书》卷48,第1291—1292页。

隋炀帝：生平、时代与遗产

定尚书省与六部、九寺之间的关系。① 上文提及文帝时期九寺的长官在官品上与六部相同。细言之，则隋代各级官员中，太常、光禄、卫尉的长官即通常所称的"三卿"，其品级要高于除吏部尚书以外的尚书。而吏部以下的其他五部尚书——礼部、兵部、都官（刑部）、度支（民部）、工部——在品级上则高于宗正、太仆、大理、鸿胪、司农、太府等六卿（九寺中六寺之首长）。

炀帝加强了六部的作用。他将尚书左、右丞（六部的副长官）的品级由从四品提升为正四品，并重新确定了侍郎的权力。在此之前，作为六部中层部门长官的侍郎有三十六个，品级为正六品。炀帝将侍郎的数目减少为六个，并将其品级提升为正四品。侍郎于是成了六部的助理长官。炀帝将九寺长官九卿（除太常卿外）的品级从正三品降为从三品，将九寺的副长官少卿由正四品降为从四品。这些措施为从功能上将九寺降于六部之下铺平了道路，并在唐代实现制度化。②

炀帝执政时，五省中的内侍省降级为长秋监。殿内省顶替了它的位置成为五省中的新机构。文帝时，负责监察官员的中央机构——御史台——已经存在，炀帝增加了谒者台和司隶台，负责对官员的调查，统称"三台"。三台最早出现于汉代，为尚书台、御史台、谒者台。③ 炀帝重设三台毫无疑问是受到汉朝的影

---

① 隋朝的六部亦称为六曹。参见《隋书》卷28，第774、794页。

② 关于六部和九寺，参见《隋书》卷28，第774—775、785—786页；《隋书》卷28，第794页；严耕望，1991，第436—479页（唐朝时期）。关于侍郎，参见《通典》卷22，第607页。583年，都官和度支分别更名为刑部和民部。见《唐六典》卷6，第179页；卷3，第63页。

③ Hucker, 1985年，第403、451、578页。注：Hucker认为三台创设于604—605年间。根据《隋书》（卷28，第793页）记载，确切时间应为607年。

响,其旨在加强对官员的控制,则与汉代有所不同。作为一个篡位者和大胆的改革者,炀帝打破了许多条条框框,通过精心策划且明智的措施,以强化监察机构的职能。

炀帝将中央政府五个分工不同的管理机构统合在一起,称为五监,其中少府监由太府寺派生出来,长秋监由内侍省转变而来,国子监和将作监分别由国子寺和将作寺转变而来,都水监由都水台转变而来。文帝时期,国子寺和将作寺的长官分别称为国子祭酒和将作大匠,炀帝改监后,沿用其职。炀帝时期九寺长官均称"卿"。通过对这些机构的彻底整合,炀帝使九寺的职能变得更加明晰,也使中央官僚体系更趋合理。(附录一,表1)

炀帝对一些非功能性的虚设头衔也大刀阔斧加以精简。他废除了赏赐给倍受尊崇的高级官员的荣誉头衔:三师和特进。炀帝对分为九级的贵族系统(国王、郡王、国公、郡公、县公、侯、伯、子、男)也不满意,将其简化为王、公、侯三级。这与简化官员品级的改革有异曲同工之效。看来,炀帝的这些改革旨在加强对贵族的控制,或是试图将其统治与文帝朝区别开来。[①]

地方官制

隋之前由州、郡、县三级组成的地方行政系统,机构臃肿且腐败丛生。地方官职急剧膨胀,故有"十羊九牧"之说。兼并北齐后的北周,共计有211个州和508个郡。根据《通典》记载,隋

---

① 《隋书》卷28,第793、801—802页。

隋炀帝：生平、时代与遗产

朝统治初期，共有 310 个州和 508 个郡。① 隋初疆域与北周基本相同，这一数据反映出隋初郡数与北周相同，但州数却增长了近三分之一。② 583 年，在杨尚希的建议下，文帝"遂罢天下诸郡"。③ 在其统治时期，文帝在北方增设 56 州，征服陈朝后，在南方增设 61 州。扣除那些废置的州（南方 13 个，北方 3 个），文帝共计增设 101 个州。④ 因为大部分北方新增州都设置于 583 年或之后（没有材料能证明 583 年之前有新增州），应该可以肯定《通典》所载隋初的 310 州中，并不包含这 56 个北方新增州。⑤ 南方 589 年统一后新增州同样也不会包含在内。因此，精确推算文帝统治时期最多的州数，应该将 101（文帝新增的州数减去废置的州数）加上 310，即 411。

文帝执政时期县数文献无考。但是，根据陈朝县的数字（438）加上 577 年后北周的县数（1 124），文帝时县数可估计为 1 562。⑥

炀帝对文帝的地方行政制度显然不满，他进行了一系列大

---

① 关于十羊九牧的比喻，见《隋书》卷 46，第 1253 页；参见《通典》卷 33，第 907 页，正文及注；亦可参见《隋书》卷 75，第 1721 页，刘炫的评论。

② 岑仲勉（1974，第 40—41 页）列举出隋朝建立时的 200 州，少于 580 年北周的 211 州（《隋书》卷 29，第 807 页）和隋朝的 310 州（《通典》卷 33，第 907 页）。

③ 《隋书》卷 46，第 1253 页；卷 29，第 807 页。

④ 岑仲勉，1982，第 5 页；1974，第 54—57 页。注：岑仲勉（第 54 页）认为文帝时新建的南方州共有 60 个。但是在第 56 页的表中，南方州数是 61 个。今从表。

⑤ 关于文帝时期新增和废除的州，参见岑仲勉，1974，第 56—57 页。

⑥ 《隋书》卷 29，第 807 页。《通典》（卷 171，第 4468 页）记载北周共有 1024 个县。文帝似未曾削减县数。

刀阔斧的改革。607年,炀帝将所有的州改为郡,仍采用二级制。这不仅仅是名称上的改变。州一级的建制被取消后,至609年,郡数仅剩下190,比文帝州数最多时的一半还少。① 同时,炀帝还将县数减少了20%,从大约1 562减少到1 255。尽管如此,郡(州)县之比仍高达1∶6.6,这意味着需要更高效的行政运作机制。②

大幅度削减地方行政机构是炀帝地方行政改革的一部分。为了加强对地方政府的控制,炀帝设置了一套地方监察系统,由两位别驾负责两京地区,由十四位刺史负责地方郡县。他们经常到各地巡查,了解地方官员的表现,并上报给朝廷。③

炀帝还整体下调了地方官员的品级。比如,文帝时期上州刺史是正三品,炀帝时期,与其相当的官员,上郡的太守,则降为从三品。而四个京县的县令,则由原来的从五品提升为正五品。④ 这些调整表明炀帝希望通过削弱地方权力以加强中央集权。

按照同样的原则,朝廷亦接管了对两京的居民区"坊"(当时称为"里")的管理。同时,炀帝也加强了对宗教领域的控制,向佛寺(当时改称为道场)和道观(当时改称为玄坛)派驻了称为"监"和"丞"的监管官。⑤

---

① 《通典》卷171,第4469页;《隋书》卷29,第807—808页。
② 岑仲勉,1982,第5页。
③ 《隋书》卷28,第797页。
④ 《隋书》卷28,第785、802页;许正文,1994。
⑤ 《隋书》卷28,第802—803页。

隋炀帝：生平、时代与遗产

军队

　　文帝称帝后，他所接管的军队系统同行政系统一样混乱。当时军队系统有驻扎在州、郡的地方军，有负责边境防卫的边防军，以及负责宫廷禁卫的禁兵。其中最为重要的军事力量是府兵，其本质上是由政府负责的民兵系统。① 与禁兵一样，府兵也属于国家防卫系统的一部分，只是承担的任务不同。禁兵负责保卫皇帝的个人安全，而府兵同时还要负责守护宫门和巡视宫殿，以及担任皇帝出行队伍的先导。绝大多数府兵都被安置在都城内外或更远的战略要地。关于隋代府兵的组织运作史书缺载。其基层组织可能是类似于团、队的结构，每团约1 000人，团下面是队，每队约100人。② 文献对初唐府兵制度记载较为完善，其基层单位府的人数，从800、1 000、1 200到1 500不等。唐代府的总数，大约在594到634之间。尽管团、队的建制在唐代仍旧存在，但其规模被极大削减了，一团的人数约为200～300，一队则仅有50人左右。③

---

　① 关于府兵，参见 Rotours,1947,第 XⅢ—XXⅡ 页；Pulleyblank, 1955,第61—63页；Wright,1979,第96—102页。府兵通常译作 militia（民兵），但又与一般的民兵不同。府兵不仅服役时间长，而且要经过专业训练。参见 Graff,2002,第190页。

　② 关于隋朝的团，参见《隋书》卷8，第160页。

　③ 《新唐书》卷50，第1324—1325页；《唐六典》卷25，第644—645页；《通典》卷29，第809—810页；《唐律疏议》卷16，第304页；《唐会要》卷72，第1298页；谷霁光,1978,第158—163页。

第六章 官僚制度

府兵制最早出现于西魏,到文帝执政时期,开始发展壮大。它由十二府组成,每府由大将军统领,下设骠骑府,部署在都城及其他战略要地。每个骠骑府都有一位统领者,称为骠骑将军(正四品),其副将则为车骑将军(正五品)。①

607年,在进行文官制度改革的同时,炀帝也对府兵制下的军队进行了改革。文帝的十二府中,仅有四个被称为"卫"。炀帝将其整合成一个称为十二卫或十六府的系统。十二卫替代了原先十二府的功能。这个制度一直延续到唐代。十六府包括了十二卫,另外还有四个非府兵的机构:左、右备身府和左、右监门府(附录一,表2)。② 炀帝还将骠骑府改名为鹰扬府,其正副统领改名为鹰扬郎将和鹰扬副郎将。另外,他将所有(鹰扬)府兵长官由正四品降为正五品,其副将由正五品降为从五品。③

关于地方军事机构,炀帝于605年正月废除诸州总管府,同时,废止了中高级军官的散官头衔。④ 文帝时期曾设四大总管,每大总管都掌控几十个总管府。担任大总管者通常是皇子,其目的是加强朝廷对地方军事力量的控制能力。炀帝升为太子之前,曾担任并州和扬州大总管。⑤ 某种意义上说,正是大总管的经历使炀帝成为太子位、皇位的强大竞争者。他先威胁到太子

---

① 《通典》卷29,第809页;《隋书》卷54,第1369页;谷霁光,1978,第112—113页。
② 关于十二卫,参见《隋书》卷28,第793—794页;《隋书》卷28,第778—779页;《新唐书》卷50,第1324页;谷霁光,1978,第107—108、116—118页。
③ 《隋书》卷28,第785—786、800页。
④ 《隋书》卷3,第62页。关于《隋书》中隋朝总管的名单,见岑仲勉,1974,第60—62页。
⑤ 关于大总管,参见第一章;《隋书》卷28,第789页。

杨勇,后又直接挑战文帝。可能正是大总管的经历使炀帝深知其权力之大,所以他即位伊始便废除了整个大总管系统。①

在大幅度整顿军队的同时,炀帝也通过对府兵的重新部署,对隋朝的军事防御战略进行了重大改动。由于缺乏隋朝军队部署的文字记载,我们只能根据其他材料来推测,比如总管府的兴废。文帝初期,军事战略的重点是保证位于关中的都城的安全。但是,文帝却将相当数量的兵力集中在四大总管手中,以至于到文帝末期,关中地区的守卫力量不足。文帝死后,情况更糟,关中立刻感受到来自东边并州的威胁。

随着东都洛阳的建成,东部取代关中成为新的军事中心。结果,尽管位于战略要地,并蕴藏着巨大财富,关中却成了防御的薄弱环节,不断遭到北方突厥的攻击,而在应对国内叛乱时,亦是脆弱不堪。因此,李渊在起兵初期便能够轻易拿下大兴城,巩固了自己的地位,并最终征服了全国。②

选官模式

要了解隋朝官僚体制不断变化的动力,我们必须在朝廷政治背景下进行讨论。研究隋代官员选任在高级官僚层面的运作,是实现这一目的的最佳路径。

---

① 《隋书》卷47,第1267页;严耕望,1972,第22—54页;菊池英夫,1992b,第547—548页。

② 易毅成,1991,第141—155页;气贺泽保规,1986,第444—481页。

第六章　官僚制度

陈寅恪在这一领域的相关研究无疑非常重要且影响巨大。通过研究隋唐时期政治结构的演变,二十世纪四十年代初,陈寅恪便提出"关陇集团"和"关中本位"的概念。他认为从北周到初唐,中枢政治被来自某一特定地区的贵族集团即"关陇集团"所把持。之所以称之为"关陇集团",是因为该集团成员的郡望属关陇地区(主要在今陕西和甘肃),即北周所控制的地区(并吞北齐前)。郡望是指中古时期具有较高社会地位的家族与其杰出先祖出生地之间的联系。一个家庭的地位通常需要通过这种宗族关系来得到确认。在这一时期,通过任命关陇集团成员担任要职,关陇集团的利益得到了积极维护,而与此同时,其他非关陇集团者的利益受到损害,比如山东集团(北齐故地,主要在今河北、河南、山东一带)和江南集团。①

为了验证陈寅恪的观点和其他相关阐释,我们需要探讨隋朝高级官员的选任模式,其家族背景、郡望、地理认同,及与帝王的关系。要对隋朝各级官员的任命进行详尽研究,需要大量相关数据的统计和分析,本书于此力不能及。因此,我们缩小范围,重点讨论中央最高行政机构(即三省六部)的长官,并分析其世和集团归属。层级略低的中央机构,如监和寺,只会被偶尔涉及。

我们首先从郡望的角度来分析官员的结构。文帝时期,总共有 14 名官员任宰相 21 次(包括重复任命),其中仅有 4 次(约 19%)授予非关陇集团出身的官员。如果除去重复任命,在这

---

① 关于陈寅恪的理论,参见陈寅恪,1982,第 14 页及以后。关于对这一理论的批评,参见严耕望,1991,第 619 页。亦可参见 Wechsler,1973;雷家骥,1995,第 8—25 页。关于郡望(choronym),见 Johnson,1977,第 92 页。

隋炀帝：生平、时代与遗产

14人中，11人(79％)是关陇郡望，只有3人(21％)是山东郡望。根据记载，尚书省六仆射中，仅高颎一人(不足17％)非关陇郡望。门下省六个纳言中，高颎和柳机两人(约占33％)是山东郡望，不属于关陇集团。内史省九个内史令中，仅有李德林一人(约11％)是山东郡望而不属于关陇集团(附录一，表3)。

表面上看起来，这些材料可以证明文帝统治时期，关陇集团成员占据了大部分宰相职位。这似乎也能解释陈寅恪著名的关中本位论。

在任命高级官员时，文帝往往青睐皇室成员。但文帝似乎在尚书省和非尚书省之间划了一条界线，他从未任命任何皇室成员担任尚书省长官。尽管按惯例三省长官同样都是宰相，但内史省和门下省长官的权力要小于其尚书省同僚。文帝这样做避免了对皇室的偏爱，并能更有效地将最有能力的行政官员提拔到这些中央要职上。

从文帝对三省长官任命的区别对待可以看出尚书省的重要性。按规定三省都应有两个最高长官，但实际上只有尚书省两位长官在605年以前始终保持满员状态。根据任免官员的时间，我大致统计出内史省和门下省长官的在任时间(附录一，表4)。门下省纳言A组职位在590年七月到594年七月、601年正月到602年十月为空缺。纳言B组职位则在587年到589年六月、590年七月后为空缺。内史令的任命更为令人不解。A组从592年七月到599年六月一直空缺。B组则在593年六月之后就一直空缺。另外在文帝早期似乎还存在着第三个内史令，这违背了官方内史省设置两名长官的规定。尚书省长官满员而内史省、门下省常缺，以及文帝偏好任命皇室成员为门下省、内史省长官，但却从未让他们涉足尚书省的事实，表明门下省和内史省的重要性无法与尚书省相比拟。

第六章 官僚制度

除了正式任命的宰相，隋的统治者有时会任命一些非正式（de facto）宰相进入决策核心。① 文帝曾经任命过一些非正式宰相，其中两个是皇室成员，一是文帝的第一个太子杨勇，另一是文帝的族子杨雄。很显然，对杨勇的任命是为储君日后掌管朝政而做的准备。而杨雄的任命则有很大可能性是因为他的身份。他是隋朝四贵之一，四贵是朝中十分显赫的权贵集团；其他三位成员——高颎、虞庆则、苏威——均为正式宰相。② 此外文帝还任命过四个非正式宰相，皆非皇族，其中只有令狐熙来自关陇集团，另外三人——陈茂、薛道衡和柳述——都来自山东地区。因此，就任命非正式宰相来说，在关陇和山东两个重要集团之间，文帝似乎并没有明显的偏好（附录一，表5）。

至于文帝所任命的这六位非正式宰相的家族背景，敦煌令狐氏为西北显赫贵族之一。③ 华阴杨氏、河东薛氏、河东柳氏亦是当时的世家大族。这六人中除了陈茂家世寒微，其余几人的父辈都曾担任过北魏或北周的高官要职。

比宰相略低一等的是隶属于尚书省的六部长官。文帝总共任命的六部尚书有33人（附录一，表6）。其中16人（占48.5%）为关陇郡望；另外16人为山东郡望（还有一人缺载）。由此可见，文帝在任命六部尚书的问题上，对关陇和山东集团一视同仁，并没有刻意偏袒关陇集团。

---

① 非正式宰相（de facto chief minister）一职有各种称呼，如：参预朝政、参掌朝政、参决军国政事等等。有关唐非正式宰相，参见《唐六典》卷9，第274页。关于隋朝宰相的名单（包括副宰相和名誉宰相），参见袁刚，1994a，第207—209页。
② 《隋书》卷43，第1216页。
③ Eberhard，1949，第364—365页。

隋炀帝：生平、时代与遗产

关于这些六部尚书的家世背景，其中绝大多数的父辈曾在北魏、西魏或北周任职（斛律孝卿是个例外，其父供职于北齐）。他们之中大多数都是门阀贵族。只有刘仁恩、冯世基、库狄嵌、郭均的家族背景不详。另外，长孙毗的家族背景亦不十分清楚，不过他有可能属于洛阳长孙氏，并具有贵族血统。这些人中唯一能确认寒族身份的是李圆通，他能晋级权位主要是得益于他作为文帝家中的仆役得到了文帝的信任。

从对宰相的任命来看，炀帝并没有明显地改变文帝时期形成的关陇郡望优先的传统。除了杨达为文帝朝留任宰相以外，炀帝新任命的宰相有六人，其中有两人（约33％）属于非关陇集团成员。而这六人中，除了萧琮来自南方，其余都是西魏、北周高官的后代（附录一，表7）。

炀帝处理宰相任命问题与文帝的不同之处在于，宰相职位经常处于空缺状态。炀帝掌权后，承袭了文帝的官僚机构，并保留杨素和苏威的尚书省左、右仆射职位。不久以后，炀帝提拔杨素为尚书令。大概就在这个时候，苏威顶替了尚书省左仆射的位子，但苏威的原职——尚书省右仆射——却被搁置起来。606年杨素死后，尚书令一职遂即消失了。607年苏威被免职后，尚书省左仆射一职亦不再授人。

炀帝任命的三位门下省纳言中，杨文思以70岁高龄（周岁69）死于任上（约在610年左右）。① 612年，另一位纳言杨达死后，苏威成为唯一的纳言，至616年失势之前，他一直在任上。内史省三位内史令中，杨约和萧琮大业初年便被免职，第三位任职者元寿612年初死于任上。此后，未见有新内史令的任命。

---

① 610年，苏威担任门下省纳言。据此推断杨文思死于是年。

第六章　官僚制度

因此，从607年起，中央政府最重要的行政职务，尚书省左、右仆射，处于长年空缺状态。612年起，内史令一职亦一直空缺。而作为纳言的苏威成为朝中唯一被正式任命的宰相。616年苏威被免职，所有宰相职位同时缺位。直至隋亡，炀帝未再任命新正式宰相。相反，他依赖非正式宰相作为中央政府的最高领导。

从非正式宰相的任命，我们看不出炀帝对关陇成员有任何的偏好。非正式宰相中，仅有苏威和宇文述两人可被视为关陇集团成员。虞世基是典型的江南人。裴蕴虽是山东郡望，却出生、生长于南方。其先祖是北方望族的一支，很多代之前已移居南方，所以他理应被视为南方人。裴蕴与裴矩虽郡望相同，但裴矩的家族来自裴氏的另一支，属于山东集团。[①] 萧瑀（其任命似为临时性的）无疑应被视为南方人，他是后梁皇族萧氏的成员，又是炀帝皇后萧氏的弟弟（附录一，表8）。尽管炀帝任命的非正式宰相具有多样化的特点，关陇集团并不占优势，但他们都出自名门望族。除了萧瑀是西梁皇族以外，其余诸位均为西魏、北周、高齐或陈朝高官的后代。

六部尚书炀帝共任命了18人。其中10人（占55.5%）来自关陇集团，7人（占39%）来自山东集团。较之文帝时期，关陇集团成员所占比重略有上升。与文帝时期最显著的不同是南方人樊子盖的任命（占5.5%）（附录一，表9）。如果我们将樊的任命与炀帝时期其他高官任命联系起来，会发现其统计学意义。例如，南方人萧琮被炀帝任命为尚书。况且，尽管炀帝所任命的高级将领大多来自关陇和山东集团，但他任命了四位南方将领作为大将军，他们是：九江周罗睺、始兴麦铁杖、丹阳袁子

[①] 关于裴矩的家族，见 Eberhard, 1949, 第61页。

隋炀帝：生平、时代与遗产

温、江都来护儿。①

通过考察隋代中央政府最高级别官员的任命,我们可以看出两个显著的特点。第一个特点是贵族群体仍占绝大多数。这一现象一直持续不衰。尽管九品中正制的废除为社会地位较低的官员提供更多的仕途发展机会,亦使政府能够更好地选贤任能,但除了极少数例外,几乎所有隋朝三省六部长官都是前王朝高官的后代。

第二个特点是高官群体中郡望分布不均衡,关陇集团占优势。这也是陈寅恪关中本位理论产生的基础。但是关陇人居多的现象,可能是由于关陇地区(尤其是关中地区)是隋朝起家之地,而隋朝的创建者更倾向于在最亲近的谋臣中选拔官员。从文帝到炀帝,并无偏倚关陇集团模式可循。当然,无论是在文帝还是炀帝时期,正式任命的宰相绝大多数出自关陇集团,但在六部尚书中,关陇集团的优势明显缩小,而在非正式宰相中,这个优势已不复存在。换言之,山东集团非但不是被排挤的对象,反而在非正式宰相任命中占据了主要地位。②

南方集团最初确实是受到排挤的。文帝时期没有一位宰相或六部的长官来自南方。部分原因可能是南方相对较晚纳入隋朝版图,而文帝推行限制南方士人担任高层级官员的一系列政策的失败,也使得文帝对南方人士缺乏好感。但炀帝本身具有

---

① 关于周罗睺,见《隋书》卷65、《北史》卷76。关于麦铁杖,参见《隋书》卷64、《北史》卷78。关于袁子温,参见《新唐书》卷74下,第3166页。关于来护儿,参见《隋书》卷64、《北史》卷76。注:袁子温的任命日期史籍缺载。他的儿子袁士政任唐朝南州刺史;他的叔叔袁充死于618年,享年75岁(周岁74)(见《隋书》卷69,第1610—1613页)。很可能袁子温由炀帝所任命。

② 黄永年,1996,第179—195页;韩昇,1998,第259、286—287页。

很强的南方化倾向,他有意识地让若干南方士人进入了中央高层首脑职位。

在总结炀帝的制度改革时,《隋书》这样写道:"炀帝嗣位,意在稽古,建官分职,率由旧章。"①从清晰界定的九寺结构,到三台的重建,都可以明显地感受到这一点。通过一系列改革,在皇帝与宰相、中央与地方权力关系中,权力的砝码明显向前者倾斜。他通过扩大三台的独立监察范围,加强了朝廷权力。他巩固了尚书省六部的权力,并降低了九寺的级别。他所开创的这一先例无疑也是留给唐朝最重要、最具有持久影响力的政治遗产——唐朝的中央行政机构就是依照同样的模式建立的。通过降低郡的长官的级别,炀帝削弱了地方行政的权力,从长远看,这也有利于加强中央集权。

炀帝的大部分改革措施实施于607年,在此之后仍有各种制度的调整。正如隋书所记载:"帝自三年定令之后,骤有制置,制置未久,随复改易。"②从其改革的主题——复古、合理化、集权——中,我们可以感觉到一种推动变革的强大动力。正如他在修建洛阳城诏书中所说:

《易》不云乎:"通其变,使民不倦","变则通,通则久。""有德则可久,有功则可大。"朕又闻之,安安而能迁,民用丕变。③

---

① 《隋书》卷26,第720页。
② 《隋书》卷28,第803页。
③ 关于炀帝兴建洛阳诏令的全文,见本书第四章。

隋炀帝：生平、时代与遗产

正是这种追逐变革的意念驱使炀帝不断推出对中央、地方官制的改革。

作为整个官僚体系改革的组成部分，炀帝实施的军事改革远非如某些现代学者所称，仅改变了一些名称而已。[①] 炀帝建立起一个以洛阳为中心的全新防御体系，以配合其战略重心的东移，与前任文帝的战略偏离甚远。他不但降低地方文职机构的等级，还大幅度下调了府兵军将的品级。在扩张军事力量的同时，炀帝还撤销了所有的总管府。通过改革，炀帝不但重新调整了中央与地方军将的关系，更重要的是，他力图加强中央对军队的控制。

在官员选任的问题上，炀帝延续了文帝的传统，其所任命的最高级官员中关陇集团人士的比例要高于非关陇集团人士。但是，在非正式宰相的任用上，炀帝朝与文帝时有显著不同。对于文帝，非正式宰相的任命只是对现行宰相制度的补充。而对于炀帝，非正式宰相却起着替代正式宰相的作用。其结果是，与文帝时期比，炀帝的核心决策圈更依赖于皇权，这使炀帝朝渐渐地形成了一种高度专制的统治风格。况且，炀帝在非正式宰相的任用上，提拔了一些之前不受重视的南方集团人士，也在有意无意中削弱了中央高层中关陇集团的势力。

[①] 如岑仲勉，1982，第209—210页。译者注：岑仲勉原文："以上所举，无非名目、阶等、隶属之更改，实质上无大变化。"

第七章　教育、礼制、法律制度

正如我们在第六章中所讨论的,文帝与炀帝都致力于革新隋朝的官僚体系。他们对官僚体系之外的其他制度,也进行了巨大的改革。一直以来,学者们更多地注意到文帝在推进制度改革方面的重要性,[①]但对炀帝的贡献未引起足够重视。虽然被文帝的伟大成就所掩盖,炀帝仍大刀阔斧地推进各项改革,甚至不惜违背文帝的制度。本章我们将结合隋朝教育制度、礼制和法律制度的发展变化对这些改革进行考察。

教育

中国古代教育体系发展过程中,隋朝处于一个非常关键的阶段。教育制度两个划时代的变革都发生于隋朝:九品中正制的废除和科举制度的确立。

九品中正制设立于曹魏时期,取代了腐化不堪的汉代察举

---

① 例如汤成业,1967,第 125—157 页。

隋炀帝：生平、时代与遗产

制度。九品中正制综合希望入仕者的才能和品行，按照九个等级进行品评。州郡的大小中正官负责对希望入仕者进行品评和定级，评级越高有望获得的职位亦越高。这一制度的初衷是为政府选出最出色的人才，但到西晋，却已趋于精英化，以至于出身门第成为唯一的品评标准，结果造成"上品无寒门，下品无势族"的局面。九品中正制正式废除于隋文帝开皇年间。这是一个显著的进步，为择优录取的科举制度的出现扫除了障碍。①

关于新制度的出现，最早的证据是一份587年的文帝诏书。诏书云："诸州岁贡士三名。"隋朝的贡士考试设有不同的科目，其中明经科和秀才科有较多的文献记录，这两科较早之前便已经存在。文帝时期还有宾贡科，根据高明士的研究，宾贡是进士科的前身。高明士提出了进一步的假设，认为诸州三贡士应该分别是明经、秀才和宾贡。② 在某种程度上，贡士制度可以看作完备的科举考试制度的前身。

尽管创设了这些新的科目，到其执政末期，文帝对中央和地方诸州的儒家教育体系越来越感到不满。601年六月颁发的一道诏令清楚地表明了这一点：

---

① 关于九品中正制，参见宫崎市定，1956，第8—13页。关于出身与品级，参见《通典》卷14，第328页，注。关于九品中正制可能废止于587年，见高明士，1999，第55—58页。关于科举考试，参见宫崎市定，1956，第517—522页；Wright，1979，第89—93页。

② 关于"贡士"，见《资治通鉴》卷176，第5488页；岑仲勉，1964，第4页；宫崎市定，1956，第63—65页；高明士，1999，第12—16，25页。关于文帝的诏书，见《隋书》卷1，第25页。关于宾贡和进士，见高明士，1992，第208—211页；高明士，1999，第45—51页。

第七章 教育、礼制、法律制度

国学胄子,垂将千数,州县诸生,咸亦不少。徒有名录,空度岁时,未有德为代范,才任国用。良由设学之理,多而未精。今宜简省,明加奖励。

根据诏书的旨意,文帝将国子学生员减至七十人,并废止了所有的州县学校。而同天颁发的另一道诏令中,对佛教大加褒奖并颁舍利于各州。对儒学的种种限制使文帝得到了"不悦儒术,专尚刑名"的评价。①

炀帝对官学系统的处理方式截然不同。登基之后,他开始转向儒家传统中的王道。炀帝自问道:"昔者哲王之治天下也,其在爱民乎?"605年的一份诏书中,他表达了对教师和学者应有的尊重,并承诺支持教育系统。他在东都召集了一大批儒家学者探讨执政得失问题。他甚至封孔子的后代为"绍圣侯",以一种象征性的姿态表示对儒学传统的尊重。炀帝恢复中央、州、县三级学校系统的努力终获成功。史书记载,炀帝统治时期官学系统的兴盛,甚至超过了开皇之初的最盛时期。②

在炀帝鼎力支持下,教育系统发生了巨大变革,出现了进士科和其他的科目。至初唐,进士科已习以为常。据正史记载,在622年,贡举考试的科目共有四类,即明经、秀才、俊士、进士。

---

① 关于文帝的第一道诏令,见《隋书》卷2,第46—47页。关于第二道诏令,见《佛祖统纪》卷39,第361a页;Wright,1957年,第100—101页。关于文帝对于儒学的否定态度,见《隋书》卷75,第1706页;山崎宏,1967,第18—22页。

② 关于炀帝对教育制度的支持,见《隋书》卷3,第62页;Wright,1975,第167页。关于儒家学者,见《隋书》卷75,第1707页。关于孔子的后代,见《隋书》卷3,第72页。关于炀帝时期儒学的恢复,见山崎宏,1967,第22—23页。

隋炀帝：生平、时代与遗产

这些科目显然承袭自炀帝大业时期。不过隋的宾贡科是时已不复存在,可能为进士和俊士所取代。但究竟如何取代,并没有史料存留下来。至于这四类科目有何不同,高明士推测秀才和明经为贵族出身的学生而设,而进士和俊士则为寒门学子而设。但因为史料匮乏,几乎无法验证这一假设。参照唐朝考试科目的内容来看,隋朝明经科学子主要研读儒家典籍,而进士科学子更注重文学作品。起初,进士科入仕品级较低,但由于上流社会对诗赋的热爱,进士在唐代的威望亦随之腾飞。①

正是由于选拔人才的制度发生了根本性变化,文帝时期明经、秀才、宾贡科和炀帝时期明经、秀才、俊士、进士科方具有重要意义。《北史·杜正玄传》的记载证明科举考试已出现于开皇时期,并可推断隋秀才科的考试程序和内容。首先,应考者要通过地方一级的口头策试。其次,他还要参加中央机构举办的笔试,模仿散文名篇,即兴创作。② 杜正玄的经历告诉我们,隋朝秀才选拔考试强调文学,而这种择优录取的考试制度在初始阶段就已经存在着高度竞争。③

科举考试的应考人主要来自中央及州、县的官方学校。④ 隋朝建立初期,这些以教授儒家经典为主的学校系统得到了文

---

① 关于炀帝时期的进士问题,见《旧唐书》卷101,第3138页;《北史》卷26,第962页。关于进士科出现在文帝时期的推论,见宫崎市定,1956,第64—65页;岑仲勉,1964,第4页;韩国磐,1979b,第296—297页。关于唐初的三科,见《唐摭言》卷15,第159页。关于高明士的推测,见高明士,1999,第43—52页。关于进士在唐代地位的提高,见宫崎市定,1956,第64、70页。
② 《北史》卷26,第961—962页;高明士,1999,第40—43页。
③ 关于秀才科,见宫崎市定,1956,第135页。
④ 《隋书》卷2,第47页。

第七章　教育、礼制、法律制度

帝强有力的支持。① 一个中央部门(文帝时称国子寺或国子学,炀帝时称国子学或国子监)直接负责管理三个中央教育机构,即国子学(与上述国子学不同)、太学、四门学。

国子学以及太学从西晋时起便成为国家的最高学府。四门学最早由北魏政权设立于北魏都城洛阳,其名字来源于该城的四个城门。起初,其课程重点在小学。文帝开皇初年,四门学发展成为完备的学府。一般认为,国子学和太学的学生主要修读秀才科和明经科,而四门学的学生主要修读进士科和俊士科。②

礼制

中国古代的礼较之西方的礼(ritual)在含义上要丰富得多。除了宗教内容外,礼涵括一种高雅的行为准则,内容包括礼节、操守、社会规范、社交礼仪,它同时也是儒家思想的道德基础。礼不仅包括官方制定的礼典,还体现在诸如车舆、冠服、仪仗等方面,因为它们本身即象征着礼法观念。法典化的礼的实践实质上反映一种礼法思想,因为它构成国家制度中关键的、超然的组成部分,它可被视作一系列具有象征性的、非理性的、往往定期重复的、规定的行为。

从历史上看,国家礼制最受重视,因为它被赋予这样一种权力:为君权神授提供合理性,也为君主统治提供合法性。这对于

---

① 蓝吉富,1993,第 19—21 页;Wright,1957,第 87—93 页。
② 高明士,1999,第 58—59 页。

隋炀帝：生平、时代与遗产

文帝这样的开国皇帝尤其适用。正如他自己所说："故道德仁义，非礼不成，安上治人，莫善于礼。"①

作为一个篡位者，文帝为自己设定了一项艰巨的礼法任务。除了执行已有的礼制规定外，文帝还需要在礼制上体现出与被推翻的北周政权的区别。因此，他在北魏、北齐、梁、陈四朝传统的基础上，发展了一套新的礼制。②

关于炀帝时期礼制的理念和实践，并无太多的存世史料。但有足够的证据表明炀帝对礼制问题并不像文帝那么热衷。当然礼制的改革炀帝也尝试过，但它们远不如其他方面的改革那样广泛。

五礼

隋朝时期，国家祭祀分为五类：吉礼、宾礼、军礼、嘉礼、凶礼。官方礼典中，吉礼被放在最重要的位置。吉礼分为三个等级：第一等为大祀，祭祀对象包括昊天上帝、五方上帝、日月、皇地祇、神州、社稷以及宗庙里的祖先神灵。第二等为中祀，包括北斗五星、十二辰、五祀（祭祀五行之神）以及四望（代表方位，包括五岳、四镇、四渎）。第三等为小祀，包括司中、司命、风师、雨

---

① 关于礼制的理论，见 Wechsler，1985，第 20—36 页。关于文帝对礼制的评论，见《隋书》卷 2，第 48 页。
② 《隋书》卷 6，第 107 页；卷 10，第 200 页；卷 12，第 253 页；卷 14，第 345 页。陈寅恪，1977，第 1—2 页。

师、诸星以及诸山川。①

登基伊始,文帝便要求国子祭酒辛彦之制定一部有别于前朝的礼典。其重点是在都城郊外(尤其是南郊和北郊)举行的吉礼。在南郊有两个重要的祭祀中心:圜丘和南郊,分别位于都城太阳门以南的南北向大街的东部和西部。在北郊则设有方丘和北郊。

圜丘的祭祀活动每两年一次,于冬至日进行,祭祀昊天上帝(诸神中至上之神),以五方上帝和众多地位稍低的神灵为从祀。南郊则在立春时祭祀感生帝。北郊的方丘在夏至日祭祀皇地祇,北郊则于立夏时祭祀神州。按规定,这些祀典都应以太祖杨忠(文帝的父亲)为配。②

炀帝在614年冬至日圜丘祀典活动时将祭祀昊天上帝的仪式进行了简化。仪式有一道称作"斋"的准备程序,应在称为"次"的帐篷中举行。为了省事,炀帝竟然将其完全省略。③ 斋戒在祭祀中意义重大,它使斋戒者净化自身,是一种从俗世到神

---

① 关于五礼,见《通典》卷41,第1121—1122页;《唐六典》卷4,第120页;Wechsler,1985,第40—50页;Xiong,1996,第261—263页。关于大、中、小祀,见《隋书》卷6,第117页。关于十二辰,见《隋书》卷6,第116页;学者研究见Schafer,1977,第5页。关于五祀,见《太平御览》卷529,第1—2页。关于四望,见《隋书》卷6,第109—110页。关于这些概念的解释,见《太平御览》卷529,第2—5页。

② 关于昊天上帝祀,《通典》卷42(第1180页)云:"再岁冬至日"。《隋书》卷6,第116页略同。隋以前此祀每年一次,在正月上辛(第一个辛日)举行。

③ 见《隋书》卷6,第116—117、119页。"(大业)十年,冬至祀圜丘。帝不斋于次。"关于中国传统礼制术语的解释,见Xiong,2000,第154页。注:太阳门,又称作明德门,是大兴城南面的正门。见辛德勇,1991,第8页。

圣的超越。忽略这一准备程序不仅违反祭祀的本意,甚至有亵渎神灵之嫌。

605年,炀帝对孟春南郊感生帝祀和孟冬北郊神州祀都进行了关键性的改革:以文帝为配,取代了原来的太祖杨忠(文帝之父)。

早在西汉年间,一座称作"明堂"的礼制建筑修建于都城南郊,其用途是祭祀五方上帝。但关于明堂建筑形制的争论自汉朝以来从未休止过,至隋朝,这一话题引发激烈论战。因为礼制专家们意见不一,文帝未能在都城建造明堂。炀帝朝也曾试图修建明堂,但是由于洛阳城工程的牵制,炀帝终未下决心修建明堂。①

宗庙祭祀

自古以来,都城内礼制建筑宗庙和社稷(均为吉礼)的选址都具有至关重要的象征意义。六朝各政权选择将宗庙设在宫城左边(即东方),而将社稷设在宫城的右边(即西方)。北周宣称要依循古制,将其位置互换。隋文帝在修建隋朝宗庙时,回归传统的做法,并按东汉郑玄的理论,将五庙改为四庙。这四庙分别是:(1)高祖杨惠嘏;(2)曾祖杨烈;(3)祖杨祯;(4)考杨忠。杨忠庙号为太祖。由于被尊奉为开国始祖,他可永享宗庙祭祀。②

---

① 关于太祖杨忠,见《隋书》卷1,第13页。关于感生帝祀和神州祀,见《隋书》卷6,第117页。关于炀帝时期典礼仪式的改革,见《隋书》卷6,第119页。关于明堂的争论,见《隋书》卷6,第121—122页。

② 关于隋皇室先祖的名讳,见《隋书》卷1,第1页。

第七章　教育、礼制、法律制度

隋朝的宗庙系统在炀帝时期进行了较大的调整。他采用了七庙系统。一般认为七庙是西周的传统。曹魏时期，郑玄学说的挑战者和严苛的批评者王肃主张七庙说。在炀帝的推进下，礼学家许善心及其同僚，依照周礼传统和王肃说，提出七庙三祖二祧系统，三位先祖——始祖、太祖、高祖（文帝）——各有独立的祭殿，得享四时祭祀，其余则分室而祭。按西周惯例，宗庙三位先祖中的后两位称二祧。而始祖、二祧不采用迭毁之法。祧的惯例源远流长，北周重新启用，却又为隋文帝所废弃。①

洛阳城建成之后，炀帝不愿再前往大兴城参加文帝的宗庙祭祀。于是他想出一个富有创意的办法：于洛阳固本里北部建文帝衣冠庙，称天经宫，放置文帝衣冠，一年四季进行祭祀。值得注意的是固本里在洛阳中轴线以西的位置。炀帝立衣冠庙于此实际上推翻了文帝的惯例，而采用了北周右祖左社的做法。

607年，有人提出在洛阳城正式建立宗庙的动议，炀帝表示迟疑，考虑到长安已有包括三位先祖在内的宗庙系统，如果洛阳再建宗庙，将来自己去世后会引发混乱。炀帝后来决定为文帝另立一庙，但并未建成。②

建立宗庙系统采用王肃的七庙说而忽略郑玄说，同时恢复古老的二祧惯例——炀帝的这些做法实际上背离了文帝时的礼

---

① 关于"祧"的惯例，见《隋书》卷3，第69页；《隋书》卷7，第135—139页；《通典》卷47，第1310—1312页。

② 关于洛阳宗庙，《隋书》卷7，第139页，云："既营建洛邑，帝无心京师，乃于东都固本里北，起天经宫，以游高祖衣冠，四时致祭。于三年，有司奏，请准前议，于东京建立宗庙。帝谓秘书监柳䛒曰：'今始祖及二祧已具，今后子孙，处朕何所？'又下诏，唯议别立高祖之庙，属有行役，遂复停寝。"

制传统。炀帝为图一已方便,不惜牺牲礼法规范,对宗庙祭祀礼制随意进行修改。

祭祀山岳

名山祭祀,尤其是泰山(东岳)的封禅,通常被认为是最为隆重的祭山礼。登泰山行封禅礼通常是雄心勃勃的帝王为了歌颂其统治的辉煌成就,亲临参与的重要祭祀活动。然而,封禅典礼并非定期举行,在历史上出现的次数不多。595年,文帝曾亲祀泰山,因为当时发生旱灾,文帝归咎于己,并祈请天帝宽恕。不过这次活动并不能视为封禅,其仪式效法南郊祭祀。炀帝虽然早在594年便积极倡议文帝赴泰山行封禅礼,但他自己却从未去过。相反,炀帝前往恒山(北岳,毗邻今河北涞源)以及华山(西岳,靠近今陕西潼关)参加祭祀典礼。在恒山祭祀活动中,炀帝直接采用文帝祭祀泰山的仪式。这两次活动中,炀帝均未为山岳祭祀做特殊准备。换言之,炀帝只是在巡游途中,顺便拜访名山而已。①

军礼

除了军礼之外,文献中少有关于炀帝参与其他国家礼仪活动的记载。较为重要的、与亲征或外出巡狩有关的军礼有四种:

---

① 关于泰山封禅,见 Wechsler,1985,第 170—176 页;Kroll,1983年。关于文帝亲祀泰山,见《隋书》卷7,第 140 页;《隋书》卷2,第 39 页;《资治通鉴》卷178,第 5548 页。关于炀帝到访恒山和华山,见《隋书》卷7,第 140 页;Wechsler,1985,第 175—176 页。

第七章　教育、礼制、法律制度

祭祀昊天上帝的类礼、祭祀社稷神的宜礼(或称宜社)、祭祀先祖的造礼、为军旅祈福的祃礼。据史书记载,炀帝参与了其中三种:类礼、宜礼、祃礼。①

612年初,第一次高丽战争中,炀帝派代表至桑干河边的蓟城(在今北京西南部)建立两个临时祭坛,社坛和稷坛,以行宜礼。同时,炀帝还参加了在临朔宫以南(蓟城一带)举行的类礼。在蓟城以北,修建了另一个祭坛,祭祀马神,其仪式应为祃礼。在将军们出征高丽前,炀帝将他们召集至临朔宫,并亲授节度。随后开始发兵出征,每日遣一军,共用四十天。这一年晚些时候,炀帝又一次参加了祃祭轩辕黄帝的活动。②

属于军礼的还有大射礼,以及从中衍生出的狩礼,其目的在于培养尚武精神。607年炀帝巡幸榆林,举行了一次盛大的冬

---

① 类礼祭祀昊天上帝,仪制繁杂。宜礼祭祀社稷。造即"至",造礼即到父祖之庙的意思。祃礼为军礼,于战场祭祀马神。见《通典》卷76,第2061页。

② 《隋书》卷8,第159—162页,系祭祀活动于611年,误。见《隋书》卷4,第79页及其后;《资治通鉴》卷181,第5660页:"帝亲授节度:每军大将、亚将各一人;骑兵四十队,队百人,十队为团,步卒八十队,分为四团,团各有偏将一人;其铠胄、缨拂、旗幡,每团异色;受降使者一人,承诏慰抚,不受大将节制;其辎重散兵等亦为四团,使步卒挟之而行;进止立营,皆有次叙仪法。癸未,第一军发;日遣一军,相去四十里,连营渐进;终四十日,发乃尽,首尾相继,鼓角相闻,旌旗亘九百六十里。御营内合十二卫、三台、五省、九寺,分隶内、外、前、后、左、右六军,次后发,又亘八十里。近古出师之盛,未之有也。"(注:《隋书》卷8《礼仪志三》:"每日遣一军发,相去四十里,连营渐进。二十四日续发而尽。")炀帝作为王子在600年也举行过祃祭轩辕黄帝的祭祀活动。见《隋书》卷8,第162页:"开皇二十年(600),太尉晋王广北伐突厥,四月己未,次于河上,祃祭轩辕黄帝,以太牢制币,陈甲兵,行三献之礼。"

狩之礼,旨在向突厥的启民可汗和其他外族首领炫耀武力。①

除了大射礼和狩礼,文献中所见炀帝军礼活动的记载都与筹备出兵高丽有关。这证明了炀帝非常相信礼仪所具有的神力,也显示了其参与礼仪活动带有一种功利性。

皇家舆辇制度

581年文帝登基后,根据内史令李德林的建议,废除了承袭自西魏和北周的舆辇制度,仅有两项被保留。得以保留的项目是:北魏太和年间李韶制定、北齐天保年间采用的五辂之制,穆绍在北魏熙平年间所提出的"并驾四马"的皇后之辂。陈寅恪认为这证明隋朝在制度上采用北齐系统,而不是北周系统。负责隋朝礼制改革的李德林曾是北齐的高官,熟稔北齐的礼制。这一事实亦给陈寅恪的观点提供证据。②

文帝时期形成的皇家舆辇制度,根据《隋书·礼仪志五》的记载,包括五辂,即在五种不同场合下使用的车舆:

1. 玉辂,青质,以玉饰诸末。祭祀、纳后则供之。
2. 金辂,赤质,以金饰诸末。朝觐会同,飨射饮至则供之。
3. 象辂,黄质,以象饰诸末。行道则供之。
4. 革辂,白质,挽之以革。巡守临兵事则供之。
5. 木辂,漆之。田猎则供之。

594年,根据文帝命令,舆辇制度略微做了一些调整。总言之,隋朝的舆辇制度是西周和汉代传统的综合产物。

---

① 《隋书》卷8,第167—168页。
② 关于舆辇制度,见《隋书》卷10,第200页。关于陈寅恪的分析,见陈寅恪,1977,第53—54页。

第七章 教育、礼制、法律制度

炀帝登基之后便开始修正文帝所确立的舆辇制度。他在五辂之外增加了副车（御驾的复制品，旨在以假乱真），并召集了一批有声望的高官进行商议。参与讨论的有朝中权臣杨素、虞世基，有精通礼制的学者牛弘、许善心，以及技术专家宇文恺、何稠、阎毗。他们展开了冗长的、近乎迂腐的讨论，为辂的构造、装饰、功用等提供论据。①

显然，这次由炀帝授意的讨论与文帝相比差异不大，二者都试图修正现存的舆辇制度。但文帝的舆辇制度还保留了一些北魏和北齐的特点，②而炀帝的官员们却彻底抛弃了北朝的传统。取而代之的是，他们直接参考先秦以及汉代的文献。③ 有关更近的范例，他们则直接引用西晋时期的文献，如三世纪陈寿的《魏志》，④或是南朝的著述。⑤ 有趣的是，他们也直接忽略了文帝制定的相关规定。由此，炀帝的礼制改革家们所建立的五辂之制跟文帝时期有诸多不同。新制度对旌旗、饰物、驭士的数量做了更精确明了的规定。而象辂即第三辂的功能被重新界定为祭祀后土时所乘。⑥

使用副车是炀帝舆辇制度与文帝最大不同之处。根据《隋书》记载，文帝从未使用过副车。平陈之后，文帝亦下令将所缴

---

① 《隋书》卷10，第200—212；《通典》卷64，第1794页。
② 《隋书》卷10，第200页。
③ 《隋书》卷10，第203—212页。
④ 《隋书》卷10，第205页。《魏志》即《三国志》的曹魏部分。
⑤ 关于所引用的南朝著述，见《隋书》卷10，第206、208页。
⑥ 《隋书》卷10，第207页；《通典》卷64，第1794页。

隋炀帝：生平、时代与遗产

获的副车废弃。①

炀帝却将五辂分别配置了同样形制和颜色的副车。不过，副车要比主辂低两级，主辂配有 28 个驭士，而副车只有 24 个。显然，炀帝及其礼学家们建立新的副车系统，不惜违背文帝旧制。② 不过，恢复副车制度确实具有理论依据，秦、汉、梁、陈皆有副车系统。事实上，这套系统可以增加对皇帝安全的保障。秦始皇即因为有副车而逃过了一次暗杀。

衣冠

夺取北周政权后，文帝全面修订了北周的皇室衣冠制度。太常少卿裴政批评北周制度"多参胡制"且"违古"。故此，隋朝依循曹魏、西晋、北齐传统建立了一套新制度。③ 但这套制度却极不完备。诚然，它记载了某些重大场合下对衣冠的要求：在元正朝会时，皇帝应当身着通天服；在祭祀郊丘宗庙时，皇帝应当身着衮衣。但它却未提供在其他典礼活动时礼仪服饰的规定。造成这一缺失的部分原因是北朝文献资料不足和文帝对此不重

---

① 《隋书》卷 10，第 205 页。此外，《隋书》卷 10（第 200－203 页）记录了文帝对五辂及副车实行的改革："开皇元年，内史令李德林奏，周、魏舆輦乖制，请皆废毁。高祖从之。唯留魏太和时仪曹令李韶所制五辂，齐天保所遵用者。又留魏熙平中，太常卿穆绍议皇后之辂，其从祭则御金根车，亲桑则御云母车，并驾四马。归宁则御紫罽车，游行则御安车，吊问则御绀罽軿车，并驾三马。于后著令，制五辂。……（开皇）十四年，诏又以见所乘车辂，因循近代，事非经典，令更议定。于是命有司详考故实，改造五辂及副。"但没有资料显示文帝采用了副车。

② 《隋书》卷 10，第 205 页。

③ 《隋书》卷 12，第 253－254 页。

第七章 教育、礼制、法律制度

视。陈被灭之后，其衣冠制度全部被纳入隋朝系统。但是，出于一贯的节约和简朴的理念，文帝并未在礼仪活动中使用之。当时，官员朝服为一种黄袍，与一般平民百姓无异。文帝为方便行事，上朝时亦穿着同样的服装，唯加十三环，以示其皇帝身份。

炀帝对文帝简约的衣冠制度感到不满，故遵照古制进行改革。根据西周的衣冠制度，天子的礼服分为六种，即：大裘、衮、鷩、毳、希（或絺）、玄（或元），用于不同的礼仪场合。其中大裘是西周制度中唯一仅限于御用的礼服，用于圜丘昊天上帝祀、感生帝祀等场合。大裘之制在开皇时期被忽略，却被炀帝重新启用，这意味着对文帝衣冠制度的抛弃。①

除此之外，根据虞世基的建议，衮衣亦有所增益。虞世基指出文帝的衮服延续了北周的传统，上面缺少象征帝王权力的日、月、星辰的图案。虽然北周此制体现了谦逊之道，但却违背了礼法的标准。因此，朝廷为炀帝制作了符合皇帝身份的新衮服，用于与祭祀有关的活动，如宗庙、社稷、籍田等，也适用于各种各样的仪式，如加元服、纳后、正冬受朝、临轩拜爵等。②

出于实用性考虑，炀帝对随行百官的衣冠也做了重大修改。起初，随行官员由于礼制的需要身着一种笨重的服装——袴褶（宽大的裤子外加松垮的外衣）。610年炀帝下令以军队的戎衣取代袴褶。戎衣虽然在礼制上不够正式，但更加方便实用。③

除了舆辇制度和衣冠制度，炀帝时期最值得一提的典礼装备是各种冠冕。炀帝对冠冕的外形做了很多修改。礼制规定皇

---

① 关于炀帝的改革，见《隋书》卷12，第262—263页。关于六服，见《周礼注疏》卷21，第143页；《礼经释例》卷12，第352—353页。
② 《隋书》卷12，第263—265页。
③ 关于袴褶的起源，见王国维，1959，卷22，第1074—1081页。关于戎衣，见《隋书》卷12，第279页。

隋炀帝：生平、时代与遗产

帝的冠冕由冕板、流苏、各种缀饰等构成。炀帝又另外采用了一种款式简单且更为轻便的冠帽——武弁冠，这种冠是由古代朝官所戴的"弁"演化而来，通常为武官所用。武弁冠成为炀帝巡幸时最钟爱的冠式。无论是狩猎、出征，还是其他相关的典礼，炀帝皆着此冠。同时，朝中文武官员也允许戴武弁。唯一的不同是炀帝的弁冠上加有金博山，以别于一般官员。

隋朝皇帝所钟爱的另一种冠称为帽，由白纱或乌纱制成，主要用于非正式场合。白纱帽及与之相配套的服饰最早是刘宋和南齐统治者在非正式宴会时所穿戴。乌纱帽则从官员到平民各色人等皆可戴之。隋文帝及其朝官常着乌纱帽。但炀帝效法南朝风尚，宴请宾客时常戴白纱高屋帽。①

一种特别款式的冠被称为进贤冠，为文官上朝时所戴。最初，进贤冠要根据官品高低配以繁复的配饰，如鞶囊（小袋子，有金缕、银缕、金银缕或彩缕之分）、佩、绶等。② 文帝时，可能仍然是出于节俭，将这些装饰品省去不用。③ 炀帝朝官员何稠，在其

---

① 关于武弁，见《隋书》卷12，第265—266页。关于帽，见《隋书》卷12，第266—267页。注：文献中没有关于白纱帽被采用的具体时间。不过，这段史料中的"今"字则很清晰地表明了炀帝重新采用了这种帽式。比较《通典》卷57，第1621页。又见《隋书》卷12《礼仪志七》（第266—267页）："帽，古野人之服也。……案宋、齐之间，天子宴私，著白高帽，士庶以乌，其制不定。或有卷荷，或有下裙，或有纱高屋，或有乌纱长耳。后周之时，咸著突骑帽，如今胡帽，垂裙覆带，盖索发之遗象也。又文帝项有瘤疾，不欲人见，每常着焉。相魏之时，著而谒帝，故后周一代，将为雅服，小朝公宴，咸许戴之。开皇初，高祖常着乌纱帽，自朝贵巳下，至于冗吏，通着入朝。今复制白纱高屋帽，其服，练裙襦，乌皮履，宴接宾客则服之。"

② 关于这些配饰，见《隋书》卷12，第273—274页；《旧唐书》卷44，第1944—1945页。关于对这些配饰的说明，见周锡保，1984，第44页。

③ 《隋书》卷12，第271、273—274页。

关于冠的奏折中,对锦绶、鞶囊、玉佩如何使用都做出了规定,并获炀帝首肯。很显然,炀帝朝这些配饰再度盛行起来。① 换言之,随着进贤冠配饰的回归,繁复的设计取代了简朴的风格。

文帝时期,御史戴所谓"却非冠",这与门吏所戴之冠相同。炀帝用古老的、设计复杂的獬豸冠替代了它。② 根据品秩,御史所用的獬豸冠分别以金、犀、羚羊角作为装饰。③

炀帝朝,关于皇太子冬正大朝时所戴冠的样式引发争论。晋朝以来的传统要求太子在冬正大朝时着远游冠,并配以相应的服饰。而南朝刘宋时期,改为服衮冕。萧梁建文帝改回到远游冠,而这也为陈朝所沿用。与此同时,北朝一直沿袭服衮冕的传统。隋文帝遵从晋朝、梁朝传统,令太子着远游冠。炀帝统治时期,礼学家牛弘建议太子改服北朝传统的衮冕,经过一番讨论,终未被炀帝采纳。按照文献记载,主要原因是衮冕跟皇帝衣冠过于相近,"衮冕之服,章玉虽差,一日而观,颇欲相类。臣子之道,义无上逼",因此未被采用。④ 况且,文帝时太子所用远游冠的样式受到南朝梁陈的影响,而炀帝对南朝的文化一往情深,故可能对继续使用远游冠并不介意。

炀帝的衣冠制度改革,虽然说不上惊天动地,但仍能验证炀帝追求奢华的倾向。据史书记载,607 年元旦盛大庆典上,炀帝向百官和外族首领炫耀各种礼制器物。东突厥启民可汗及其使

---

① 《隋书》卷 12,第 271 页。

② 獬豸是一种中国古代神话传说中的独角神兽,类似麒麟,是勇猛、公正的象征。

③ 《隋书》卷 12,第 271—272、258 页。除了御史,还有司隶也戴却非冠。关于汉代的却非冠和獬豸冠,见《后汉书》附《续汉书》卷 30,第 3667、3669 页。

④ 《隋书》卷 12,第 268—269 页。

者看罢,大为震撼,请求继承冠冕,但被炀帝拒绝。然而炀帝对这些器物陈列所造成的巨大影响却甚感欣悦,他说:

> 昔汉制初成,方知天子之贵。今衣冠大备,足致单于解辫。

随后,炀帝对于议定冠冕改革有功的牛弘、宇文恺、虞世基、何稠、阎毗等大加赏赐。①

法律制度

文帝和炀帝都对中古时期的法律制度进行了实质性的改革,在理论和实践上均产生了较大影响。炀帝尤其对法律制度表现出比礼制更大的兴趣,相比之下,他在礼制方面既未做出重要改革,又未积极地参与实践。要了解炀帝在法制方面的贡献,必须将其置于隋朝法律体系变革的框架之中。②

文帝

581年隋朝建立,文帝便任命一批高官和法制、礼制学者对法律体系进行改革。新的法典以律和令为主,此外还有格和式

---

① 《隋书》卷12,第279页;《资治通鉴》卷280,第5627页。关于启民可汗与炀帝的关系,见本书第10章。
② 关于隋朝法律,最重要的文献资料是《隋书》卷25(第695—718页)的《刑法志》。关于它的价值和局限性,见Balazs,1954,第1—6页。Balazs将其翻译成法语,并做了详尽注释,见前书第28—184页。

第七章　教育、礼制、法律制度

(对于后二者我们知之甚少)。关于隋令,目前仅见文帝时期颁行的三十卷《开皇令》,内容包括官品、宫卫、衣服、仪制、田、赋役、狱官、丧葬等。①

相比之下,我们对隋律的了解较多,它基本上是刑律。文帝初期的律规定以五刑作为对罪犯的惩处:

1. 两种死刑:斩和绞;
2. 三种流刑:流一千里、一千五百里、两千里;
3. 五种徒刑:一年、一年半、两年、两年半、三年;
4. 五种杖刑:从五十杖②到一百杖;
5. 五种笞刑:从十至五十。③

刑徒有时会因大赦而免除刑罚。但是,根据北齐的传统,"十恶",即十种不可饶恕的重罪,不在赦免的范围内:

1. 谋反
2. 谋大逆
3. 谋叛
4. 恶逆
5. 不道
6. 大不敬
7. 不孝
8. 不睦

---

① 《唐六典》卷 6,第 184—185 页。关于隋令,见高明士,1991,第 379 页。关于"格"和"式",见 Xiong,1997,第 118 页;石田勇作,1988,第 225、228—229 页。

② 此处"五十"恐为抄写错误,应为"六十"。见《唐六典》卷 6,第 185 页,"杖刑"。

③ 关于这些刑罚,见《隋书》卷 25,第 710—711 页;Balazs,1954,第 210—211 页。

9. 不义

10. 内乱①

文帝时期，一些残忍的刑罚——如枭首、**轘裂**（车裂）、鞭刑——被废除，一些较重的刑罚亦被减轻。为了避免实施暴行、滥用权力，文帝建立起了一种从底层到朝廷的申诉系统。在大兴城宫城南门外设置登闻鼓，以便于申冤者击鼓鸣冤。②

虽然隋初已做出减轻刑罚的努力，但隋律依然相当严酷。为了完善程序、彰显仁慈，583年，文帝命令苏威、牛弘等官员一起修订新律。新修成的《开皇律》在中国古代法制史上有着里程碑的意义，它也是唐初编纂的、堪称经典的《唐律》的蓝本。与其他国家制度一样，文帝力图建立起一个法律新系统，以使隋朝与北周相区别。中国古代法典编纂历史悠久，最早可追溯至战国时期。尽管有丰厚的历史资源可以取法，但《开皇律》主要得益于北周东边邻国北齐的法律系统。③

《开皇律》删除死刑81条，流刑154条，徒、杖刑1 000余条。《开皇律》仅有500条，共12篇：

1. 名例

2. 卫禁

3. 职制

---

① 《隋书》卷25，第711页。又见Johnson，1979，第17页。比较Balazs，1954，第75页。

② 《隋书》卷25，第710—711页。关于登闻鼓制度，见《隋书》卷25，第712页；Balazs，1954，第169页；Xiong，2000，第59页。

③ 陈寅恪，1977，第100—115页；程树德，1963，第425—426页；Balazs，1954，第207—208页；石田勇作，1988，第220—224页；高明士，1991，第385页。Wright(1978，第116页)强调了南朝的影响，尤其是梁朝的影响，但未说明资料来源。

第七章　教育、礼制、法律制度

4. 户婚
5. 厩库
6. 擅兴
7. 贼盗
8. 斗讼
9. 诈伪
10. 杂律
11. 捕亡
12. 断狱①

尽管《开皇律》被称赞为"刑网简要，疏而不失"，②但文帝喜好自行其是。他时常在殿庭用杖打人。有一次文帝嫌施杖者用力不够，便将其处死。据文献记载，文帝用杖比一般的杖要粗，"杖大如指，棰楚人三十者，比常杖数百"，受刑者多因此致死。③由于合川仓（在今甘肃迭部县以西）被查出少了七千石粟，文帝加重了对盗粮者的处罚，凡盗边粮一升以上者皆处死，其家口全部没官。很明显，文帝担心违法官员被轻判，故不肯依照法律程序来处理案子。执法者常常以此为凭，无视法律程序而处死犯人。面对不断增加的犯罪案件，文帝下令"盗一钱已上皆弃市"；后来将这条规定用于官员："行署取一钱已上，闻见不告言者，坐至死"；此外还有"四人共盗一榱桷（椽子），三人同窃一瓜，事发

---

① 见 Johnson,1979、1997；Balazs,1954,第 79 页。
② 关于《开皇律》及其修订，见《隋书》卷 25,第 712 页；Balazs,1954,第 73—89 页。
③ 《隋书》卷 25,第 713—714 页；《资治通鉴》卷 177,第 5528—5529 页；Balazs,1954,第 81—83 页。

隋炀帝：生平、时代与遗产

即时行决"①的严苛规定。盗一钱弃市的法律其后激起民愤，文帝方不得已而废之。②

文帝对平民和官员实行轻罪重罚，无非是想以严苛手段对广大臣民起到震慑作用，与此同时，他对自己煞费苦心帮助建立起的新法律体系却置若罔闻。

炀帝

炀帝敏锐地察觉到文帝之禁网烦苛，故登基伊始便着手修改法律，正如他所言："虚己为政，思遵旧典，推心待物，每从宽政。"③

炀帝的《大业律》颁布于607年四月。④ 现存的史书仅仅记载牛弘和刘炫为法典编纂者。但几乎可以肯定，一些职位较低的官员亦参加了编纂。很有可能，由于没有杨素、高颎等权臣的参与，炀帝能放手对隋律大加改动，这亦可能是《大业律》显著区别于《开皇律》的原因之一。⑤《大业律》共500条，有18篇（而不是《开皇律》的12篇）：

1. 名例
2. 卫宫

---

① 《隋书》（卷25，第714页）"樏桶"作"樏桶"，今按《通典》（卷170，第4424页）改。

② 《隋书》卷25，第710—716页；Balazs，1954，第85页。Wright（1979，第103—106页）对隋文帝时期律令做过简要的概括。

③ 《隋书》卷25，第716页。

④ 高明士，1991，第368—369页。

⑤ 关于《大业律》，见高明士，1991，第368—369页。比较 Wright，1979，第106页。

3. 违制

4. 请求①

5. 户

6. 婚

7. 擅兴

8. 告劾

9. 贼

10. 盗

11. 斗

12. 捕亡

13. 仓库

14. 厩牧

15. 关市

16. 杂

17. 诈伪

18. 断狱②

这18篇中，有4篇——违制、请求、告劾以及关市是新增的。剩余的部分或是与《开皇律》中所对应的篇章完全相同，或自相关章节衍生而来。从其篇目内容来看，《大业律》更像是以《[北]魏律》为基础，而《开皇律》无疑更多地承续了较晚的北齐传统。这显然是对《开皇律》的背离。③ 据前所述，《大业律》同《开皇律》的另一显著不同与"十恶"有关。根据《隋书》记载，在

---

① 关于"请求"的法律解释，见《唐律疏议》卷11，第217页；Johnson，1997，第106页。

② 《隋书》卷25，第716—717页；Balazs，1954，第91—92页。

③ 关于《大业律》的渊源，见石田勇作，1988，第225—228页；高明士，1991，第373—374页。

隋炀帝：生平、时代与遗产

《大业律》中,十恶被删除,但按照《唐律疏议》,《大业律》保留了十恶中的八恶。八恶的内容大概遵循北周的惯例散见于不同篇目之中。① 日本的《养老律》有称作"八虐"的部分,显然是以八恶为根据。② "八虐"与十恶略同,唯缺"不睦"和"内乱"两条。一些学者推测,不睦和内乱即炀帝所删除的十恶中的两条,不无道理。③《唐律疏议》对不睦的解释为"谋杀及卖缌麻以上亲(指五服以内)"。炀帝曾弑父杀兄,这是对家庭内部直系亲属的犯罪,与不睦罪相类,但却更接近恶逆之罪。"恶逆"在《开皇律》中亦为十恶之一,其内容包括"殴及谋杀祖父母、父母,杀伯叔父母、姑、兄姐,等等。外祖父母、夫、夫之祖父母、父母"。④ 炀帝可能对"不睦"和"恶逆"并存于法律之中感到不快。但其最终删除"不睦"保留了"恶逆"的决定颇令人费解。或许是因为惩处恶逆之罪是基于最根本的儒家信条——孝顺父母和敬拜祖先,而这也是炀帝所认同的。

至于删除十恶中的"内乱"罪,如果确有其事的话,只能有一种合理的解释,即这个罪名会让人联想起炀帝曾与其父文帝的两名妃子有乱伦关系。《唐律》对"内乱"的解释是,"谓奸小功以上亲、父祖妾及与和者"。《唐律》的注疏进一步阐明内乱包括与父辈之妾发生性关系。⑤ 炀帝自身犯有乱伦罪,当然不希望让内乱继续留在十恶之中。

---

① 《隋书》卷25,第716—717页;《唐律疏议》卷1,第6页;程树德,1963,第444页。

② 布目潮渢,1980,第90—93页。

③ 高明士(1997,第105—107页)谈及此观点。

④ 《唐律疏议》卷1,第8页;Johnson,1979,第65—66页。

⑤ 关于不睦之罪,见《唐律疏议》卷1,第14页;Johnson,1979,第78页。关于内乱,见《唐律疏议》卷1,第16页;Johnson,1979,第82页。

第七章 教育、礼制、法律制度

不管炀帝的动机如何，上述删改与新律的主旨相吻合：减轻刑罚。如《隋书·刑法志》所载："其五刑之内降从轻典者，二百余条；其枷杖决罚讯囚之制，并轻于旧。"①当时臣民厌倦于文帝的严刑酷法，无不乐见炀帝更为仁慈的措施。然而没过多久，本应受新律维护的社会秩序却陷入巨大危机之中。《隋书》道出了引发危机的外部和内部原因。对外，炀帝征伐四夷；对内，穷凶极奢，结果赋税和徭役一年比一年沉重。官府为了完成摊派的任务，陷贫民百姓于绝望，导致他们窜入山林，结伙为盗。对此，炀帝不断加大惩罚力度。任何犯偷盗、抢劫或其他更重的罪行者，一旦被抓获，即可不经司法程序直接处死。随着各地叛乱四起，炀帝采取了更加严厉的手段，非但叛乱者会被处置，其家族也会受到牵连。613 年杨玄感谋反，炀帝甚至诛灭其九族。在一些极端案例中，某些古老的酷刑，如枭首示众、**轘裂**等被启用以震慑他人。然而一直到炀帝末期，局面毫无改观。②

炀帝在教育、礼制、法律方面的改革在不同程度上影响了隋朝以及后世。在教育方面，炀帝改革最显著的成果是复兴了儒学教育，恢复了被文帝破坏的学校教育系统，更为重要的是，将进士科纳入了考试系统。唐朝继承了隋朝的科举考试，使其发展成一套完善的人才选拔制度，而这一制度一直到清末仍在中国教育体系中占主导地位。

炀帝对礼制的改革侧重形式而非内容，将注意力过分集中在繁复、昂贵的典礼装备、道具（诸如舆辇、衣冠等）及其陈列上。

---

① 《隋书》卷 25，第 717 页。
② 《隋书》卷 25，第 716—717 页；《通典》卷 164，第 4233 页。关于《大业律》，见 Balazs，1954，第 89—93 页。

隋炀帝：生平、时代与遗产

偶尔他亦会考虑到实用性问题，比如某些冠帽的设计。但总而言之，炀帝并没有对现存礼制做出重大改革，而对文帝时制定的国家祭礼，除宗庙祭祀外，亦多所因循。

然而，在参加礼仪活动时，炀帝竟然无视传统上对时间、地点以及遵循特定仪轨的要求。据现存史料，炀帝对文帝宗庙祭祀的态度变化反复，对恒山和华山祭祀敷衍了事，省略净化自身的斋礼，在洛阳建立用于宗庙祭祀的文帝衣冠庙以图方便——凡此种种都可看出炀帝对国家祭礼兴趣寥寥。相反，他接连不断地对官僚机构进行改革，乐此不疲地实施规模宏大的宫殿和公共工程项目，竭尽全力地实现其东亚霸权的宏伟蓝图，孜孜不倦地追求长生不老。

炀帝按照仁政的理想，对法律做了较大的改革，这集中体现在《大业律》中。《大业律》相比《开皇律》更加理性，体现出一种明显的进步。然而，好景不长，炀帝越来越无视法律中的仁厚精神。为了防止社会秩序的分崩离析，炀帝对百姓施以愈来愈严酷的刑罚。隋朝败亡后，唐朝刻意回避了《大业律》而直接从《开皇律》中寻找灵感和法律依据。尽管《大业律》比《开皇律》更为宽厚、公平、理性，但是炀帝的暴政以及隋朝的覆亡严重毁坏了《大业律》的声誉。《开皇律》融入了《唐律》之中而得以再生，而《大业律》却在历史的尘埃中销声匿迹。①

---

① 《大业律》见于《旧唐书·经籍志》（卷46，第2010页）和《新唐书·艺文志》（卷58，第1494页），但未见于《宋史·艺文志》（卷204，第5137页）。

第八章 宗教

在隋朝,儒、释、道统称三教,是三种互相争锋、互相补充的思想体系。隋代学者李士谦谈及三教时说,"佛,日也;道,月也;儒,五星也",①他道出了一种当时流行的观点。通过三教与日月星辰(也就是通常所称的"七曜")的比照,②他将佛教放在首位,其次是道教、再次是儒教。尽管位于三教之末,儒教在社会生活中扮演了非常重要的宗教性角色,尤其是在祭祖、祭天等祭祀活动中。但因为既缺乏神职人员又无教会组织,儒教本质上还是一种道德传统。③ 而隋朝朝廷实施的与儒教相关的政策,也主要集中在世俗层面。④ 因此,尽管儒教作为思想体系可与佛教和道教一争高下,但毋庸置疑,它远非隋朝时期的重要宗教

---

① 《佛祖统纪》卷39,第360a页;《隋书》卷76,第1754页。比较Jan Yün-hua(冉云华),1966,第13页。

② 关于七曜,参见《隋书》卷20,第554—560页。

③ 儒教亦被认为是一种"弥漫型宗教(diffused religion)",因为它渗透于世俗的机构中,实际上不具有独立的存在。见C.K.Yang(杨庆堃),1970,第294—295页;C.K.Yang,1957,第281—282页。"弥漫型宗教"这一概念虽被广泛接受,但仍有人对之持怀疑态度。

④ 山崎宏,1967,第18—23页。

力量。

本章主要讨论三教中的佛教和道教。隋朝的佛教和道教是相当成熟的制度化宗教,有自己独特的理论体系、宗教仪轨、僧侣或道士、宗教组织。对二者而言,隋朝是一个承上启下的关键转型时期。

道教

根据零碎的现存史料记载,文帝在执政时期一直是道教的强有力支持者,虽然他对某些道士言词轻蔑,但他对道教一直保有敬意。倘若没有皇室的支持,道教很难从北周时期的迫害中迅速复苏。

在文帝执政初期,三名道士——张宾、焦子顺、董子华——因曾准确预言文帝"当为天子"而得到奖掖。文帝甚至征召著名的道士名医孙思邈为国子博士,但被孙思邈拒绝。文帝以"开皇"为其首个年号绝非偶然:"开皇"本是道教最高神祇"天尊"的年号。①

---

① 关于文帝对道士的蔑视,参见《隋书》卷35,第1094页。关于上述三名道士,参见《隋书》卷78,第1774页。关于孙思邈,参见《云笈七签》卷113下,第782b页。在隋唐时期的道教文献中,开皇是指道教四开劫中的第四劫。见《道教义枢·序》,第803a—b页;山崎宏,1967,第25页;《隋书》卷35《经籍志四》(第1091页):"道经者……所以说天地沦坏,劫数终尽,略与佛经同。以为天尊之体,常存不灭。每至天地初开,或在玉京之上,或在穷桑之野,授以秘道,谓之开劫度人。然其开劫,非一度矣,故有延康、赤明、龙汉、开皇,是其年号。"

第八章 宗教

当忠于北周的王谦在蜀地发动叛乱,①文帝平乱受阻,有不少士兵丧命或病倒,据说是由于瘴疠之气在作祟。文帝向道士寻求帮助,并在皇宫内殿设黄箓道场以行黄箓——一种重要的道教洁斋仪式。② 设坛祈祷三日三夜后,文帝梦到神人降临。神人取禁水于坛上,面向西南含水而喷,并向文帝说:"雨至即愈,无烦圣虑也,子日进军,必当克蜀。"此预言很快应验了。王谦及其追随者果真在子日被剿灭。③ 这条文献明确表明文帝对道教的信仰,尽管当时事实上的国教是佛教。在公元600年的一道诏令中,文帝宣称:"佛法深妙,道教虚融,咸降大慈,济度群品,凡在含识,皆蒙覆护。"④对于文帝而言,道教与佛教并不冲突,反倒可以互补。

文帝对道教的高度尊重还体现在他对破坏道教圣像的严厉惩处和对道观建筑的倾力资助上。文帝规定,普通人盗窃毁损天尊像以"不道"论,道士毁坏天尊像则以"恶逆"论处。两项均属十恶不赦之罪。与此同时,他还授命大肆兴建道观。根据晚唐道士杜光庭(850—930)的记述,文帝在大兴城内外共修建了36所被称为玄坛的道观。⑤

因文帝道教保护政策而受惠良多的是楼观道,其道观位于西安西南60公里的终南山,而其所供奉的始祖为东周关令尹喜。据说尹喜获《道德经》于老子后,便于此处建楼观,以观星望

---

① 关于王谦,参见《隋书》卷1,第4页。
② 关于道场,参见Benn,2000,第319—320页。
③ 关于对这场叛乱的镇压,参见《云笈七签》卷120,第833b—c页。
④ 诏令见《隋书》卷2,第45页。
⑤ 关于对破坏道教圣像的处罚,参见《隋书》卷2,第46页。关于炀帝所建的道观,见Xiong,2000,第243—244页。关于杜光庭的记述,参见《历代崇道记》,第1c页。

隋炀帝：生平、时代与遗产

气,这便是楼观道得名的由来。数百年后,仙人尹轨(相传为尹喜之弟)到访楼观,并向道士梁谌(三世纪晚期至四世纪早期)传授道教仪轨和经文。梁谌被尊为楼观道一祖,实际上更有可能是楼观道的真正创始人。楼观道在其后两三百年间日益发展壮大。①

北朝时期,最有影响力的楼观道大师是扶风人王延(520年出生)。在西魏时期,他于537年,18岁(周岁17)时,来到楼观。北周武帝于574年发起毁佛断道运动之后不久,在长安兴建了通道观。尽管通道观集结了佛、道两教颇有名望的学者,但显而易见其重点在道教,而功能上更像是国家级道观,其道士多来自楼观。② 楼观道士王延受诏主持整理校雠三洞经书,并作《三洞珠囊》七卷,收录了"凡经传疏论八千三十卷"。这标志着道教在北周已开始复兴。(见表8.1)

隋朝建立后,文帝于583年在汉长安故城的东南建新都大兴城,并在其中设两大宗教机构——大兴善寺和玄都观——分别作为国家佛、道中心。就玄都观而言,法器以及道士皆是文帝从通道观引入,包括著名的楼观道士王延。在文帝的任命下,王延成为玄都观的观主。586年,文帝以宝车迎请王延至皇宫大兴殿,沐浴斋戒,恭受智慧大戒。文帝受戒实际上是一种出家仪式,与若干年后炀帝受智𫖮大师的菩萨戒异曲同工。文帝此举实际上亦将王延提升至全国宗教领袖地位。据记载,"(其时)丹

---

① 关于梁谌,参见《真仙碑记》,第543—545页。关于楼观道,参见陈国符,1963,第261—263页;Kohn,2000,第285—287页;Kohn,1997,第83—140页。山崎宏(1967,第26—28页)使用玄都观来指代隋朝时期占主导地位的北方教派。但是,玄都观的道士全部来自通道观,而通道观则以楼观道士为主。

② 砂山稔,1990,第136页。

凤来仪,飞止坛殿","苏威、杨素皆北面执弟子之礼"。文帝随即要求王延制定"道门威仪"之制,以为后世规则。

表 8.1　楼观道宗师(至初唐)

A	B	C	D	E	F
郑法师（魏晋）					
梁谌（247-318）*					
王嘉（300-368?）					
孙彻（302-376）					
马俭（341-439）					
尹通（389-499）					
牛文侯（455-539）					
王道义（447-510）					
陈宝炽（473-549）	陆景				
侯楷（487-573）	李顺兴（502-540）	王延（520-604）**		赵静通 韦节（496-569）	尹起 张法乐（?-554）
严达（514-609）			焦旷		张通
于章（532-614）	苏道标 歧晖（559-630）	游法师 巨国珍（574-634）		田仕文（568-643） 尹文操（622-688）	

注：＊任继愈:"梁谌"作"梁堪"。

　　＊＊据《云笈七签》卷85,第602—603页。任继愈:520作519。

资料来源:任继愈,1990,第230页;砂山稔,1990,第181页。

楼观在王延离世后仍持续兴盛。隋朝初期,道士严达重修观宇,其受度道士最多达120人。总之,在文帝时期,楼观道在皇家

隋炀帝：生平、时代与遗产

内外都享有盛誉。①

与文帝相同，炀帝从未动摇过对道教的支持。他在东都洛阳及周边地区修建了24座道观，度道士110人。炀帝在洛阳宫中建有玉清、通真二玄坛。它们与慧日、法云二佛寺，构成了炀帝的"四道场"。② 炀帝在宗教问题上的旨趣与文帝有所不同。炀帝在洛阳竭力搜集整理道教经典并进行编目，而文帝对此毫无兴趣。③ 就现存史料而言，炀帝从未像其父文帝那样贬低过道士。

炀帝对道教传统的支持可溯源于他作为皇子坐镇江都之时。这一点可以从他写给著名道教隐士徐则（其时隐居于浙东天台山）的书信中可以看出：

> 夫道得众妙，法体自然，包涵二仪，混成万物，人能弘道，道不虚行。先生履德养空，宗玄齐物，深明义味，晓达法门。悦性冲玄，怡神虚白，餐松饵术，栖息烟霞。望赤城（天台山山名）而待风云，游玉堂而驾龙凤，虽复藏名台岳（天台山），犹且腾实江淮，藉甚嘉猷，有劳寤寐。钦承素道，久积虚襟，侧席幽人，梦想岩穴。霜风已冷，海气将寒，偃息茂林，道

---

① 关于王延，参见《云笈七签》卷85，第602—603页；Kohn，2000，第287页。关于玄都观，参见 Xiong，2000，第250页。关于楼观的声名，参见陈国符，1963，第261—263页。

② 炀帝在任晋王期间，已在江都（扬州）建四道场（慧日、法云二佛寺，玉清、金洞二道观）；洛阳四道场与之略同。关于炀帝修建的道观，参见《历代崇道记》卷1，第1—2页。关于四道场，参见山崎宏，1952；《大业杂记》（辛校），第8页。

③ 关于道教经典的编目，参见《隋书》卷32，第908页。

第八章 宗教

体休念。昔商山四皓,轻举汉庭,淮南八公,来仪蒲邸。①

古今虽异,山谷不殊,市朝之隐,前贤已说,导凡述圣,非先生而谁! 故遣使人往彼延请,想无劳束带,贲然来思,不待蒲轮,去彼空谷。希能屈已,伫望披云。

炀帝在这封信中显露了他对于道教基本概念(如道、空、齐物、腾云驾雾、餐松饵术),以及道教典故(如四皓和八公)相当熟稔。徐则见信后便启身前往扬州(江都)。炀帝请求向徐则学习道法,但徐则于当晚亡故。炀帝哀痛不已,派人将其遗体送至天台山安葬。②

不同于文帝对楼观的偏爱,炀帝对上清派(或称茅山宗)钟情有加。③ 这一源于江南的教派日渐强大,其影响波及北方。上清派道士焦旷在寄居华山期间,与王延有师徒关系。④ 宝贵的学习经历使王延得以掌握"三洞玄奥,真经玉书",并为日后校订三洞经书奠定了基础。⑤

上清派对道教的影响还体现在宇宙观上。在隋朝,元始天尊被普遍认为是万物始原、宇宙主宰,"常存不灭",在众神仙之上,

---

① 四皓是四个忠于秦朝的隐士,但之后放弃了不事汉朝的誓言。参见《史记》卷55,第2045页。八公是指八位仙人,西汉初年他们因为满面皱纹,形神枯槁而未能得见淮南王刘安。最后,当他们恢复了年轻容貌时,刘安才接见了他们。见《录异记》卷1,第857b—c页。
② 《隋书》卷77,第1758—1759页;《北史》卷88,第2915—2916页。
③ 称这一教派为上清更为恰当。参见 Robinet,2000,第197页。
④ 因为他与华山的关系,焦旷也被视为楼观道大师。
⑤ 《云笈七签》卷85,第602b—c页。关于焦旷,参见《仙苑编珠》下,第39c—40a页。关于上清派或茅山宗的早期历史,参见 Robinet,1997,第114—124页;Robinet,2000,第196—200页。

隋炀帝：生平、时代与遗产

他所传度的道教天神包括太上老君(老子)。这一主张明显是受到上清派的影响,因为上清派奉元始天尊为最高神圣。而较早时的传统则认为太上老君是道教的至高之神。① 从授箓的先后次序也可以看出上清派的主导地位:上清箓属最高的一等。②

炀帝作为晋王驻守江南时已开始与上清派有密切接触。他曾召上清派大师王远知(据说师从陶弘景)前来觐见。③ 当目睹王远知须发瞬间变白时,炀帝大惊失色,将其遣回。炀帝即位后曾于临朔宫召见王远知,"亲执弟子之礼,敕都城起玉清玄坛以处之"。炀帝甘愿作王远知名义上的弟子,显示他对这位著名的上清派道士的高度尊崇。炀帝执政晚期,执意要移居江南,任何人试图劝阻都不免横遭杀戮,王远知则是少有的几个劝谏炀帝而能毫发未损的人之一。炀帝对王远知的特殊待遇,不禁让人想起文帝对北方楼观道士王延的尊崇。另一位受到同样礼遇的是江南天台宗高僧智𫖮。由此看来,至少从象征意义上看,炀帝对同属南方的道教上清派和佛教天台宗的尊崇是等量齐观。④

当王远知返回茅山时,其得意门生潘师正随同而去。后遵王远知之嘱,潘师正返回北方,住在嵩山。潘师正长居北方无疑

---

① 卿锡泰,1996,卷2,第28—29页。关于元始天尊的起源,参见Yamada Toshiaki(山田利明),2000,第244页。

② 《隋书》卷35,第1092页。原文为:"初受《五千文箓》,次受《三洞箓》,次受《洞玄箓》,次受《上清箓》。"受箓的次第也反映出以上清为最高。见卿锡泰,1996,卷2,第30页。

③ 尽管陶弘景的去世时间(536年)和王远知的去世时间(635年)间隔99年,但陶弘景与王远知相识,可以用后者的长寿来解释。王远知活到126岁(125周岁)。参见《茅山志》卷5,第600c—601a页。

④ 《旧唐书》卷192,第5125页;《云笈七签》卷5,第29a—b页;《历世真仙体道通鉴》卷25,第244b页;《太平广记》卷23,第153页。

第八章 宗教

促进了上清派的传播。潘师正的弟子司马承祯,亦居住北方多年,成为初唐时期上清派的领导者。① (见表8.2)

表8.2 上清宗师(从第九代至唐)

A	B
9	陶弘景(456—536)
10	王远知(510—635)
11	潘师正(585—682)
12	司马承祯(647—735)
13	李含光(683—769)
14	韦景昭(694—785)
15	黄洞元(697—791)
16	孙智清(活跃期:832—833)
17	吴法通(825—?)
18	刘得常
19	王栖霞(882—943)

注:A栏为《茅山志》中宗师的序列,B栏为宗师名。
资料来源:《茅山志》卷10—11,第600—603页。

炀帝之所以如此推崇王远知,一个重要原因是其精通辟谷、餐松饵术等道家长生术。这亦显示出炀帝对道教神秘主义的浓厚兴趣。他对建安道士宋玉泉和会稽道士孔道茂也很器重,两人都精通于道教长生术。炀帝命令神秘学术士兼道士薛颐进入内道场,"亟令章醮",以借助此方与神灵相交感。炀帝还深信道

---

① 《历世真仙体道通鉴》卷25,第245b—c、246b—c页。关于潘师正,参见Kohn and Kirkland,2000,第342页。关于司马承祯,参见Kohn and Kirkland,2000,第346—347页。

隋炀帝：生平、时代与遗产

教的一种称作"尸解"的神秘术，它可使人死而复生或成仙。当玄都观主王延羽化成仙而去时，大为惊叹的炀帝"赐物百段、钱二十万，设三千人斋"。其遗骸归葬于西岳的当天，王延尸解而去，墓中仅留空棺。洞庭山道士周隐遥则以尸解之术死而复生三次，年近八十却仍保有三十多岁的容貌。炀帝将其征召至东都，赏赐丰厚，并安置于内殿。①

东都洛阳洛水以南有一个特殊的住宅区，称作"道术坊"。据《元河南志》，"隋炀帝多忌恶，五行、占候、卜筮、医药者皆追集东都，置此坊，遣使检察，不许出入"。这里因此聚居着形形色色的方术之士。他们或是道士，或佛道兼修，或者并无一定宗教信仰。炀帝喜爱的、位于宫内的慧日寺则为一群艺僧（亦称道艺）提供住所。②

炀帝不仅把方士们聚居在一起，还让他们为自己服务。例如，有一次炀帝的元德太子杨昭罹患重病，炀帝命"见鬼人"崔善影为之看祟。另一次，炀帝听望气者说"西北乾门有天子气连太原，甚盛"，于是决定在楼烦郡（今静乐，在山西北部）置汾阳宫（今宁武西南，在山西北部）以抵消这一不祥之兆。为了加强效果，他还多次行幸汾阳宫。③

---

① 关于宋玉泉和孔道茂，参见《隋书》卷77，第1760页；《北史》卷88，第2916页。关于薛颐，参见《旧唐书》卷191，第5089页。关于醮礼，参见 Schafer（薛爱华），1980，第42—43页；Xiong, 1996，第293—295页。关于王延，参见《云笈七签》卷85，第602c—603a页。关于周隐遥，参见《太平广记》卷6，第42页。

② 关于道士，参见《隋书》卷35，第1094页。关于道术，参见《元河南志》卷1，第6a页；《唐两京城坊考》卷5，第152页。关于慧日寺，参见《续高僧传》卷25，第652a、652c—653a页。山崎宏，1967，第108页。

③ 关于崔善影，参见《太平广记》卷120，第847—848页；《隋书》卷59，第1436页。关于天子之气，参见《大唐创业起居注》卷1，第5页；《太平广记》卷135，第970页。关于汾阳宫，参见本书第五章。

第八章 宗教

　　炀帝与嵩山道士潘诞的交往则更凸显了炀帝对道教长生不死的热切追求。炀帝不但耗资巨万修筑嵩阳观作为潘诞的道场，配童男童女各120人供潘诞驱使，还授予他三品官衔。作为回报，潘诞答应炼制长生不老的金丹。但是六年过去了，潘诞一无所成。当潘诞要求用童男童女的胆、髓来炼制丹药时，炀帝勃然大怒，将潘诞枷锁扣身，押往涿郡斩首。① 很显然，为了长生不老，炀帝在潘诞以及他的炼丹项目上耗资无数。

　　尽管炀帝对上清派推崇备至，对道教异常尊重，对道教中超自然力量非常迷恋，但当他计划对宗教严加管控时，道教亦未被免除。根据《广弘明集》的记载，炀帝于各道观设置监、丞各一人，并于607年、609年下令，要求道士向皇帝跪拜。称为"黄巾士女"的男女道士，出于畏惧，竟连拜不止。② 不过，由于缺乏其他文献的佐证，我们无从得知道士对于炀帝命令的真实反应。鉴于始终坚持不向皇帝跪拜的是佛僧而不是道士，可能对于道士来说炀帝的命令不是那么难以接受。

　　炀帝对道教徒所采取的某些限制性措施，并没有最终破坏他与道教的关系。总言之，在执政期间，炀帝与道教保持了和谐的关系。

---

　　① 《资治通鉴》卷181，第5658—5659页。袁刚（2001，第386页）怀疑这一记载含有虚构的成分。笔者认为这一记录虽不见于正史，但它可能来自一份非虚构的道教文献。

　　② 关于道观监丞，参见《隋书》卷28，第802—803页。关于佛教徒的记载，参见《广弘明集》卷25，第281a页。

隋炀帝：生平、时代与遗产

佛教

　　隋朝建国时，道教虽已成长为一个强大而成熟的、有组织的宗教，对朝廷有巨大影响力，然而当时真正遍布天下的宗教却是其竞争对手——佛教。社会各阶层的人士都被其所吸引。大量的佛教寺院拔地而起，佛教塑像、绘画、壁画占据了宗教像行业的绝对优势地位。众多佛学著作纷纷问世，无数善男信女抛家舍业，遁入空门。当然，隋朝之前，佛教也经历了一段艰辛历程。发生在隋朝之前的诸多不幸事件考验了文帝对佛教的信仰，也使他注定要成为中国佛教发展史上举足轻重的人物。①

　　尽管六朝时期佛教不断在南北方传播、普及，但是反佛的暗流也不时涌动。南朝萧梁的范缜极力抨击大乘佛教关于灵魂不灭、轮回转世、因果报应的学说。同代人荀济甚至将刘宋、萧齐短命而亡归罪于其笃信佛教。② 不过，对于佛教的传播而言，最大的威胁却来自北方。第一个国家层面的毁佛运动发生于公元五世纪中叶，即北魏太武帝拓跋焘时期（423—452 在位）。一个多世纪后的 574 年，当时炀帝年尚幼小，北方又爆发了第二次毁佛运动。北周武帝宇文邕（560—578 在位）在还俗僧人卫元嵩和道士张宾的唆使下，采取了一系列抑佛措施，销毁了大量的佛

---

① 以下论述部分采用 Xiong，2002。
② 汤用彤，1955，第 470—472、480—482 页。

第八章 宗教

经和佛像。①

原本武帝只打算罢黜佛教,但是道士张宾在与高僧辩论中未能提出充分理由。大概是为了显示自己不偏不倚,武帝将道教亦当作罢黜对象。这一运动对佛教的打击是毁灭性的:

> 初断佛道两教,沙门、道士并令还俗,三宝福财散给臣下,寺观塔庙赐给王公。②

起初,由于北周领土面积较小,尽管毁佛运动手段严厉,但是影响范围相对有限。武帝征服北齐后,亦将反佛措施实施于黄河下游的大片领土,给佛教带来更多毁灭性打击。

然而,这些抑佛举措并未能阻挡北方佛教发展的长期趋势。578年武帝死后不久,这些打压性的政策开始瓦解。继任的宣帝(宇文赟,578—579在位)显示出对其父严苛管教方式的不满,他于579年放松了对佛道造像的禁令。580年六月,小皇帝静帝(579—581在位)登基伊始便批准恢复佛道两教。581年正月,以静帝名义颁布的一纸诏令云:"诏天下并复释道二教。复立佛、天尊像。丞相杨坚与陟岵寺智藏、灵干等再落发,度僧二百二十人。"杨坚作为俗人出现在落发典礼上无疑具有标志性意义,因为他是北方的实际统治者、未来的隋文帝。北周时期在静帝名下实行的恢复佛教的举措,毫无疑问是杨坚一手

---

① 关于太武帝,参见汤用彤,1955,第493—496页;Ch'en Kenneth(陈观胜),1964,第147—151页。关于周武帝,参见塚本善隆,1948、1949、1950;汤用彤,1955,第538—545页;Ch'en Kenneth,1964,第184—194页;Ch'en Kenneth,1954,第261—273页。

② 关于张宾,参见《佛祖统纪》卷38,第358c页。关于毁道运动,参见《广弘明集》卷8,第136b页。

隋炀帝：生平、时代与遗产

推动的。①

杨坚公开为佛教背书很可能是一个战略举措——他希望获得僧侣们的拥护。但真正的内在动因还应是他对佛教坚定的信仰。这不足为奇，因为杨坚从出生到童年生活都与佛教有着密切关系。一则佛教文献记录道：

> 初同州般若寺尼智仙通神，观言人吉凶，皆验。文帝始生于寺，尼谓太祖曰："此儿佛天所佑。"因呼为那罗延。太祖委仙视育，一日皇妣来抱，见儿成龙形，惊堕于地。尼失声曰："惊吾儿，致令晚得天下。"及长，密告之曰："像教将灭，一切鬼神皆西向，汝当大贵，佛法暂废，赖汝而兴。"及周武罢教，此尼竟隐帝家。②

这段记载的依据是隋王劭所著《文帝起居注》。作为著作郎，王劭的职责与编纂国史有关。除了通常附会于朝代创建者的有关龙的神话以外，这段记述当有可信之处。很明显杨坚父母均为虔诚佛教徒。杨坚的关键成长期受到名叫智仙的尼姑（他的养母）的照料，并且在宗教环境中度过，这对其日后人格和宗教信仰的形成有深刻影响。574 年毁佛运动开始后，智仙即受到杨坚的翼护。杨坚身居要职，此举一旦被发现，其仕途亦会因此断送。故此，唯一合理的解释就是杨坚对佛教的感恩之情

---

① 关于宣帝，参见塚本善隆，1949，第 5—7 页。关于静帝和他的诏书，参见《周史》卷 8，第 132 页；《佛祖统纪》卷 38，第 359a 页；《续高僧传》卷 2，第 436c 页。关于文帝，参见《周史》卷 8，第 131 页；塚本善隆，1949，第 16—31 页。

② 《佛祖统纪》卷 39，第 359b 页。关于那罗延，参见望月信亨，1954—1971，卷 4，第 4012a—4013a 页；参见 Soothill and Hodous，1937，第 248 页。

第八章 宗教

和坚定信仰。①

在其统治期间,文帝对佛教事业的坚定支持一如既往。起初,佛教团体面临的最普遍问题之一是前朝毁佛运动致使大量佛像被损毁。文帝责成地方官员搜集破损的佛像,将其运送至寺院以妥善处理。② 不满于对佛教的传统赞助方式,他特意扩大赞助范围。在有关诏书中,文帝曰:

> 诸法豁然,体无彼我。况于福业,乃有公私? 自今已后,凡是营建功德,普天之内,混同施造。随其意愿,勿生分别。庶一切法门,同归不二。十方世界,俱至菩提。③

文帝对佛寺的兴建提供不遗余力的资助,同时他还允诺对私人营建功德予以支持。

文帝赞助下兴修的诸佛寺中,大兴善寺特别值得深入讨论。作为隋朝唯一的国寺,大兴善寺之名取自于其所在坊的坊名。其布局与太庙相同,位置在大兴城南北中轴线的东侧,与太庙在同一侧。大兴善寺与太庙之间象征性的关联,不仅显示了文帝对佛教的深深敬意,也表达了他对在出生之际即赐福于他的佛

---

① 《隋书》卷 1,第 1 页;陈寅恪,1980,第 141 页;蓝吉富,1993,第 1—6 页。关于王劭,参见《集古今佛道论衡》卷乙,第 379a 页;《隋书》卷 69,第 1601 页及以后。注:《集古今佛道论衡》"劭"作"邵"。王劭所著史书被传统史家批评为"好诡怪之说,尚委巷之谈,文词鄙秽,体统繁杂",但并不能因此否定其所著起居注的价值。关于起居注,参见 Twitchett,1992,第 35—42 页。

② 《佛祖统纪》卷 39,第 360b—360c 页。

③ 《历代三宝纪》卷 12,第 108a 页。比较 Wright,1957,第 99—100 页。

隋炀帝：生平、时代与遗产

天的孝顺之情。①

文帝不仅是佛寺、佛像前所未有的资助人，还积极致力于增加僧侣人数。在文帝看来，朝廷的俗世权力与佛教的宗教权威是等量齐观的。这种理念为支持扩大僧众规模提供了理由。他对北方高僧律师灵藏说："律师是道人天子，有欲离俗者，任师度之。"当被度之人数以万计，引起质疑时，文帝又从更高的道德层面为其辩护："律师化人为善，朕禁人为恶，意则一也。"文帝还特许灵藏自由出入宫禁之地（"敕诸门不须安籍，任藏往返"）。在此问题上，连后世的佛教学者都认为做得太过了。②

文帝在与南方僧侣交往时，也体现了同样的精神。590年，隋平陈后不久，文帝便下诏表明对佛教的支持，并褒彰当时南方最著名的高僧智𫖮的德行：

> 昔周武毁教，朕曾发心，必许护持。及受命于天，遂即兴复。师已离世网，修己化人。必希奖进僧伦，用光大道。③

文帝在南方推行支持佛教的政策，以此安抚当地佛教社团，

---

① 关于大兴善寺，参见山崎宏，1967，第45—47页；小野胜年，1989，"史料篇"（第14—48页）；"解说篇"（第8—20页）。关于大兴善寺可能与太庙有关，参见 Xiong, 2000，第253—254页。

② 关于文帝的评论，参见《佛祖统纪》卷39，第359c页；《北山录》卷3，第590b页。关于文帝对灵藏的信任，参见《续高僧传》卷21，第610b—610c页："宫闱严卫，来往难阻。帝卒须见，频阙朝谒。乃敕诸门不须安籍，任藏往返。及处内禁，与帝等伦，坐必同榻，行必同舆。经纶国务，雅会天鉴。有时住宿，即迳寝殿。"关于后世对文帝的批评，参见《北山录》卷3，第590b页。Wright(1959，第68页)声称对灵藏的任命是为了控制和约束僧侣。

③ 《佛祖统纪》卷39，第360a页。

并呼吁南方佛教领袖智𫖮支持隋政权。

就积累功德、广度僧众而言,历史上无有能出文帝之右者。即便是历史上最著名的热衷佛教事业的梁武帝,都无法与文帝相比。梁武帝及之后两任皇帝在位期间,共建佛寺2 846座,度僧尼82 700人。文帝在其统治时期共建佛寺3 792座,汇编佛经132 086卷,所度僧众人数(超过23万人)为诸帝之冠。①

文帝对佛教事业史无前例的支持并不意味着佛教可以独立于政府控制之外。一个典型的例证便是"大统"——朝廷中负责佛教事务的最高官员——的设置。任命一名僧官以统管僧众事务是六朝时期形成的传统。北朝时期,这类官员被称为沙门统、道人统、昭玄统,在南朝,则被称为僧正或僧主。北齐天保年间(550—559)设立十统之职,十统之首称为大统。② 尽管574年开始的毁佛运动在577年冲击了北齐旧地,但文帝仍于581年依北齐之制设置隋十统。是年,律师僧猛被任命为隋朝第一任大统。出于象征性的考虑,文帝将大统设置于全国第一寺——位于都城的大兴善寺。毫无疑问,这意味着大统与官方有某种联系。不过根据僧猛的传记,这一任命"未足以长威权"。③ 被任命的僧官均为德高望重者,其中亦有拒绝出任者。④ 当文帝任命僧猛为大统时,他首要考虑的是如何传播和保护佛法,并非让僧猛代表官府控制佛教。⑤ 设置大统的确切目的虽不甚明

---

① 《北山录》卷3,第503、509页。

② 蓝吉富,1993年,第88—90页;Weinstein,1987,第9—10页。关于北齐十统,参见《北山录》卷3,第590b页。

③ 《续高僧传》卷23,第631a页。

④ 例如,灵裕法师再三拒绝出任大统一职。见《续高僧传》卷9,第496页。

⑤ 小野勝年,1989,"解说篇",第9页。

隋炀帝：生平、时代与遗产

了，但根据相关记录，大统虽然为朝廷任官，却有很强的自治性。①

在文帝583年颁发的一道诏书中，可看到另一则政府对佛教实施操控的例证。诏书规定了在官方佛寺举行的、固定的宗教活动的具体日期。这表明文帝意在利用现存佛寺以达到其个人目的。不过，其目的首先是宗教性——"其行道之日，远近民庶，凡是有生之类，悉不得杀"。②

尽管文帝矢志不渝地支持佛教事业，总体上隋朝的政策也有益于宗教，但江南地区的佛教社团却在被北方平定的过程中受到侵害。在文帝的命令下，当建康城被夷为平地时，不可避免的，城内外的诸多佛寺遭到拆毁。官方甚至试图减少佛寺数量。《续高僧传》有云：

> 隋朝克定江表，宪令惟新。一州之内止置佛寺二所。数外伽蓝，皆从屏废。（慧）觉惧金刚之地沦毁者多，乃百舍兼行，上闻天听。有敕霈然，从其所请。③

很有可能，隋朝负责接管江南的官员以朝廷名义颁发命令，对江南佛教社团实行遏制。虽然皇帝诏令称作"诏"或"敕"，但并不意味着这些命令直接来自文帝。现在已无从知晓是谁做出这一具有破坏性的决定。不过，由于文帝的及时介入，局面得以

---

① Wright(1957，第95页；第360页，注118)似乎过分突出了大统对佛教的控制作用。
② 《历代三宝纪》卷12，第108a页。
③ 《续高僧传》卷12，第516b页。比较 Hurvitz，1960—1962，第149页。

第八章 宗教

扭转。①

与一贯支持佛教的政策有所不同,文帝严厉处置了信行所创的三阶教。600年,文帝下诏禁断两部由信行编著的三阶教经文,原因可能是该教的异端教义及其对政权的潜在威胁。事实上,当时的主流佛教也视三阶教为异端,②故此,文帝禁断三阶教经文,并未背离其支持佛教的政策。

综上所述,就总体而言,文帝与僧侣交往时可能带有某种政治意图,但是仅凭轶闻记录来论证文帝试图借助宗教势力来巩固政权,无疑是夸大其词。③ 实际上,文帝扮演的角色更多与古印度阿育王相类:一位虔诚的一心保护、扩张佛教的君王,而不是一个费尽心机试图将佛教置于官府控制之下的皇帝。文帝佛教政策的主要特征是一种折中的理念,将宗教与政权、神权与世俗权力相融合,而并非迫使宗教屈从于世俗政权。④

文帝对佛教的态度颇值得与梁武帝(502—549年在位)相比较。二者均虔诚事佛,慷慨资助,不惜代价,终生不渝。但从宗教层面上讲,文帝与梁武帝却截然不同,文帝一直保持其世俗天子的身份,而梁武帝却在僧、俗之间界限不分,以佛治国。虽然文帝不具有梁武帝的宗教狂热,但他下旨在圣日禁屠、赦免轻

---

① 塚本善隆(1957,第5页)过分强调这一破坏性措施所造成的危害。

② 关于文帝的诏书,参见《历代三宝纪》卷12,第105c页,注。关于三阶教,参见矢吹慶輝,1927;Demiéville,1986,第858—859页;蓝吉富,1993,第167—170页。

③ 比较 Wright,1957。

④ Ch'en Kenneth,1964,第199—201页。

隋炀帝：生平、时代与遗产

罪、减轻死刑，也表明他力图使统治与佛法相符。①

590 年，晋王杨广（炀帝）受文帝之命成为江南的最高行政长官，从而开始在隋朝佛教史上扮演重要角色。② 在江南任职期间，炀帝是佛教机构的主要资助人。他在江都所建慧日寺后来成为江南佛学中心，集聚了众多高僧。文献记载显示炀帝与慧日寺交往密切，《续高僧传》甚至称之为"晋府慧日道场"（晋府意为"晋王杨广府"）。一方墓志也显示寺名前被冠以"晋王"二字。③ 换言之，江都慧日寺不仅有可能坐落在晋王府内，而且还被认为是炀帝的私人寺庙。

炀帝赞助的一名僧人叫惠云，惠云因为学识渊博、口才出众，被召入慧日寺。炀帝与惠云相见甚欢，"把臂朋从"，并携之北上。594 年，惠云卒于大兴城，享年 50 岁（周岁 49），炀帝悲伤至极，专门命人为他撰写墓志铭。④ 当他成为太子后，炀帝迁入大兴城，在青龙坊（12I；坊的位置在大兴城东南角，见图 8.1）西南角建日严寺。不过他仍同南方僧侣保持着密切的联系，他从江都慧日寺延请了一批僧侣入驻日严寺。⑤

---

① 山崎宏，1942，第 288—289、351—353 页；蓝吉富，1993 年，第 21—27 页。
② 《资治通鉴》卷 177，第 5532 页。
③ 《续高僧传》卷 17，第 568c 页。关于这块墓志的内容，参见赵万里，1956，卷 8，第 84 页，图版 388。
④ 关于惠云（智云）的传记，参见《续高僧传》卷 30，第 701c 页。注：这里的智云应该是惠云之误。参见赵万里，1956，卷 8，第 84 页。
⑤ 关于江都的慧日寺，参见《续高僧传》卷 24，第 633b 页；山崎宏，1967，第 100—104 页。关于日严寺，参见《长安志》卷 8，第 13 页。

第八章 宗教

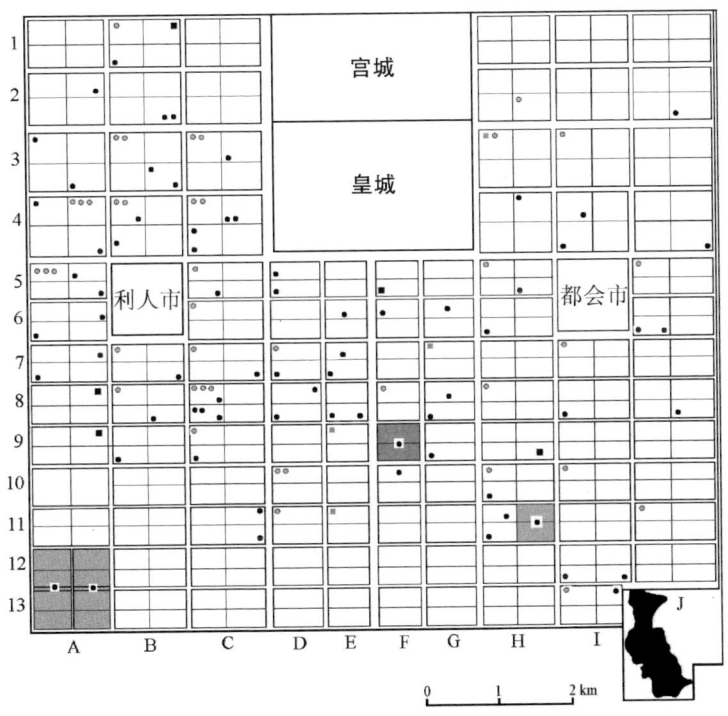

图 8.1 大兴城的宗教机构

道教机构(道观)

澄虚（11E）　　　　　　清虚（8A）东北
会圣（9A）东北　　　　五通（1B）
灵感（7G）　　　　　　玄都（9E）
灵应（9H）东南　　　　至德（5F）
清都（3H）

隋炀帝：生平、时代与遗产

佛教机构(佛寺)

宝岸（4A）
宝刹（4H）东北
宝昌（4A）东南
宝积（10D）
宝胜（8G）
宝王（5A）
褒义（9B）西南
辨才（5A）
禅定（12A）东、(13A）东
常法（6C）
禅林（4J）东南
成道（7D）
澄觉（3C）
崇敬（9G）西南
慈和（2B）东南
慈门（5C）西南
慈仁（8C）西南
大禅定（12A）西、(13A）西
大慈（6J）西南
大觉（8C）西北
道觉（4C）
定水（5D）西北
东禅定，见禅定
法宝（7B）
法海（4C）西南
法界（7E）西南
法觉（11C）东南
法轮（8I）西南
法明（8C）西南
法身（5A）
法寿（6F）西北

法众（3B）
甘露（4I）
功德（1B）
光宝（4B）
光明（7B）东南
海觉（8C）西南
宏(弘)化（11J）
宏济（4I）西北
宏善（6J）西南
宏(弘)业（7E）西南；607年后：(8C）东南
护持（5J）
惠觉（5C）
慧日（6A）东北
惠云（3C）
建法（3C）东北
济度（8D）
济法（4C）东北
纪国（9C）西南
静法（7C）东南
静觉（13I）
静乐（7A）西南
经行（7A）东北
净影（6E）
净域（6H）西南
净住（11H）西北
积善（3A）西北
救度（4B）
开善（3B）东南
空观（7D）西南
灵感（8J）东南
灵化（2A）东北

灵觉（11C）东北
醴泉（4B）西北
罗汉（6A）西南
律藏（1B）西南
妙胜（4B）西南
明法（4C）
明觉（8H）
明轮（7C）
凝观（4A）
普集（4A）西北
菩提（5H）东南
普耀（12I）东南
清禅（2J）东南
仁法（2H）
日严（12I）西南
融觉（8C）
善果（3H）
胜光（7E）北；605年后：(6C) 西南
圣敬(经)（8F）
神通（9C）
舍卫（3B）东南
释梵（3B）
实际（5D）西南
天宝（13I）东北
通法（10I）
万善（2B）东南

西禅定. 见大禅定.
无漏（11H）东
香海（10H）
贤觉（8C）
显觉（4C）东北
兴道（11H）西南
修慈（10H）西南
修善（8E）东南
玄法（7I）北
宣化（11D）
阳化（5H）北
延兴（8B）东南
依法（4A）
应法（10D）
缘觉（8C）
愿力（8B）
月爱（8D）东北
正觉（6G）北
真化（5A）东北
真寂（3A）东南
真心（5A）东南
资敬（8G）北
资善（8E）西南
总化（3I）
遵善（9F）

　　炀帝即位后仍大力支持佛教,资助都城内的寺庙营建。605年,炀帝在大兴城建西禅定寺及木塔,作为对父亲文帝的纪念。该寺是大兴城中两座规模最大的佛寺之一。除此之

隋炀帝：生平、时代与遗产

外，炀帝还资助建了十座寺庙。① 西禅定寺(12A－13A西，也称大禅定寺、大总持寺、总持寺)位于都城西南角，横跨和平、永阳两坊。炀帝篡位不久就修建此佛寺，还将其献给篡位中的受害者，这恰好证明炀帝的宗教信仰和对父皇爱恨兼具的矛盾心理。

洛阳建成后，炀帝于洛阳宫城内修建四座道场，位于从景运门通往宫北大道的西侧。② 其中两座道场为佛寺：慧日和法云，它们应是以炀帝在江都所建的同名佛寺为原型。东都的慧日寺亦是"内道场"，对炀帝个人而言有特殊而重要的意义，如同江都慧日寺和大兴城日严寺一样。在东都慧日内道场，按炀帝的命令，高僧智果对当时存在的佛经进行分类、编目。③

下表中列举相关数据，可以直观展示文帝和炀帝所做功德的规模。这些数据来源于唐代佛教史料《辨正论》，记载了炀帝与文帝支持佛教的具体数据。

---

① 《法苑珠林》(卷100，第26页)认为东、西两座禅定寺均为炀帝所建。实际上，东禅定寺是文帝于603年修建。参见《两京新记》，第196a页；Xiong, 2000，第256－257页。《长安志》(卷10，第10－11页)记载西禅定寺建于607年(炀帝大业三年)。

② 景运门(也称广运门)位于宫城之内，参见《唐两京城坊考》卷5，第134页。

③ 《隋书》卷35，第1099页。关于东都慧日寺即内道场的考证，参见山崎宏，1952。

第八章　宗教

表8.3　文帝与炀帝的佛教功德

	所度僧尼人数	佛经卷数		B+C	佛像数		所建寺庙数
		重印	修复		新建	修复	
文帝	230 000	132 086	115 590①	247 676	106 580	1 508 940	3 792
炀帝	6 200②			903 580	3 850	101 000	193③
	A	B	C	D	E	F	G

注：①修复3 853部(1部＝30卷)。
②《法苑珠林》卷100第26页，《辨正论》卷3第509页c记载为16 200人。
③该数字得自于3 985(隋朝总数)减去3 792(文帝时期总数)。
资料来源：《辨正论》卷3第509页b—c。

通过这些数据，可比较两位隋朝皇帝对佛教事业的贡献。这一比较是有意义的，因为文帝与炀帝生活在同一王朝，他们所统治的人口和领土大致相当。当然，二者在统治时间方面有较大差别。文帝在位23年而炀帝在位不到14年。但这一差别意义并不大，因为炀帝的功德亦包括其登基之前所做。

A列数据显示，炀帝统治时期所度僧尼总数为6 200人，仅为文帝所度僧尼总数的2.7%。显然，扩大僧众规模是文帝而不是炀帝的重要目标。炀帝兴建、修复佛像（E列和F列），营建佛寺，其数量相当可观。然而，同类功德与文帝相比，仍相形见绌。炀帝在译经方面（表中未列出）做出卓越的贡献。606年，炀帝于洛水之南的上林园中设立翻经馆。印度僧人达摩笈多(Dharmagupta)为主译，其手下有一大批优秀的佛学学者为副手。① 即便如此，炀帝这方面的成就仍不足以与文帝相媲美。② 炀帝唯一超过其父的部分是重印和修复佛经（D列），

---

① 《续高僧传》卷2，第435c页；《宋高僧传》卷3，第724c页；信月望亨，1954—1971，卷4，第3542页。
② 蓝吉富，1993，第244—245页。

隋炀帝：生平、时代与遗产

其数量是文帝的 3.65 倍。需要指出的是，炀帝以王子身份长驻江南时，便已开始重印和修复佛经。① 由于当时文帝在位，这些功德亦应有他一份。②

上述数据表明，文帝对其所信仰宗教的支持力度已达登峰造极的地步，扩大寺产，广度僧众，在提升佛教地位方面成就非凡，非其他帝王可望企及。相比之下，炀帝在几乎所有功德项目中都远逊色于文帝。他既不可能也没必要与文帝攀比。不过，就中古时期帝王而言，炀帝的表现仍可圈可点。

而在佛教的神通术领域，炀帝却显示出比文帝更大的热忱。当佛教于汉魏时期在中国传播时，一些布道僧人便展示出奇异功能。与此同时，佛教中的神秘因素也开始与本土宗教实践相融合，尤其引人注目是那些自诩能通过与超然世界接触引发世间变化的神灵媒介。炀帝非常迷恋于佛教的这种神秘主义色彩。作为王子居留江都时，他已与佛教中擅长神通术者有所接触。当时结识了通晓神通术的法安，炀帝登基之后对他礼遇有加，并兴建宝杨寺为其驻锡之所。法安以其刺石引水以及通达神灵的能力而被奉若神明。③

炀帝听闻南海郡僧人法喜有神通，便将其带回江都宫。法喜曾因口出狂言，被锁在室内，竟能脱身，游行于市，仅留袈裟覆白骨于室内。后有疾而终，葬于香山寺侧。四年后，南海郡上报，竟称法喜已回到南海郡。炀帝命人打开棺木，发现里面空无一物。法喜看来通过神秘术羽化升空了。④

---

① 王光照，2001，第 1—17 页。
② 《辨正论》卷 3，第 509c 页。
③ 关于神通术，参见 Teiser，1988，第 140—147 页。关于法安，参见《续高僧传》卷 25，第 651c 页；《法苑珠林》卷 28，第 26 页。
④ 《宋高僧传》卷 18，第 821a—b 页；《太平广记》卷 91，第 603—604 页。

第八章　宗教

洛阳建成后,炀帝在慧日寺延揽和供养2 000多名艺僧,即精通神通术的和尚。艺僧中有名叫法济者,被炀帝以朋友相待:

> [法济]通微知异僧也。发迹陈世。及隋二主皆宿禁中,妃后杂住,精进寡欲,人罕登者。文帝长安为造香台寺。后至东都,造龙天道场,帝给白马,常乘在宫。如有疹患,咒水饮之,无不必愈。又能见鬼物,预睹未然。①

炀帝非但尊崇具有异能异术的僧人,他对神异之物也兴趣盎然。早在登基之前,炀帝驻守江南时已对灵异佛像非常着迷。他得知有一尊由印度僧人赠予梁武帝的佛像"形高一尺径六寸许,八楞紫色内外映彻"。炀帝虔诚地将其供奉在宫中,无论何时出行,皆携带佛像作为庇佑。被封为皇太子之后,炀帝将佛像带到都城并安置于日严寺。从始至终,他都不许外人观瞻佛像,显然是为了独占佛像的神异之力和庇佑之功。②

登基之后,炀帝对灵异佛像的痴迷不减以往,这一点从他与凉州(治今甘肃武威)一座佛寺的关系中可见一斑。这座称为"瑞像"的佛寺中有一佛像,具有神奇的预言功能。相传佛像是435年根据北魏僧人慧达的预言而立。预言称,"若灵相圆备则世乐时康,如其有阙则世乱民苦"。一百多年后,炀帝609年远行巡视陇右,躬身前往,瞻仰瑞像,并改寺名为感通寺。③

炀帝对艺僧和灵异佛像的痴迷并未影响到他同正统宗教的

---

① 关于艺僧,参见《续高僧传》卷25,第652a、653a页;《法苑珠林》卷28,第26页。关于法济,参见《续高僧传》卷25,第652a—b页。
② 《续高僧传》卷29,第692a—b页。
③ 《续高僧传》卷25,第644c—645a页;《隋书》卷3,第72—74页。

隋炀帝：生平、时代与遗产

关系。事实上,他同佛教高僧保持频繁交往。其中他在江南期间与天台宗大师智𫖮的密切交往最受瞩目。① 591年十一月,在一个场面宏大的法会上,炀帝从智𫖮受菩萨戒,这标志着炀帝对佛教的皈依。在菩萨戒这种宗教仪式上,大师向受戒者传授基于《梵网经》等而定的戒律。② 在炀帝的请戒文中,他首先对家庭表示敬意,因为家庭对其宗教信仰的形成起重要作用：

> 弟子基承积善,生在皇家,庭训早趋,眙教凤渐。福履攸臻,妙机顷悟。③

他亦阐明皈依天台宗所属的大乘佛教的道理：

> 耻崎岖于小径,希优游于大乘。笑息止于化城,④誓身航于彼岸。开士万行,⑤戒善为先,菩萨十受,专持最上。⑥

---

① 关于炀帝同智𫖮的交往,参见塚本善隆,1953,第8—12页;山崎宏,1967,第117—122页。
② Hurvitz,1960—1962,第145页;塚本善隆,1954—1971,卷3(第2426b—c页)、卷5(第4711—4715页);汤用彤,1955,第827—828页;Soothill and Hodous,1937,第354页;Janousch,1999,第112页及以后。
③ 关于炀帝在江南对佛教的支持,参见《佛祖统纪》卷39,第361—362页;Jan Yün-hua,1966,第18—19页;汤用彤,1982,第6页。关于炀帝的请戒文,参见《国清百录》,卷2,第803b页;《续高僧传》卷17,第566b—c页;《广弘明集》卷27,第305c页。
④ "化城"意为"幻化的城郭",是法华经中所记载的一座虚构的城市,佛教用以比喻小乘境界。
⑤ "开士"或"能开导众生了悟真理的人",通常用于指和尚或菩萨。
⑥ 《国清百录》卷2,第803b页。

第八章 宗教

这段文字表明炀帝之所以崇信大乘而非小乘,皆因其普度众生的特性。随后炀帝强调了宗教仪轨(即菩萨戒)的重要性:

> 喻宫室,先基趾,徒架虚空,终不能成。孔、老、释门咸资镕铸,不有轨仪,孰将安仰?

在仪式的最后,智𫖮授予炀帝"总持菩萨"(Dhāraṇī Bodhisattva)的称号,① 而炀帝则赐予智𫖮"智者"的称号。②

考虑到炀帝的家人——父亲、母亲、四个兄弟——都是佛教徒,炀帝有如此坚定的宗教信仰就不足为奇了。③ 高僧智𫖮,在陈朝已是德高望重的僧侣,杨氏家族对他并不陌生。589 年隋灭陈后,隋文帝去函智𫖮,以异常恭敬的口吻,承诺会支持南方佛教,并恳求智𫖮协助。④ 然而,没过多久,隋朝的安抚政策陷入危机。由于炀帝弟弟杨俊为政不当,反隋叛乱频发于南方。⑤

炀帝受菩萨戒发生在其任扬州总管之后不久,这可以被看作是为恢复隋朝宗教政策所做的努力。没有文帝的准许,这是不可能的。尽管文帝本人大力支持佛教,但对子女提出的重大的宗教上的请求,他并不轻易答应。先前他断然拒绝了杨俊出家为僧的请求。⑥

---

① Soothill and Hodous,1937,第 284b、461b 页。
② 《广弘明集》卷 27,第 305c 页。根据敦煌文书《出家人受菩萨戒法》,智者被指定主持此仪式。参见 Janousch,1999,第 115—116 页。
③ 山崎宏,1942,第 292—296 页。
④ 关于智𫖮和陈朝,参见郭朋,1980,第 106—109 页。关于文帝的信,参见《国清百录》,卷 3,第 802 页;Hurvitz,1960—1962,第 140 页。
⑤ 关于隋朝对佛教的政策,参见 Wright,1957,第 98—100 页。
⑥ 关于杨俊和他出家为僧的请求,参见《隋书》卷 45,第 1239 页。

隋炀帝：生平、时代与遗产

文帝曾试图说服智𫖮用宗教来支持隋朝统治，相比之下，炀帝则扮演着智𫖮虔诚门徒的角色，在新近平定的陈朝故土上，象征性服膺于最受尊重的佛僧的宗教权威。

鉴于此后炀帝的行为违背佛教道德规范，我们有必要探究一下他接受菩萨戒的背后是否存在不良动机。芮沃寿（Arthur Wright）提醒我们注意炀帝有一次在都城拜见母亲的细节。据说，这发生在他作为王子前往江南履职之前。① 炀帝在会面中意识到母亲并不喜欢杨勇。芮沃寿同时暗示炀帝争夺太子之位与积极参与江南佛教活动之间可能有关联，炀帝的真实目的是伪装出对佛教的虔诚来讨好父皇母后。但是，现存史料证明炀帝拜见母亲一事发生在其江南安顿之后。若如是，则炀帝此前所参与的大部分佛教活动（包括受菩萨戒）都发生在他意识到母亲与兄长有隙之前。故此，炀帝拜见母亲与图谋争夺太子位之间应不存在关联。②

不管炀帝的政治动机如何，炀帝与智𫖮发展成终身友谊，共同的宗教信仰使之变得更加牢固。智𫖮于597年十月应炀帝之召前往江都，十一月病倒在途中。他留给炀帝一封遗书，之后不久便谢世而去。当智𫖮的徒弟灌顶将遗书和遗物交与炀帝时，炀帝悲痛欲绝，"五体投地，悲泪顶受"。炀帝遂命扬州总管府司马王弘护送灌顶返回天台山，在天台山设千僧斋纪念智𫖮，并根据智𫖮的遗愿建造天台（国清）寺。③ 在为哀悼智𫖮离去而作的

---

① Wright 认为591年是炀帝启程的时间。但《资治通鉴》（卷177，第5532页）记载他拜扬州总管、镇江都的时间为590年。
② 《隋书》（卷45，第1231页）所言"临还扬州"，"还"字清楚地说明炀帝已在江南履职。比较 Wright，1975，第164页。
③ 《续高僧传》卷19，第584a－b页；《佛祖统纪》卷39，第361a－c页。

长信中,炀帝写道:"远拜灵仪,心载呜咽。"①

智顗死后三年,600年十一月,炀帝被立为太子,由江南迁居都城,但他仍与天台宗保持着密切联系。作为太子,他重访陈朝故地,并在欢迎他的人群中遇到了灌顶。之后,灌顶作为天台僧使,于大兴城再度拜见炀帝,并对炀帝修建天台寺表示感谢。由于智顗对炀帝所钟爱的江都慧日寺的重要影响,灌顶作为智顗最得意的门徒,终于602年受邀移居大兴城。②

登基之后,炀帝于605年九月南巡江都时,召见了另一位天台宗大师智璪。根据智璪的建议,天台寺改名为"国清",新寺名来自于已故定光禅师托梦传给智璪的预言。炀帝派专人专程送去新寺匾额,命高官柳顾言于寺门造碑以纪念智顗,并于十一月二十四日智顗大师忌辰,设千僧斋会追悼。611年,当炀帝亲临涿郡准备对高丽发动战争时,他专门召见灌顶至其住所,二人一起追忆求师于智顗大师的时光。③

上述史实表明智顗去世及炀帝登基之后,炀帝仍同天台宗保持良好关系。隋朝灭亡之后,正统史家谴责炀帝为葬送隋朝的昏君。天台宗的门徒认为自己有义务为其创始人——炀帝所

---

① 关于智顗的遗愿,参见《国清百录》卷3,第809a—810页。关于炀帝的回复,参见《国清百录》卷3,第810c—811页。某些现代学者认为智顗死于"政治迫害"的看法是站不住脚的。参见袁刚的分析,2001,第147—149页。

② 关于炀帝与天台宗的关系,参见塚本善隆,1953,第12—16页。关于灌顶对炀帝的拜见,参见《佛祖统纪》卷39,第361a页。关于灌顶在大兴城的活动,参见《续高僧传》卷19,第584c页。

③ 关于炀帝巡幸江都和智璪的相关信息,参见《佛祖统纪》卷39,第361b页。关于智顗的死,参见《国清百录》卷4,第823c页。关于斋会,参见《佛祖统纪》卷39,第361b—c页。关于炀帝与灌顶的会面,参见《续高僧传》卷19,第584c页。

隋炀帝：生平、时代与遗产

钟爱的智𫖮大师——辩护：

> 世谓炀帝禀戒学慧，而弑父代立，何智者（智𫖮）之不知预鉴耶？然能借阇王之事，①以比决之，则此滞自销。故观经疏释之，则有二义：②一者事属前因，由彼宿怨，来为父子。故阿阇世此云未生怨。③二者大权现逆，非同俗间恶逆之比。故佛言：阇王昔于毗婆尸佛发菩提心，④未尝堕于地狱。⑤

此段文字出自宋代著名天台宗学者志磐之手，他对炀帝的看法比大部分传统评价要温和。受其启发，陈寅恪指出炀帝在佛教界地位颇高，这与儒家学者的评价形成鲜明对比。⑥ 毫无疑问，因为炀帝保护佛教的政策，江南佛教界对他心怀感念。不过，志磐以阿阇世类比炀帝、用复杂性解释权斗，其主旨是维护智𫖮的声望而不是为炀帝开脱。在志磐看来，陈后主死后炀帝赠"炀"为谥号而炀帝自己死后亦获"炀"为谥，实为因果报应的结果。⑦

---

① 阿阇世（Ajātaśatru）杀死其父亲，以篡夺摩揭陀王位，后皈依佛教。

② 这里的"经疏"指的是智𫖮所作的《观无量寿佛经疏》。参见陈寅恪，1980，第 143 页；望月信亨，1954—1971，卷 1，第 826—827 页。

③ 阿阇世父曾因阿阇世生而不吉而试图杀他。参见 Soothill and Hodous，1937，第 293b 页。

④ 毗婆尸佛（Vipaśyin Buddha）是过去七佛中的第一位。

⑤ 《佛祖统纪》卷 39，第 360a—b 页。

⑥ 陈寅恪，1980，第 143—144 页。对于陈寅恪观点的批评，参见蓝吉富，1993，第 44—45 页。

⑦ 《佛祖统纪》卷 39，第 361b 页原文及注。

第八章 宗教

唐代沙门神清用典型的佛教届观点评价隋朝,他说:"观乎仁寿开皇,天下大定,亦以善之至也。而智不图远,家爱(即炀帝)不臧,遂使卜世不永。"① 与传统观点相比,这个评价亦较温和,但它仍然认为是炀帝的道德败坏致使隋朝覆灭。

无论佛教社团如何评价这位佛教的支持赞助者,所有证据都表明炀帝在作为江南最高行政长官期间与僧众有着紧密的联系。但在炀帝登基后不久这种关系就面临考验。当炀帝任内爆发第一次危机时,杨谅所领导的并州叛军使用兴国寺作为武库。杨素将军平叛后准备按同案犯惩处该寺僧人,而僧人终因炀帝斡旋得以幸免。

这一叛乱对刚篡位不久的炀帝是最大的威胁,故炀帝不可能不慎重处理。对僧人的宽大处置可能意味着炀帝不希望破坏与佛教社团的关系。② 然而,尽管炀帝对佛教的支持始终如一,但随着时间的推移,在与僧侣打交道时,他亦开始强化自己的世俗权威。除了镇压了一些带有佛教色彩的叛乱,特别是以未来佛弥勒佛名义发动的叛乱以外,炀帝还几度挑战宗教权威。③ 在606年冬天一次重要的祭典上,炀帝下诏,令"僧道并同俗拜"(佛僧、道士均要向皇帝行跪拜礼)。佛教文献记录了当时宗教社团的反应:

> 道流莫敢言,诸沙门例不奉诏。帝诘之曰:"诏条久颁,卿等固不奉命,何也?"时法师明瞻者对曰:"陛下若使准制

---

① 《北山录》卷3,第590c页。
② 《续高僧传》卷24,第641a—b页。
③ 关于炀帝时期弥勒教信仰者的叛乱,参见蓝吉富,1993,第222—225页。

隋炀帝：生平、时代与遗产

罢道，则微躯敢不奉命？如知大法可崇，则法服之下，僧无敬俗之礼。"帝曰："何以致拜周武？"瞻曰："周武任威纵暴，仁德不施，不足为有国者法。陛下圣政惟仁，不枉非罪。是以贫道得尽忠言。"帝默然而罢。有司以瞻抗对，将抵以罪。瞻曰："所坐者瞻也，愿不以非律加吾徒。"帝壮其不挠而不问。凡敬主之议，由此而绝焉。①

令僧人屈服于世俗权威是一个极为敏感的问题。文帝朝并不存在这个问题，或许是因为，出于对佛教的尊重，文帝准许僧人不必对帝王跪拜。② 无论如何，到炀帝执政时，不向帝王跪拜已经成为约定俗成的惯例。炀帝则试图回归到隋朝之前的传统。然而，强迫僧众服膺世俗是对佛教独立性的严重侵害。因为僧众的反对，炀帝最终放弃了此主张。③

609年，炀帝再次试图控制佛教社团，他颁发诏令称："天下僧徒无德业者，并令罢道。寺院准僧量留，余并毁折。"④这激发了智𫖮的门人庐山大志禅师的抗争：

> 素服哭于佛前三日，誓舍身明道。乃诣东都上表曰："愿陛下兴隆三宝，贫道当然臂以报国恩。"上敬而许之。遂

---

① 《佛祖历代通载》卷10，第562a页；《佛祖统纪》卷39，第361c页。根据《佛祖统纪》，此事发生于606年。而根据《广弘明集》(第280c—281a页)，发生时间为609年。"周武"被误记为"宋武"；炀帝在放弃这一决定之前，下过四次旨。

② 例如，文帝认为灵藏在宗教中的地位就如同文帝在世俗中的地位。参见《北山录》卷3，第590b页。

③ 关于这一问题的详细讨论，参见 Weinstein,1987,第32—34页。

④ 《佛祖统纪》卷39，第362a页；《法苑珠林》卷17，第16页。

第八章　宗教

以布蜡缠升,大棚端坐,度火然之,焚毕入定。七日加趺而终。自是诏下而不行。①

事实上,609年的诏书重申了文帝朝曾经实施的南方政策。然而,隋文帝并不是其制定人。南方政策出台后,遭慧觉和尚反对,遂被文帝摒弃。与之相反,炀帝不仅颁发609年诏书,当大志禅师以自焚相要挟,他也不为所动。直到大志禅师殉道而亡,炀帝才收回成命。但是,这并没有阻止炀帝继续侵蚀佛教权威。

两年后的611年,炀帝在都城发动了一场运动,导致诸多佛寺的废弃。② 如下表所示,仅611年就有至少23座佛寺被关闭。③ 此外,还有11座佛寺在炀帝时期被禁毁。这34座佛寺占炀帝时大兴城120座佛寺的28%。(表8.4)④

表8.4　炀帝执政时期大兴城内被禁毁的寺庙

编号	寺名	在大兴城的位置(坊)	废止时间	
			611	605—618
1	宝岸	居德(4A)		×
2	宝王	群贤(5A)	×	
3	常法	光德(6C)	×	
4	成道	兴化(7D)	×	

---

① 《佛祖统纪》卷39,第362a页。又见《续高僧传》卷27,第682b—c页。
② 蓝吉富,1993,第39页。
③ 山崎宏列举出了611年关闭的佛寺,总计21座,但他遗漏了兴道寺。参见《唐两京城坊考》卷3,第69页;山崎宏,1967,第136—137页。
④ 《唐两京城坊考》卷2,第34页,注。

隋炀帝：生平、时代与遗产

续表

编号	寺名	在大兴城的位置(坊)	废止时间 611	废止时间 605—618
5	澄觉	颁政(3C)	×	
6	崇敬	靖安(9G)		×
7	道觉*	隆政(4C)		×
8	法宝	怀远(7B)	×	
9	法身	群贤(5A)	×	
10	法众	金城(3B)	×	
11	光宝*	醴泉(4B)		×
12	宏化	立政(11J)	×	
13	护持	道政(5J)	×	
14	惠觉	延寿(5C)	×	
15	惠云	颁政(3C)	×	
16	救度*	醴泉(4B)		×
17	明法*	隆政(4C)		×
18	明觉	永宁(8H)	×	
19	明轮	延康(7C)	×	
20	凝观	居德(4A)		×
21	仁法	永昌(2H)	×	
22	融觉*	崇贤(8C)		×
23	善果	永兴(3H)		×
24	圣敬	光福(8F)	×	
25	神通	延福(9C)	×	

续表

编号	寺名	在大兴城的位置(坊)	废止时间 611	废止时间 605—618
26	释梵	金城(3B)	×	
27	通法	修华(10I)	×	
28	香海	显国(10H)	×	
29	贤觉*	崇贤(8C)		×
30	兴道	进昌(11H)	×	
31	依法	居德(4A)	×	
32	缘觉*	崇贤(8C)		×
33	愿力	广恩(8B)	×	
34	总化	安兴(3I)	×	

注：*《长安志》卷10第2—3页称道觉、光宝、救度、明法、融觉、贤觉、缘觉寺的关闭在大业和唐武德年间。

资料来源：小野胜年：《中国隋唐长安寺院史料集成·史料篇》，第453—470页。

炀帝关闭这些佛寺的目的何在？这是否是609年关闭佛寺诏令的延续？又是否和备战高丽战争的大背景有关呢？[①] 的确，炀帝有可能想到僧侣可提供数万名劳工，不过他向来不惜人力、物力成本。至609年，炀帝不仅已为战争做了一段时间的准备，而且已开始实施诸多耗资巨大的工程项目（见第九章表9.1）。《隋书》对此有明确的记载：到608年开凿永济渠时，男丁数量已远远不足，炀帝不得不征召女性作为劳力。[②] 雄心勃勃的高丽战争尚未开始，劳动力短缺已成为严重问题。在这种情况

---

① 山崎宏，1967，第137页。
② 《隋书》卷24，第687页。

隋炀帝：生平、时代与遗产

下，也许炀帝考虑过利用僧侣作为劳动力的可能性。但是，要想有效缓解劳动力不足，就必须大规模还俗僧侣，而炀帝执政期间并没有这么做。很显然，他针对佛教界采取的措施对改善经济状况并没有太多的帮助。[①]

无论动机如何，炀帝废止佛寺的举措，同其迫使佛道跪拜君王的企图一样，目的都是要让宗教权威屈从于世俗皇权。611年之前，因僧侣的反对以及炀帝本人无意与佛教社团为敌，炀帝几度收回成命。但是，611年在都城大兴城出现的大规模废弃佛寺的浪潮，证明炀帝在控制僧侣方面取得巨大成功。考虑到其所波及的范围颇广，这可能是一场全国性的抑佛运动。

作为道教、佛教占主导地位的时代，虽然文帝对两教的复兴做出了贡献，但他明确地将道教放在第二位上。由于被道术所折服，文帝对道教也给予应有的尊重，并倾力支持某些著名道士，如北方的楼观道大师王延。炀帝延续了父亲的道教政策，不过他与江南上清派的联系更为紧密。正是他的支持为上清派在唐初的崛起打下了基础。[②]

文帝与炀帝都相信道教中神秘元素具有的神效。总体而言，炀帝似乎更热衷于神秘主义，在这一点上，我们从其行为上可以找到证据。例如，他多次借助道教和其他宗教的神灵媒介来追求神力护佑和长生不老，他对佛教某些超自然元素也表现出强烈兴趣。

---

① 文帝时期，所度僧人总数为23万。炀帝时期僧众人数大致应与之相当。相比之下，炀帝发动第一次辽东战役时，动用兵士一百余万，并有两百余万民众参加运送军需物资。

② 砂山稔，1990，第163、180—184页。

第八章 宗教

毫无疑问,道教对文帝、炀帝极具吸引力,但两人心目中主体宗教却是佛教。经历了发生于北周的第二次法难之后,佛教在文帝的力助下,开始进入一个长期复兴时期。作为虔诚的佛教徒,文帝以实际行动来践行自己的信仰:他慷慨地赞助建寺庙、造佛像,积极地支持僧侣活动。

生长于佛教家庭的炀帝终生信奉佛教。作为王子,他从江南第一名僧智𫖮受菩萨戒并与之相交甚好。这些举动无疑改善了炀帝在父母心中的形象,也加强了他对于太子之位的竞争力,[1]但现存材料告诉我们,炀帝与佛教社团密切交往的首要原因是宗教信仰而不是个人野心。

炀帝与其父文帝同样推行支持佛教的政策。但在与僧侣打交道时,父子却截然不同。尽管文帝天生有很强的政治操控欲,但在处理僧侣—朝廷关系时,他往往选择迁就的方式。炀帝则不同,他更愿意将世俗权力凌驾于佛教势力之上,从而使他与佛教社团的关系变得紧张。

现存的史料没有关于佛教僧侣与文帝之间发生严重龃龉的记载。而轶闻和间接材料却证实了炀帝因为强迫僧侣跪拜世俗君王、削减僧众数量、废弃佛寺等问题同佛教社团发生冲突。这些冲突不可避免地让炀帝的佛教信徒和赞助人的形象受损。但是,在某些传统佛教学者看来,炀帝在对待佛教的问题上,总体而言是"隆敬尽一,终始无亏"。[2]

---

[1] 关于炀帝的模范表现,参见《隋书》卷45,第1231页。
[2] 《北山录》卷3,第509c页。比较:塚本善隆,1953。

第九章 经济制度

文帝建立起一个庞大的经济体系,用以管理粮食储运、土地分配、赋税征收、劳役征发、人口监控。在文帝统治时期,这一系统运转顺畅。炀帝登基之初,国库充盈。尽管炀帝执政时期没有从根本上改易文帝所建立的经济体系,但国家经济状况却每况愈下,最终敲响了帝国覆亡的丧钟。是什么力量使炀帝偏离其父亲的经济政策?是什么样的致命措施导致经济急剧下滑?为什么炀帝无力回天?带着这些问题,让我们去检视隋朝的经济制度——从初始到成熟再到崩塌——及其经验教训。

货币和度量衡

我们首先简要介绍几种衡量经济发展的标准要素:金属货币和长度、重量、容量标准。

第九章 经济制度

货币

隋朝的货币体系并不发达，很大程度上是受到东汉灭亡后金属货币经济长期不振的影响。495年以前的北魏时期，很长一段时间钱币完全退出了流通领域。495年孝文帝时铸行年号钱"太和五铢"，但其在北方经济中所占比重仍微乎其微（南方的钱币发行状况要好很多）。绢帛、布匹在商品交换中往往取代了钱币，充当起流通媒介。① 这一状况持续到隋末，谷物和纺织品（而不是金属货币）成为政府主要的财政收入。

隋朝初年，货币体系中最突出的问题是币制不统一。三种北周的钱币（永通万国、五行大布、五铢）以及北齐的旧钱都在流通。② 文帝于是开始铸造标准钱币，因上面写有"五铢"二字，史称隋五铢。之后又颁发数道诏令，旨在逐步停用隋朝之前的旧钱。至585年，这些措施开始见效，货币体系标准化得以实现。作为江南地区的最高长官，炀帝受父命于扬州建立五炉铸钱。意识到南方钱币不足的情况后，炀帝下令于鄂州（治今湖北武昌）铜矿出产处建炉铸钱。那时候，炀帝已熟知钱币制造的工序，并懂得钱币对于经济的重要意义。但他登基之后，政府却很快失去了货币专铸权。随着私铸钱的泛滥，五铢的单位重量急剧下降。1 000钱的标准重量从4斤2两（607前标准，约合

---

① 关于六朝时期的货币使用情况，参见全汉昇，1976a，第29—46页。

② 关于永通万国钱和五行大布，参见 Balazs，1953，第238页。

隋炀帝：生平、时代与遗产

2 756克)①降到2斤(607年后标准,约合445克),之后又降至1斤(约合223克),还不到原标准重量的十二分之一。钱币质量更加堪忧,"或翦铁鍱,裁皮糊纸以为钱,相杂用之"。② 钱币标准重量和金属含量不断缩水预示着经济的颓败,而这正是炀帝统治时期的写照。"货贱物贵",这一现象自隋末一直持续到初唐才得到扭转。③

度量衡

度量衡的标准化是制定、实施田令和赋税制度必不可少的条件。以南朝的制度为基础,文帝将容积和重量单位标准都提高了两倍,一升约为594.4毫升,一斤约为668.19克,而长度单位不变,一尺仍约为29.51厘米。

607年,炀帝登基不久便大幅度更改其父亲所规定的标准。容积以及重量单位均减少三分之二,重新回到隋朝之前南朝的标准:一升约为198.1毫升,一斤约为222.73克,而长度单位则缩到一尺约为23.55厘米。我们不知道炀帝新颁布的长度单位

---

① 隋重量单位607年前后大不相同,故有"607年前"和"607年后"标准之说。607年之前,一斤约为668.19克。607年炀帝调整重量标准后,一斤仅为原标准的三分之一左右,即222.73克。一两的重量为一斤的十六分之一,故根据607年之前的标准,一两重41.76克,而根据607年之后的标准,一两为13.92克。参见梁方仲,1980,第545页;《隋书》卷16,第412页;《通典》卷9,第198页;Balazs,1953,第239页。

② 《隋书》卷24,第691—692页。

③ 《通典》卷9,第198—199页;《隋书》卷24,第691—692页;全汉昇,1976b,第145—148页;Peng Xinwei(彭信威),1994,第231—232页;Balazs,1953,第179—181页。关于唐初货币成色不足,参见《玉海》卷180,第3306b页。

第九章 经济制度

在多大范围内使用。有证据表明，在炀帝任内，文帝的旧长度单位(1尺约等于29.51厘米)仍在继续使用。长度单位的缩短导致面积单位(亩)缩小了三分之一以上，大致从每亩752平方米缩到479平方米。[①]

如果现有的赋税制度没有做相应调整，上述度量衡的变化看起来有利于百姓而不利于政府。尽管单位面积缩小会减少将来纳税人分得的土地的面积，但对于现在已经拥有土地的民户来说影响并不大，除非政府依照新标准重新丈量土地(隋炀帝时并没有这样做)。另一方面，较小的容积单位(升)意味着可以减轻纳税人的田租负担。炀帝为什么要进行这种劳而无功的改革呢？或许我们可以从607年四月的一道诏书找出端倪。诏书中下令改易度量衡，以使之符合古代制度。很明显，恢复古制是炀帝改易度量衡标准的原因，显然也是他打造个人执政风格计划的一部分。[②] 那些所谓的古制不过是沿用南朝梁、陈之制，这亦说明炀帝有意依照南朝的先例来改造文帝朝的制度。

---

① 关于隋朝和隋朝之前的计量标准，参见《隋书》卷16，第411—412页。关于炀帝统治时期沿用文帝的计量标准，参见《隋书》卷16，第405页。关于隋朝和之前朝代的计量转换标准，参见梁方仲，1980，第543—546页；吴承洛，1937年，第64—76页。隋亩与公制面积单位的换算如下：607年之后：1亩＝0.2355米(等于一尺)×0.2355×6×6×240(步)＝479平方米。607年之前：1亩＝0.2951米×0.2951×6×6×240(步)＝752平方米。

② 《隋书》卷3，第67页："(夏四月壬辰)改州为郡。改度量权衡，并依古制。"在古代、中古时期，长度单位尺以所谓"黄钟"管为准。黄钟为古代乐律的十二律之一。见《隋书》卷16，第392页；又见吴承洛，1937，第15—23页。

隋炀帝：生平、时代与遗产

粮仓

对隋朝经济来说，远比金属货币和度量衡更为重要的是谷物。为了储存和转输谷物，在隋文帝时期建立了广泛的粮仓网络，它在唐代进一步发展、成熟。文献中有关隋代粮仓系统的资料较少，相比之下，有关唐代的资料更为完整。据文献记载和今人研究，唐朝粮仓系统包括以下几种类型：转运仓、京仓、常平仓、义仓、正仓、军仓。一般认为这些类型的谷仓在隋代已经开始运营。①

转运仓

"转运仓"是由现代历史学家创造的词，由"转运"和"仓"组成，特指古代沿河而建的粮仓，其功能为暂时储存运往各地的粮食。隋朝的第一个转运仓系统由文帝于583年建立。伴随着新都城大兴城的兴建和使用，作为调整经济政策的战略措施之一，文帝建立了这套粮仓系统。其主要目的是以源源不断的粮食供给来满足新都城的人口需求。② 据《隋书》记载：

[文帝]又于卫州置黎阳仓，洛州置河阳仓，陕州置常平仓，

---

① 关于唐代粮仓的类型，参见《通典》卷12，第291—294页；张弓，1985，第1页。

② 《资治通鉴》卷175，第5461页。

华州置广通仓,转相灌注。漕关东及汾、晋之粟,以给京师。①

为了加速从东部运送粮食到京师,文帝制定了一条特殊规定:成丁男子从洛阳运送 40 石(根据 607 年之前的标准,1 石/斛=59.44 升)粮食到陕州的常平仓(今三门峡市附近),便可免除征戍。但是,由于长安与黄河之间的渭河河段泥沙淤积,航运非常困难。文帝遂下令新开一条东西向河道,即广通渠,作为渭河的替代河道。② 广通渠的开通极大方便了从东部到长安的粮食运输。

606 年,炀帝在洛阳附近为国家粮食转运系统又增加了两个超级粮仓——洛口仓(兴洛仓)和回洛仓。洛口仓位于今河南巩义东,共有 3 000 窖,每窖可藏粮食 8 000 石。洛口仓总计约可容纳粮食 2 400 万石。洛口仓四周的围墙长达 20 余里(8.48 公里以上),有官兵 1 000 人负责监管和守卫。

回洛仓规模比洛口仓要小很多,但仍堪称庞大,它于同年年底修成,坐落在洛阳城以北。回洛仓共有 300 窖,围墙长约 10 里(4.24 公里)。③ 若以每窖藏粮 8 000 石计算,回洛仓可储粮 240 万石,约为洛口仓的十分之一。

在炀帝治下,随着东都洛阳的修建和大运河的开凿,政治和经济重心向东部和江南转移,这些超级粮仓在经济系统中的作用也变得日趋重要。

---

① 《隋书》卷 24,第 683 页;《通典》卷 10,第 220 页;Balazs,1953,第 159 页、第 220—221 页注 152;Bingham,1941,第 14—15 页。注:这里大部分地名用于文帝朝,炀帝登基后,多改之。

② 《隋书》卷 24,第 683—684 页;Balazs,1953,第 159—160 页。

③ 《资治通鉴》卷 180,第 5626 页;《隋书》卷 24,第 686 页。

隋炀帝：生平、时代与遗产

京仓

第一个京仓是坐落于大兴城的太仓,①负责为京城提供粮食。每个月它以定量的粮食作为俸禄,提供给朝廷、中央官府机构、京兆府、服务于官府的各色人士以及在京就读的生员。它属于司农寺太仓署管理,太仓署有太仓令2人（八品上,官阶与下县令同）、米廪督2人、谷仓督4人、盐仓督2人。② 其存储量在几百万到千万石之间。③

随着东都的建设,炀帝在城内修建了含嘉仓,位于洛阳宫城东北、东城之北（图4.1）。④ 作为洛阳城的主要粮食储备设施以及为数不多的超级粮仓之一,含嘉仓可被视作第二个京仓。关于隋朝含嘉仓的情况,文献记载或考古发现都非常有限。相反,关于唐代含嘉仓的材料却十分丰富。近年,考古学家发掘出400多座唐代半地下仓窖。从出土于仓窖的刻字砖上可以看出,唐代含嘉仓有着至少由16个文武职位组成的、复杂的行政管理系统。⑤ 与大兴城（长安）太仓相同,唐代含嘉仓也由太仓署管理,太仓署职能之一就是"凡京官之禄,发京仓以给",即通

---

① 礪波護,1980。在史料中,京仓仅指位于大兴城的粮仓。
② 《唐六典》卷19,第526—527页。
③ 《通典》卷7,第157页,注。
④ 《元河南志》卷3,第20b页;《大业杂记》,第2a页;《唐两京城坊考》卷5,第140页。
⑤ 关于含嘉仓的容量,参见《通典》卷7,第157页。关于考古发现,参见洛阳博物馆和河南省博物馆,1972;洛阳市文物工作队,1992;余扶危、贺官保,1982,第33—34页;张弓,1985,第68—73页;礪波護,1980。

过京仓给大兴城和东都洛阳的机构、官员等发放俸禄。① 炀帝时期,含嘉仓的管理和功能应与唐代相似。

常平仓

建立由政府控制以平抑物价的粮仓是一个古老的理念,可溯源于《管子》。其思想内涵是当市价过低时政府以高价买进,而当市价过高时政府以低价售出,以此平抑物价。

583年,文帝设置名为常平监的中央政府机构。同年,在陕州修造了超级粮仓——常平仓。毫无疑问,之所以叫常平仓,是因为其主要职能是平抑物价。不过,它同时也具有转运仓的功能,是文帝时粮食转输系统中的一环。②

义仓

在隋朝,义仓与社仓的概念通常可以互换。二者都由隋朝首创。义仓的功能是在艰难时日向当地百姓提供粮食。

585年,工部尚书长孙平建议建立粮食储备以应对饥荒:

> 奏令诸州百姓及军人,劝课当社,共立养仓。收获之日,随其所得,劝课出粟及麦,于当社造仓窖贮之。即委社司,执帐检校,每年收积,勿使损败。若时或不熟,当社有饥

---

① 《唐六典》卷19,第526—527页。
② 关于常平仓,参见《隋书》卷24,第683页;《唐六典》卷20,第547页;《通典》卷12,第289页;《册府元龟》卷502,第6019b页;Balazs,1953,第159页。

隋炀帝：生平、时代与遗产

谨者，即以此谷赈给。①

义仓散布在底层社会，故很可能没有得到较好的管理。595年，文帝下令西北云、夏、灵、盐等州义仓的粮食并纳于州府。596年另一道诏书则下令，在西北地区其他州内，社仓（义仓）的粮食须在当县安置。而后文帝又下诏根据家庭资产征收上、中、下三等社仓税。② 至此，义仓已经失去了本来的意义：基于当地居民捐粮的社区粮仓。义仓的管理已由州县接管，而以强制征收粮食的户税代替了管理松散的民间自愿捐赠。

隋炀帝延续了文帝的义仓（社仓）制度。但是随着财政状况的恶化，政府开始挪用义仓储粮，最终导致整个义仓系统的瓦解。③

其他类型的粮仓

隋朝时期还应有包括正仓和军仓在内的其他类型的粮仓。正仓是县级和州级政府的粮仓，用于收缴和存放税谷、救济灾

---

① 《隋书》卷24，第684页；《隋书》卷46，第1254页；Balazs，1953，第161—162页。关于社仓和义仓，参见周一良，1998，第29—49页；《册府元龟》卷502，第6019b—6020a页；《通典》卷12，第289—291页。关于唐代的义仓，参见《通典》卷12，第294页。

② 《隋书》卷24，第685页；《通典》卷12，第289—290页；Balazs，1953，第163页；张弓，1985，第125—127页。关于社，参见《隋书》卷7，第141页；《日知录》卷22，第985—986页。

③ 《唐会要》卷88，第1612页；《通典》卷12，第290页。注：《隋书》卷24，第688页有"百姓废业，屯集城堡，无以自给。然所在仓库，犹大充牣"。这里的仓库应该指那些主要官仓。

荒、向官员发放薪粮。"正仓"的说法最早可追溯于初唐,其原型应出现得更早,但现存史料尚无法证明其确实存在于隋朝。①

"军仓"一词的使用见于唐朝的吐鲁番文书。它在隋朝时期的状况尚不清楚。不过,根据一则现存的史料,文帝曾在榆林县(治今内蒙古托克托县西南)开凿平河水,以使黄河通屯仓。因为屯仓是供军队储存粮食所用,它或许可视作唐朝军仓的前身。②

战略意义

尽管在炀帝末期,官府滥用义仓,挪用储粮,但总体上官方粮仓未大受波及。例如,当河南和山东地区遭洪水、饥馑之灾时,华北的黎阳仓还贮有大量的粮食。③ 由于法律上对动用官方储粮有严格的规定,管理粮仓的官员在未得到上级许可的情况下,不肯开仓救饥。饥民出于无奈,只能食树皮、树叶,乃至人相食。④ 当洛阳附近的两大粮仓回洛仓和洛口仓落入叛军首领李密之手时,它们也几乎完好无损。粮仓中丰盈的储粮不但满足了李密百万大军的需要,也使李密能够吸引大量贫困潦倒的民众加入其反隋大军。⑤ 这两大粮仓的丧失对于隋朝是致命的

---

① 张弓(1985,第1—3页)试图将"正仓"的历史追溯到秦朝。一则629年关于设置州县义仓的记录(《册府元龟》卷502,第6020页)提及现存正仓。它们可能源自隋朝。

② 张弓,1985,第79—80页。关于屯仓,参见《元和郡县图志》卷4,第110页;《魏书》卷54,第1201页;《北史》卷34,第1257页。

③ 《资治通鉴》卷184,第5752页。

④ 《隋书》卷24,第688—689页;Balazs,1953,第172页、第230页注206。

⑤ 《资治通鉴》卷183,第5720页;《隋书》卷70,第1628页。

一击。其结果是炀帝彻底丧失了收复北方的希望,而在洛阳,因切断了与两个粮仓的联系,不久就出现了粮食供应的枯竭。①大兴城也面临相同的困境,只是因为另一支叛军首领李渊从位于华阴县的永丰仓(今陕西潼关东北)发粮赈济,才使之免遭洛阳的厄运。②

作为隋朝经济基础的关键组成部分,粮仓系统在为大都市诸如大兴城和洛阳供应粮食、提供战时以及灾荒救济等方面发挥着决定性的作用。在隋末战乱期间,主要粮仓成为各方争夺的焦点,恰恰是因为分布于关中和中原等战略要地,这些粮仓成了经济支撑和军事胜利的关键所在。

均田制

隋朝庞大且复杂的粮仓系统的存在使我们关注到经济中最重要的商品——谷物。毫无疑问,像隋朝这样一个货币体系不发达的农业社会,粮食生产是最核心的经济活动,而土地所有制也是经济制度的关键部分。隋朝实行的主要土地制度是均田制,其旨在较平均地分配可耕地。③ 均田制最早出现于北魏时期的485年,其后为北齐、北周所沿用。

均田制的实施需要配备一整套有法律效力的、严谨的人口

---

① 《资治通鉴》卷183,第5727页。
② 《隋书》卷24,第689页;《资治通鉴》卷184,第5754页;Balazs,1953,第231页,注208。关于关中困境,参见《资治通鉴》卷184,第5749页。
③ 翁俊雄,1984;赵云旗,1993;武建国,1992,第109—114页。

第九章 经济制度

登记系统。隋朝建立后,文帝于582年颁布"令",为这一系统制定了标准:

> 男女三岁已下为黄,十岁已下为小,十七已下为中,十八已上为丁,丁从课役,六十为老,乃免。①

该令也对均田制本身做出了规定:

> 自诸王已下,至于都督,皆给永业田,各有差。多者至一百顷,少者至四十亩。其丁男、中男永业露田,皆遵后齐之制。并课树以桑榆及枣。其园宅,率三口给一亩,奴婢则五口给一亩。②

隋朝均田制中关键的类别是丁男和中男(583年中男的年龄上限提高到20岁,炀帝时期为21岁)。这两类人在无官品或爵位的平民中拥有最多的土地份额。582年隋令是现存最早的记录了给予中男土地的文献。不过由于被视为582年隋令原型的北齐令中并没有这条规定,一些学者怀疑它被篡入582年令中。事实上,文献记载北齐受田者的年龄下限为18岁(17周岁),也是成丁年龄。这就排除了中男受田的可能。③ 与此不同的观点认为,尽管这条规定不见于现存的北齐令中,但它仍有可

---

① 《隋书》卷24,第680—681页;《通典》卷7,第154页;《册府元龟》卷486,第5808b页(诏书的日期);Balazs,1953,第152、215页。
② 《隋书》卷24,第680页;Balazs,1953,第151—152页。关于唐代的"赋役令",参见Twitchett,1970,第140页。注:一顷等于一百亩。
③ 关于对582年隋令的批评,参见翁俊雄,1984,第168页。关于受田,参见《隋书》卷24,第677页。

隋炀帝：生平、时代与遗产

能在较晚的北齐令中出现，因为令颁布以后也时常进行修正。①

此外，582年隋令所基于的564年北齐令有如下规定：

> 一夫受露田八十亩，妇四十亩，奴婢依良人，限数与在京百官同……每丁给永业二十亩，为桑田。②

而根据隋朝592年的一条文献，受田者还包括了户籍制度中属于"老"和"小"的群体，尽管受田的数额很小。③

根据上述材料和其他文献资料，我们可概括隋朝受田标准如下：

1. 已婚丁男受露田80亩；
2. 已婚丁女受露田40亩；
3. （已婚）丁男受永业田20亩，为桑田；④
4. 中男可以受田；
5. 奴婢受田的标准同良人（园宅除外）；
6. 老和小亦受田。

史料的缺乏使我们无法推算出隋朝未婚丁男和中男的受田数量。唐武德年间（618—626）田令规定丁男（不论婚否）和中男受田额相同。考虑到隋朝未婚丁男（即单丁）的赋税额是已婚丁

---

① 武建国，1992，第88—90页。
② 《隋书》卷24，第677页；Balazs，1953，第144页。
③ 《隋书》卷24，第682页："帝乃发使四出，均天下之田。其狭乡，每丁才至二十亩，老、小又少焉。"《通典》卷2，第29页；Balazs，1953，第157页。
④ 尽管564年北齐令规定一丁（丁男或丁）可以获得20亩永业田，但在隋朝的均田制系统中，永业田应仅授予已婚丁男，未婚丁男税负较低，亦可能受田较少。

男的一半,因此我们有理由相信其受田额也应该是已婚丁男的一半。①

根据各个地区可耕地的多寡,自北魏起就有区分狭乡和宽乡的传统。唐武德令规定居住于狭乡者受田额为宽乡的一半,确切地说,丁男在狭乡只能分得50亩土地而非100亩。② 隋朝对狭乡受田的规定也应如此。

由于田令具有指令性,其所规定的受田面积,对多数人来说,只能是理想中的最高额,在现实中难以完全实现。这一问题在地少人多的狭乡尤为突出,如上文所提592年的文献所示,在这里,丁男每人平均仅获20亩土地,而按狭乡受田标准,他至少还应受田30亩。老和小在狭乡的受田额则更少。③

如果放在全国范围来看,土地分配问题会变得更明晰。遗憾的是,史书所留下的有关数据往往不可信。的确,《通典》提供了隋朝两个不同时期的总耕地面积,不过这两个数据很容易引起误解。第一个数据指出589年隋朝共有19 404 267顷"任垦田"。杜佑评论道:"计定垦之数,每户合垦田二顷余也。"但是,这一数据不能简单地从字面上理解。相比之下,《通典》记载了740年总耕地面积为14 303 862顷,杜佑明确标明此为"应受田",然而这一数字却比589年的数字要小很多(按隋朝607年

---

① 第1、2、3、6条参见翁俊雄,1984,第168—169页。关于武德令,参见仁井田陞,1989,卷2,第540页,令3a。注:武德令规定户主可以额外获得20亩土地。关于未婚丁男的税负减免,参见《隋书》卷24,第680页。
② 仁井田陞,1989,卷22,第540页,令3a。
③ 《隋书》卷24,第682页;《通典》卷2,第29页;Balazs,1953,第157页。

以前的标准,一顷的面积仅比唐朝稍小)。① 即便是民国时期的耕地面积也比589年的数据要小很多,这更说明该数据是有问题的。② 故此,589年的数据应是预估均田制满额分配所需的田地,而非实际总耕地面积。

第二个数据是大业时期(605—618)的可耕地数量,为55 854 040顷。但是《通典》原注称:"按,其时有户八百九十万七千五百三十六,则每户合得垦田五顷余,恐本史之非实。"③很明显,此数据比已经夸大其词的589年数字还要夸张,即便考虑到按隋炀帝607年后的标准,每亩比607年前要减少四分之一,这个数据仍然是难以接受的。总而言之,隋朝田令规定的标准是受田的上限,但是根据目前所见的相关数据来判断,绝大多数人远无法获得应受田的全额。

赋税制度

租调

隋朝与均田制同步发展的是赋税制度。582年诏令规定了

---

① 《新唐书》卷37,第960页:"应受田一千四百四十万三千八百六十二顷。"《通典》卷2,第32页:天宝年间(742—756),"应受田一千四百三十万三千八百六十二顷"。《通典》记载与《新唐书》稍有不同。

② 赵冈、陈钟毅,1982,第109页。

③ 关于隋朝的数据,参见《通典》卷2,第28—29页。注:这里"五顷"当是"六顷"之误。

第九章　经济制度

隋朝基本的赋税制度：

> 丁男一床，租粟三石。桑土调以绢絁，麻土以布绢。絁以匹，加绵三两。布以端，加麻三斤。① 单丁及仆隶各半之。未受地者皆不课。有品爵及孝子顺孙义夫节妇，并免课役。②

583年三月，调绢从一匹减为二丈。③

这里涉及的租（谷物税）和调（纺织品税）也被视为隋朝两种主要的税收项目。上述诏令发布时，隋朝只控制了北方，故租仅以当地主要谷物——粟——的形式缴纳。随着隋朝的扩张，尤其在征服南方的西梁和陈之后，对582年隋令应有过修正以适应南方稻米生长区的特点。在唐代，对处在最南端的岭南地区，则规定租要以当地主要谷物——稻米——的形式缴纳。鉴于唐建国伊始的武德时期（618—626）就有交纳租米的规定，这一做法非常有可能直接沿用自隋制。④

为了评估租和调这样的正税对已婚丁男生活上的影响，我们首先要估算其个人年收入。但隋朝这方面的资料几近空白。

---

① 一床为北齐时期的说法，如："有妻者输一床，无者半床。"参见《通典》卷5，第95页。在唐朝，1匹等于4丈，1端等于5丈（《通典》卷6，第107—108页；《旧唐书》卷48，第2090页）。隋朝时期的标准应与此相同。传统上，1端等于2丈或半匹。北魏统治时期，1端等于6丈。参见《资治通鉴》卷148，第4636页。

② 《隋书》卷24，第680—681页；Balazs，1953，第152页。以下计算均按一夫一妻所受田数。

③ 《资治通鉴》卷175，第5461页；《隋书》卷24，第681页。

④ 仁井田陞，1989，卷23，第601页，令7。

隋炀帝：生平、时代与遗产

假定隋唐间没有因重大技术突破而导致粮食产量激增，因此我们用唐朝的相关数据进行推测。

根据韩国磐的研究，唐代中等田地平均产量为亩收一石（斛）。因为607年之前隋亩约为唐朝的1.3倍（1唐亩=580 m²），而607年前的隋斛与唐朝相同，因此可以推断，隋朝607年前一亩中田粟的年产量约为1.3斛。

在均田制下，已婚丁男应受田为80亩露田和20亩桑田。根据现有的史料，以桑田为基础的丝织品产量尚无法量化。但每亩桑田的产值应至少为露田的两倍。将20亩桑田折算成40亩露田，那么丁男所应受田的总数相当于120亩露田。因此，足额受田的情况下，其年产量约相当于156斛（120斛×1.3）粟。而已婚丁男每年应缴纳田租3石（斛），仅为其年产量的1/52。

为了估算以丝、麻为主要内容的调（纺织品税）的价值，我们将以唐代吐鲁番文书作为资料。天宝年间（742—756），每匹生丝价格为450至470文，每两丝绵价格为40至60文。隋朝时每户每年需纳调为丝绝一匹和丝绵三两，总价值为610钱（460+150）。583年赋税额下调后，调的总额为价值230文的丝绝（0.5匹）加上价值150文的丝绵，即380文钱。

这一时期，敦煌地区一斗粟米的价格为27至32文，或一斛价格为270文至320文（取中间价，则一斛=295文）。换言之，隋朝价值380文的调相当于1.29斛的粟。加上每年3斛的田租，一个丁男每年总计需缴纳4.29斛粟的正税，相当于最理想情况下田亩收入的1/36强。当然，在不同的时间段和不同的区域，这个数字肯定不是一成不变的。首先，从隋朝初年到唐朝的天宝末年，期间已跨越了150多年。其次，我们所讨论的两个地区——吐鲁番和敦煌——地处西北边疆地区，其物价水平与内陆地区肯定有所区别。然而，天宝年间经济繁荣，通胀水平低，与隋开皇时期相似。因为这里的分析仅用于推算隋朝农户年平均税赋负担在家庭收入中所占比重,而不是用于精确计算其市场价值,所以还是具有相当的可信度。①

在一个典型的农户家里,除了已婚丁男,通常还有其他的受田者,包括作为已婚丁女的妻子和未婚丁男。他们所应缴纳的租根据其受田额而定,而缴纳标准应与成丁相同。因此,他们的存在并不会很大程度地改变整户的税率。

据《隋书》记载,中男也可以受田(露田和可以传承的永业田),这在北齐已有先例,但《隋书》并未提及他们的租调和徭役负担。由此可见,中男或者完全免于税役,或者只需承担极少的租调和徭役。否则,中男这一类别就完全没有必要设立。② 北齐时期,中男的年龄范围是 16 至 17 岁(15 至 16 周岁),③唐朝中男的年龄范围是 16 至 20 岁(15 至 19 周岁)。④ 在实施均田制的所有朝代中,隋朝中男的年龄范围跨度最大:文帝时从 11 至 20 岁(10 至 19 周岁),跨度为 9 年;而炀帝时从 11 至 21 岁(10 至 20 周岁),跨度为 10 年。⑤ 考虑到隋均田制系统下,中男只需承担很少(或者根本不承担)税役负担,因此中男的存在可以视作官

---

① 唐亩换算成平方米如下:$0.311 \text{ m}(1 \text{ 唐尺}) \times 0.311 \text{ m} \times 5 \times 5 \times 240 = 580 \text{ m}^2$。关于唐天宝时期的商品价格,参见韩国磐,1979a,第 224 页(亩产量)、第 215 页、第 220 页(丝价)、第 219 页(粟价);张泽咸,1995,第 362—365 页。607 年前 1 隋两约合 41.76 克,而 1 唐两约为其 90%。607 年后 1 隋两约为 607 年前的 1/3。笔者未将唐两换算成 607 年前隋两,因为二者相差甚少。

② 《隋书》卷 24,第 680 页;Balazs,1953,第 152 页。

③ 《隋书》卷 24,第 677 页;Balazs,1953,第 144 页。

④ 仁井田陞,1989,第 133—136 页。

⑤ 《隋书》卷 24,第 680—681、686 页;《通典》卷 7,第 154 页;《册府元龟》卷 486,第 5808b 页;Balazs,1953,第 152、215 页。

府为纳税家庭提供的重要减税优惠。中男年龄范围跨度大对民众来说是福音,但对政府来说却意味着收入的减少。

到现在为止,我们对隋租调负担的估计是基于法律规定下的、已婚丁男的最高受田额。如果要根据已婚丁男实际受田平均额计算,则税负占比肯定会大幅度上调。此外,其他形式的课税,比如服劳役,也应当纳入计算范畴。

实际受田和税率调整

除了租调,隋朝税负的第三种形式是每年为国家所服的劳役。按照北周旧制,隋初成年男子每年需要为国家服一个月的劳役。这一制度在营建大兴城需要大量劳动力时显得尤为重要。583年,文帝迁入新都后,他下令将服劳役的时间减少为20天。① 这一做法随后为唐朝所继承。不过,根据唐令,劳役与租调是可以折算的。十五天的劳役相当于成年男子一年的调,三十天的劳役相当于一年租和调的总和。② 如果我们接受隋朝已婚丁男需向国家缴纳的租调为4.29斛粟这一估算,那么,按照唐朝的税役转换率,二十天的劳役相当于纳粟2.86斛(约等于租调之和的三分之二)。两者相加总计为7.15斛粟。

596年二月,文帝诏令征社仓税,这实际上是一种户税。按照每户资产的多寡,社仓税分为上、中、下三等。③ 具体地说,上户需缴纳1石谷物,中户需缴纳0.7石谷物,下户需缴纳0.4石的

---

① 《隋书》卷24,第680—681页;Balazs,1953,第153页。
② 仁井田陞,1989,卷23,第597—598页,令4。
③ 关于与此类似的、以资产为标准的唐户等系统,参见仁井田陞,1989,第151页;《通典》卷6,第106页;唐耕耦,1981,第185—193页。

谷物。① 假设一个已婚丁男总体上应承担家庭50％的赋税总额,那么他相应的社仓税额应为0.35石(按中户社仓税0.7石的一半计算)。加上已有的7.15斛(石)税额,则已婚丁男每年的纳税总额为7.45斛粟,占其年收入(156斛)的4.8％。

一些可变因素会对已婚丁男及该户的总税额产生显著影响。户中如有一名免交赋税的中男就可以提高家庭收入。土地等级、生产率的提高以及气候等因素都有可能对年产量造成极大影响。不过,最关键的因素还在于个人或每户家庭所实际拥有的耕地数量。我们上面分析所得出的数据是建立在每户家庭主要成员足额受田的理想前提下。现实情况是丁男实际受田状况千差万别。如上所述,592年,狭乡丁男平均受田数是20亩。假设其中20％为桑田(也就是4亩),其单位产量为露田的两倍,那么一个狭乡丁男拥有的土地可以折算成24亩,其年产量约为31.2斛(24×1.3)。按照每年所需缴纳的7.45斛的税负总额,狭乡已婚丁男的税负占其收入的24％不到。尽管税率是足额受田者的五倍,但这个收入支出比还是可以承受的。

此外,隋朝统治者在丰年还实施过减税政策。比如597年,文帝"停此年正赋,以赐黎元"。② 再者,对遇水旱灾害的地区,文帝会提供政府救济,并免除税赋。③

炀帝登基后,隋朝继续享受着"户口益多,府库盈溢"的繁荣局面。炀帝亦采取了一些减轻百姓经济负担的举措,如"除妇人及奴婢部曲之课",将男子成丁的年龄下限由21(20周岁)提高

---

① 《隋书》卷24,第685页;Balazs,1953,第223页,注167;唐耕耦,1981,第193—206页。

② 《隋书》卷24,第672页;Balazs,1953,第132页。

③ 《隋书》卷24,第684—685页;《通典》卷5,第96—97页;Balazs,1953,第162页。

到 22(21 周岁)等。因为只有成丁才需要纳租调、服劳役,所以即便只是将成丁的年龄调高一岁,此举无疑也可显著减轻百姓税役负担。与文帝相同,炀帝也实行过临时性的免除税赋的措施。一个例子便是 606 年炀帝在东都颁布诏书,大赦全国,同时免除百姓当年的租税。①

劳役和兵役

以现有的史料来看,正常情况下隋朝国家征收的租调算不上很繁重。事实上,根据零星资料,由于经济稳定增长,文帝时期均田制下的赋税制度运转顺利。② 最终导致经济衰败的并不是租调系统,而是最容易为政府所滥用的劳役制度。

文帝有时会过度使用民力。在建成宏大无比的大兴城后,593 年,文帝于大兴城西部开工修建耗资巨大的仁寿宫。据史书记载,在修建过程中,"役使严急,丁夫多死"。598 年,北方洪水肆虐,文帝发"近丁"以疏导洪水。③ 碰到诸如此类的大型公共工程项目,政府规定的 20 天劳役时间显然不够用。

文帝征发劳役与其继任炀帝相比显然要黯然失色。炀帝以

---

① 关于减免租税,参见《隋书》卷 24,第 686 页。唐朝初年,"课"和"役"被视为不同的税赋项目。这里,"课"应该指税。参见《唐会要》卷 85,第 1558 页。关于课的研究,参见 Twitchett,1970,第 249 页。关于 606 年诏令,见《隋书》卷 3,第 66 页:"大赦,免天下今年租税。"又见《资治通鉴》卷 180,第 5624 页。

② 相关例子可以参见《隋书》卷 24,第 672、681—682 页;Balazs,1953,第 151—153 页。

③ 关于滥用丁役,参见《隋书》卷 24,第 683 页;Balazs,1953,第 158 页。关于近丁,参见《隋书》卷 24,第 685 页;Balazs,1953,第 164 页。

第九章 经济制度

大兴土木、浪费民力而臭名远扬。登基伊始,他便开始滥用徭役。604年十一月,炀帝征发丁男数十万挖掘长堑,作为保护洛阳的关防。随后的605年,他每月役使200万工匠,营建新都洛阳城。同时,炀帝征发百余万人开凿大运河的通济渠段。612年第一次辽东战役,炀帝除了调遣110余万人的军队,还征调200余万人负责军需物品的运输。613年第二次辽东战役,炀帝"发诸州丁,分为四番,于辽西柳城营屯"。这意味着单此项任务这些役夫就需要承担每年3个月的劳役。①

表9.1 炀帝604—608年间大型工程项目所动用的人力

工程开始的年月	项目名称	使用劳动力数量	资料来源（卷数,页码）
604年十一月	洛阳附近的长堑	200 000＋*	《隋书》卷3,60
605年三月	洛阳城	2 000 000 每月	《隋书》卷24,686
605年三月	通济渠	1 000 000＋	《隋书》卷3,63
607年七月	长城	1 000 000＋	《隋书》卷3,70
608年一月	永济渠	1 000 000＋	《隋书》卷3,70
608年七月	长城	200 000＋	《隋书》卷3,71

注:＊为约数。原文为"数十万"。

在炀帝治下,妇女变成重要的劳役来源。起先,妇女不用服劳役,炀帝甚至下诏"除妇人及奴婢部曲之课"。② 但此后不久,炀帝将她们也纳入劳役大军。605年挖掘通济渠时,他首次征

---

① 关于挖掘长堑,参见《隋书》卷3,第60页。关于洛阳,参见《隋书》卷24,第686页;Balazs,1953,第165页。关于通济渠,参见《隋书》卷3,第63页。关于辽西丁役,参见《隋书》卷24,第687—688页;Balazs,1953,第170—172页。

② 《隋书》卷24,第686页。关于课,注释见前。

隋炀帝：生平、时代与遗产

用了女性劳动力，其后在608年开凿永济渠时再次征用。如果说第一次征用妇女是破坏了固有的传统，那么，第二次征用则是经济陷入危机的标志；其时男性劳动力已经严重短缺。608年之后，随着危机的进一步加剧，征用女性劳动力变得更为普遍。①

炀帝亦以滥征临时税而出名。610年为了准备第一次辽东战役，炀帝向富户征收马税。官府大规模收购马匹导致了马价的大幅攀升。613年，炀帝又诏令"课关中富人，计其赀产出驴"，有些人甚至不得不交纳数百头驴。驴价也因此而急剧上涨。②

611年，当炀帝积极准备进攻高丽时，北方民众不得不承担起超负荷的供养军队的任务，尽管当年早些时候，山东（太行山以东）和河南地区四十余州已遭严重旱灾。③ 隋军在随后的辽东战役中失利，加剧了当地百姓的痛苦。负责征收物资的官吏用低价买进将要征用的物品，待征用令发布后，再以高价贩卖物品给民众，从中渔利，使情况更加恶化。

最后，炀帝穷兵黩武，以强制征兵扩充兵员，极大地加重了国家的财政负担。在隋朝尚未建立的十多年以前，北周同北齐交战时，其军队的规模在17万到18万之间。至589年，隋进军陈朝时，文帝所派遣的军队规模超过了50万。炀帝时期，府兵

---

① 关于女性劳动力的征用，参见《隋书》卷3，第63页（605年）；《隋书》卷24，687页；《通典》卷7，第148页（608年）。

② 马价涨至100 000钱一匹（《资治通鉴》卷181，第5653页），同时驴价也涨至10 000钱一头（《隋书》卷24，第687—688页；Balazs,1953,第170—172页）。毫无疑问，史书作者引用这些数据是为了说明马、驴价格飙升，但却未能提供其正常价格范围。有文献显示，唐代稍晚的时期，一匹马的售价在20 000余钱到100 000余钱之间（《太平广记》卷452，第3695页；卷436，第3541页）。一头驴的售价在5 000钱左右（《太平广记》卷436，第3549页）。

③ 《资治通鉴》卷181，第5655—5656页；《隋书》卷24，第688页。

第九章 经济制度

为国家主要兵源,其常备军兵力达到 60 万。而仅第一次辽东战役,军队规模便激增至 113 万。① 据晚唐孙樵估算,在当时"岁度其费,率中户五仅能活一兵"。② 隋朝的情况应大致相同。这意味着仅供应辽东战役军队一项,就需要 550 万户家庭的所有劳动所得,而 550 万这个数字占 609 年编户总数 890 万的一半还多。③ 除此之外,还有驻守边疆地区和内地的军队以及非府兵系统的宫城禁军。因为法律规定只有成年男子有义务应征入伍,而他们同时亦是赋税的主要承担者,所以除非大力削减农业劳动力人口,否则很难维持其庞大无比的军队规模。其后果便是"增置军府,扫地为兵。自是租赋之入益减矣"。④

关于繁重徭役对当时社会产生的影响,几乎没有第一手资料保存下来。不过,一首叫《昔昔盐》的诗让我们有机会感受当时留守家庭的心境。该诗乃隋朝著名诗人薛道衡所作,道出了一位丈夫远征在外的留守妇人内心的痛苦和忧伤:

　　垂柳覆金堤,蘼芜叶复齐。
　　水溢芙蓉沼,花飞桃李蹊。
　　采桑秦氏女,⑤织锦窦家妻。⑥

---

① 《周书》卷 6,第 93 页(北周);《隋书》卷 2,第 31 页(隋平陈);《隋书》卷 4,第 81 页(辽东战役)。
② 《全唐文》卷 794,第 7 页:孙樵《复佛寺奏》。
③ 《隋书》卷 29,第 808 页。
④ 《隋书》卷 24,第 686 页;Balazs,1953,第 166 页。
⑤ 秦氏女罗敷,战国时期赵国邯郸人,秦姓,嫁给王仁。一日她采桑于陌上,赵王见而悦之。见《文选》卷 28,第 12 页。
⑥ 窦涛是苻坚的秦州太守。诗中所提及的窦妻名苏蕙。窦涛被流放后,苏蕙期待与夫团圆,将长段情诗织在锦绣上寄送给他。见《晋书》卷 96,第 2523 页。

隋炀帝：生平、时代与遗产

  关山别宕子，风月守空闺。
  恒敛千金笑，长垂双玉啼。
  盘龙随镜隐，彩凤逐帷低。
  飞魂同夜鹊，倦寝忆晨鸡。
  暗牖悬蛛网，空梁落燕泥。
  前年过代北，今岁往辽西。
  一去无消息，那能惜马蹄？①

人口

  六世纪末到七世纪初，人口数量伴随着政治和经济变动而出现起伏变化，可以视为社会稳定和经济发展的晴雨表。在文献资料相对完整的基础上，关于隋朝的人口统计，有三个关键要素值得关注：旨在增加纳税人口（括户）的貌阅、户籍登记、人口波动。

貌阅

  户口普查的精准性通常依赖于所运用统计方法的有效性。在这方面，隋朝发明了一种被称为"貌阅"或"团貌"的调查户口的方法，成效非常显著。②

---

① "昔昔盐"是一种乐府曲词名，始于薛道衡。见《文苑英华》卷287，第1461页；游国恩，1979，卷2，第18—19页。
② Balazs，1953，第218页，注139。

第九章 经济制度

在隋朝曾进行过两次貌阅。第一次在文帝朝的583年,它获得了巨大成功,新增人口160万余人。①

第二次貌阅在炀帝朝609年。此次貌阅的幕后推手是裴蕴。他在文帝朝担任过州刺史,后因行政能力卓越,被炀帝提拔为太常少卿,后迁民部侍郎。② 随后,他在全国范围内开展了新一轮貌阅,又检括出隐匿人口641 500人。③ 裴蕴的成功,得益于他在地方主政时所积累的丰富经验,当时他对民众虚报瞒报户口信息和逃税的种种手段了然于心。这次貌阅的目的是为了堵住此前文帝时期户籍登记系统存在的漏洞,比如"或年及成丁,犹诈为小;未至于老,已免租赋"。裴蕴规定,如被发现辖区内有一人的情况不属实,基层官员如乡正和里长将被流放到偏远地区。为了取得更好的效果,裴蕴采取"许民相告"的手段,鼓励人们互相检举揭发。如果一个成年人为逃税诈老或诈小被揭发,那么被揭发者就要承担揭发者的税役负担。炀帝的评价是:"前代无好人,致此罔冒。今进民户口皆从实者,全由裴蕴一人用心。"④很显然,炀帝透露出了对文帝朝的不满,同时对裴蕴取得的成绩赞赏有加。

裴蕴所采取的貌阅手段,大概源起于隋朝初年,它提供了一种有效地提高户口统计精确性的手段,从而大大增加了政府的纳税人口基数。它的贯彻实施对隋朝经济有着深刻的影响。隋

---

① 关于583年记载真实性的讨论,参见附录2。注:《资治通鉴》(卷176,第5481页)将这一事件置于585年下,但是其记录以"初"字冠之,表明事件发生时间应更早。

② 《隋书》卷67,第1575页;《资治通鉴》卷181,第5646—5647页。民部侍郎职责直接与人口调查有关。

③ 《隋书》卷67,第1574—1575页;《北史》卷74,第2552页。

④ 《隋书》卷67,第1575页;《资治通鉴》卷181,第5647页。

朝灭亡后,貌阅被唐朝所继承,成为唐王朝户令中的重要一环。①

籍帐

在裴蕴的貌阅行动中,还提到了一种统计人口的特殊方法——计帐。计帐至少在西魏时期已经出现,其时宇文泰的谋臣苏绰"始制文案程式,朱出墨入,及计帐、户籍之法"。② 现代学者已经确定,在敦煌发现著名的西魏大统十三年(547)文书残卷为计帐文书。③ 计帐是籍帐制度的一部分,它在隋朝达到成熟。

研究隋朝籍帐制度最有效的方式是从其有关规定入手,这类规定应被记录在隋成文法的"令"的部分。但很遗憾几乎没有有关隋令中涉及籍帐的记载留存于世。幸而,现存文献中有不少有关初唐籍帐制度的资料。对初唐时期籍帐制度的分析,可为了解隋朝籍帐制度提供一些线索。

关于计帐,仁井田陞的《唐令拾遗》记录了一些唐初武德年间(618—626)颁布的唐令:

(户令第九)
21.诸每岁一造计帐。里正责所部手实,具注家口年纪。④

---

① 池田温,1984,第 161 页。
② 《周书》卷 23,第 382 页。
③ 一些学者认为 547 年的文书既包括计帐也包括户籍。参见池田温,1984,第 105—111 页。
④ 仁井田陞,1989,第 148 页。英文译文见 Ikeda(池田温),1973,第 125 页。

第九章 经济制度

22. 诸三年一造户籍,起正月,毕三月。①

23. 诸天下人户,量其资产,定为九等。每三年县司注定,州司覆之,然后注籍而申之于省。每定户以中年(子卯午酉),造籍以季年(丑辰未戌)。②

这些户令表明唐初的籍帐制度包含三种基本资料:手实、计帐、户籍。每一户要每年编写一份新的手实,其内容包括户内成员性别、年龄、土地数目、田产和其他资产。然后根据手实来完成每年的计帐。籍帐则根据手实和计帐,每三年编定一次。计帐和籍帐的副本需送交中央政府。③

新疆吐鲁番最近出土了手实的原件,那里干燥的气候使得数千份唐朝以及更早时期的纸质文书在地下能够保存完好。④

《唐贞观十四年(640)西州高昌县李石住等户手实》:

（前　　缺）

　　　　　　　年肆七 丁男　　　　　　　　　1

---

① 仁井田陞,1989,第149页。
② 仁井田陞,1989,第151页。十二地支周期循环见下表:

年	亥	子	丑	寅	卯	辰	巳	午	未	申	酉	戌
序号	12	1	2	3	4	5	6	7	8	9	10	11
三年期		1		2			3			4		

③ 池田温,1984,第169—174页;Ikeda,1973,第124—127页;Twitchett,1970,第330—331页;宋家钰,1988,第164—165页。注:计帐要送往户部下属的度支司。参见《新唐书》卷51,第1343页;《唐六典》卷3,第79—80页(度支)。
④ Xiong,1999。

隋炀帝：生平、时代与遗产

☐☐☐☐ 年肆拾 丁妻	2
☐ 安 海年拾伍 中男	3
☐☐☐ 肆 黄男	4
☐☐☐☐ ☐ 大	5
☐☐☐ 八十亩未受	6
牒被责当户手实，具注如前，更［无］加减。若后虚妄，	7
求受罪，谨牒。	8
贞观十四年九月　　日户主李石住牒①	9

这一保存完整的手实文书完成于 640 年九月。一个月之前，高昌作为一个有近二百年历史的独立王国被唐攻下，随后被改为唐朝的西州。唐朝政府随即将户籍登记制度引入了该地区。这份手实原件的年代相对较早，有可能与武德令的规定相符，并且保留了武德令的原型隋令的一些特征。文书第 7—8 行表明该手实还保有格式化的惩罚条款，这很可能延续隋朝的规定，因为很容易使人联想到炀帝时期裴蕴所采用的惩罚手段。

《唐会要》有一条相关文献记载道："其诈冒隐避以免课役，不限附之早晚，皆征之。"②这主要是对新附于籍帐者的震慑性条款，规定一旦作假将取消课役减免的优惠。这一规定被称为"旧制"，应与隋朝制度有关。

很显然，用推论的形式所重构的隋朝籍帐制度还存在着相当的局限性，不过已足够证明其在隋朝经济中所起的关键性作用：追踪人口变化并为田制和赋税制度的实施提供户籍资料。

---

① 《吐鲁番出土文书》卷 4，第 71—72 页。
② 《唐会要》卷 85《籍帐》，"旧制"条原注，第 1559 页。

第九章 经济制度

人口趋势

隋朝籍帐制度的实施，使珍贵的人口数据得以保存下来。根据这些数据，我们可以推算出这期间的人口发展趋势，而这往往是测量传统时期经济健康发展的有效指标。从在北周出生直到登基称帝，炀帝一直生活在经济持续增长的相对繁荣时期。而并非巧合的是，随着人口的自然增长和南北朝统一，这一时期人口保持了不断上升的趋势。

577 年征服北齐之前，北周的总人口估计为一千一百六十八万人。灭北齐之后，新增人口达两千万。581 年隋朝建立时，人口总数接近三千三百万。589 年，因为统一南方以及人口的自然增殖，隋朝人口总数达到三千八百万。① 炀帝执政时期，大业五年（609）的人口总数为 46 019 956，户数为 8 907 546。② 在《通典》中，杜佑称之为"隋之极盛也"。③ 隋朝人口的最高值仍然落后于 600 多年前西汉公元 2 年的人口数据（其时人口统计的数字接近六千万）。作为现存最早较为可信的全国人口统计信息，公元 2 年的数据标志着中华帝国早期人口的最高峰。大业五年的数据则意味着在东汉瓦解之后到盛唐时期的 734 年之间人口增长的一个小高峰（734 年的人口调查数据为 46 285 161）。④ 这之后唐朝人口持续增长，755 年达到顶峰时，约为 52 919 309。⑤

---

① 关于这些数字的计算过程，见本书附录二。
② 《隋书》卷 29，第 808 页。
③ 《通典》卷 7，第 147 页。
④ 《唐六典》卷 3，第 73 页。
⑤ 梁方仲，1980，第 4、6 页。

隋炀帝：生平、时代与遗产

炀帝统治时期一个最突出的特征就是大业五年(609)之后人口急剧下降。① 虽然609年之后准确的人口统计数据不得而知，但我们仍可根据隋唐户数来推算人口下滑的速度。隋朝在609年共有八百九十万户，但到唐初的贞观年间(627—649)只剩下不足三百万户。② 换言之，从隋末到唐初，户数锐减了60%。由此类推，人口总数可能由609年的四千六百多万减少到唐初的一千五百万。

由于统计过程的复杂性，以上数据不能简单地视为真实状况的反映。尤其是王朝末年，政局动乱会大大制约官府收集人口信息的效力，同时大量的土地和人口落入周边政权或独立武装手中，从而导致严重的人口脱漏现象。这种情况在隋唐政权更替时也同样存在。但是，至唐高宗永徽三年(652)——这时唐朝已经历了34年未间断的发展和向外扩张，而唐朝所控制的领土已超过全盛时期的隋朝——唐朝的户数仅为三百八十万，还不到炀帝大业五年(609)户数的43%。③ 这一事实表明，即便唐初仍存在相当数量的隐匿人口，它仍不足以改变这样一个结论：从609年的峰值到618年的低谷，隋朝人口的急剧减少，在很大程度上，应归因于战争、饥荒、劳役等非自然因素。

《隋书·食货志》对文帝时期的经济状况是这样概括的：

---

① 《旧唐书》卷38，第1384页。
② 关于隋朝609年总户数，参见《隋书》卷29，第808页；关于唐初人口的估算，参见《通典》卷7，第148页。
③ Bielensteim(1947和1987)认为史书中所记载的全国户数，特别是280年和627—649年间的户数，是根据纳税人口统计的。这一论断似不妥。关于对此的反驳，参见Pulleyblank(1961，第292—293页)。

第九章 经济制度

> 隋文帝既平江表，天下大同，躬先俭约，以事府帑。开皇十七年，户口滋盛，中外仓库，无不盈积。所有赉给，不逾经费，京司帑屋既充，积于廊庑之下，高祖遂停此年正赋，以赐黎元。

对文帝的盛赞，与《食货志》随后对炀帝时期经济状况的评价形成了鲜明对比：

> 疆场之所倾败，劳敝之所殂殒，虽复太半不归，而每年兴发，比屋良家之子，多赴于边陲，分离哭泣之声，连响于州县。老弱耕稼，不足以救饥馁，妇工纺绩，不足以赡资装。①

作者显然是有意用两极分化的语言描述文帝、炀帝时期的经济特征，以示褒贬。根据现存资料，想要否定《食货志》作者所勾画的炀帝朝悲惨画面，实无可能。正如本章所示，尽管文帝建立起了稳定而相对有效的经济制度，并积累了大量财富，但炀帝却使帝国陷入了经济上的恶性循环。其无休止的工程项目和野心勃勃的军事扩张对国家经济产生了叠加性的负面效应。其肆无忌惮地滥发徭役，加之天灾、战争等因素，导致人口骤减，从而引起长时间的劳动力短缺。加之大量劳工、壮丁因不愿为无谓的远征送命，冒死逃亡，导致情况进一步恶化。更有甚者，他们中间不少人投入了迅猛扩张的叛军队伍。随着隋王朝坍塌，经济秩序也走向崩溃。

---

① 《隋书》卷24，第672页；Balazs,1953,第131—133页。

隋炀帝：生平、时代与遗产

第十章　对外政策

581年隋朝建立之前，北周武帝宇文邕（560—578在位）已经迈开统一全国的第一步。577年，周武帝征服北齐，这是北方自534年以来的第一次统一。隋文帝决心继承统一大业，并将目光投向了南方。隋朝建立后不久，在兵不血刃拿下位于长江中游的西梁政权后，隋军在统帅杨广的统领下于589年移师江淮并征服了陈朝。这些在短短12年内新征服的地区，与隋朝文化、语言以及民族传统相同，历史上也曾处在统一的中央帝国控制之下。这些因素都有助于实现官方极力推行的融合。但是短时间内疆域的急速扩张，使隋王朝直接面对到与自己文化传统不同的周边邻邦，并与之发生冲突。

面对复杂的外部环境，文帝的臣僚为其制定了一套经过深思熟虑的对外政策，其长远战略是在传统中华文化区域内推动疆域扩张、巩固权力，同时保护华北、西北边境的农业聚落以及西北地区的商路。文帝在对外政策上一方面侧重与突厥和高丽的关系，同时努力重建东亚地区的中华世界秩序（Chinese world order）——一种基于远古的、华夏中心论的"天下观"（universal overlordship）和一种历史悠久的、对周边地区的自我优越感。

炀帝一方面维系着文帝的中华世界秩序，同时又推行着一种

第十章 对外政策

更具扩张性的对外政策：开拓、远征海外地区，对相邻地区发动全面战争。在炀帝治下，隋朝的势力范围已经远远超出了中原王朝传统的疆界：南达林邑和赤土，东至流求和倭国，西北涉铁勒、吐谷浑、党项、西域，北及西北至突厥，东北部达高丽、靺鞨、契丹。（图10.1）

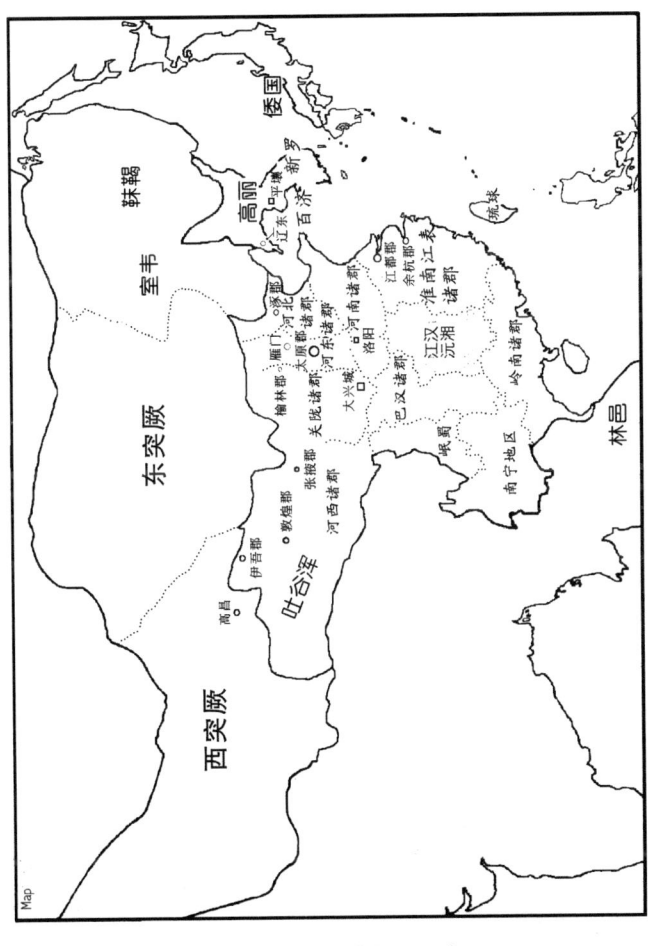

图 10.1　隋朝及邻邦(612年)

隋炀帝:生平、时代与遗产

远南

那些远离隋朝南部边界的政权在文帝朝并没有受到太多的关注。炀帝上台后,其对外政策的重心仍在北方。不过,鉴于突厥暂未构成直接威胁,他将目光投向了远南地区。《隋书》记录了十余个向隋朝朝贡的东南亚地区政权,其中资料较为详细者有四:林邑(占婆)、赤土(在马来半岛)、真腊(柬埔寨)[1]和婆利(巴厘)。四国均向隋朝派出过进贡使团,其中林邑和赤土则接待过隋朝使臣。对此有必要进一步探讨。

林邑

林邑国[2]位于今越南中部,它受到来自中国和印度的双重影响。汉朝末年,交阯(趾)郡的一部脱离汉朝,成为独立政权,尔后发展为林邑。林邑的物产大抵与交趾相同。它的乐器多与中国相类似,但其丧葬习俗,比如"积薪焚尸",颇类南亚次大陆的传统。林邑的国教为佛教,文字据说与梵文相同。这个延绵数千里的国度居住着如《隋书》所说"深目高鼻,发拳色黑"的民族。[3] 文帝平定陈朝后,林邑向隋朝派遣过一个朝贡使团,但没

---

[1] 真腊(Chinrap)或占腊。参见 Schafer,1963,第5页;《岛夷志略》,"真腊",第71—75页。

[2] 《岛夷志略》,占城,第56—57页,注1。

[3] 《隋书》卷82,第1831—1832页。关于当时南亚次大陆的丧葬习俗,参见《大唐西域记》卷2,第208页。

第十章　对外政策

引起朝廷太多的注意。仁寿(600—604)末,刘方将军,在刚刚平息交州(在越南北部)的李佛子叛乱之后,奉命攻打林邑。鉴于604年初炀帝已受文帝之命执掌朝政(文帝患病,不久后便去世),尽管史书中没有记载,但派遣刘方使团的命令极可能来自炀帝。刘方率领"步骑万余及犯罪者数千人",与林邑王梵志骑着巨象的队伍交锋,最终于605年四月以布陷阱的手段战胜了对方。隋军占领林邑首都,并获得十八枚金制庙主。刘方班师回朝前,刻石碑立于林邑以纪念战功,并分其地设置荡州、农州、冲州三州,后改为比景、海阴、林邑三郡。其后王梵志收复了林邑,并派使者向隋朝谢罪。自此以后,林邑朝贡不绝,承认隋朝的宗主国地位。①

显然,刘方此次军事行动是在隋天下观框架下进行的财富寻猎行动。传说中的奇珍异宝使林邑成为称心的军事征服目标。凭借强大的军事实力,处于霸主地位的隋朝迫使林邑成为不断进贡异域奇珍的属国。

赤土

登基后,炀帝开始招募探险者前往那些中原王朝未曾涉足的遥远地域。位于马来半岛的热带赤土国未曾引起文帝的注

---

①　关于李佛子,参见《隋书》卷2,第48页;《资治通鉴》卷179,第5598页。关于刘方,参见吕思勉,1980,第21页;《资治通鉴》卷180,第5619页;《册府元龟》卷984,第11562页;《隋书》卷82,第1832—1833页。关于州的设立,参见《隋书》卷31,第886页。

隋炀帝：生平、时代与遗产

意,却成为炀帝探险的目标。① 赤土人通常被认为与扶南人属于同一人种(扶南,位于暹罗湾,今柬埔寨)。据《隋书》记载：

> 居僧祇城,有门三重,相去各百许步。每门图画飞仙、仙人、菩萨之像,县金花铃毦,妇女数十人,或奏乐,或捧金花。又饰四妇人,容饰如佛塔边金刚力士之状,夹门而立……其俗等皆穿耳剪发,无跪拜之礼。以香油涂身。其俗敬佛,尤重婆罗门。妇人作髻于项后。男女通以朝霞、朝云杂色布为衣。豪富之室,恣意华靡,唯金锁非王赐不得服用。②

608年三月,赤土首次遣使入贡,这也是赤土国首次见诸史书记载。炀帝安排品秩较低的官员常骏率团回访。常骏携带五千段丝织品③以赐给赤土王。赤土王派遣三十艘船前往迎接隋朝使团。炀帝诏书被宣读后,赤土王表示:"今是大国中人,非复赤土国矣。饮食疏薄,愿为大国意而食之。"赤土王赠予中国客人昂贵的礼物,并以盛宴及美乐款待他们。常骏出使期间,赤土王还派遣另一使团入贡隋朝,该使团于609年二月到达。常骏返回之时,赤土王派遣王子那邪迦率第三个入贡使团随行。610年六月,当常骏和那邪迦出现在朝廷,欣喜若狂的炀帝赏赐给那

---

① 赤土意为"红色的土地",它极有可能位于槟榔屿(Penang Island)对面的韦尔斯利省(Province Wellesley)。参见 Schafer,1963,第 157 页；方豪,1983,第 226—228 页。或位于苏门答腊岛(参见陈碧笙,1990)。关于其他说法,参见 Bingham,1941,第 23 页。
② 《隋书》卷 82,第 1833—1834 页；Schafer,1963,第 3 页。
③ 一段等于半匹或两丈。有时,段和端可互用。

第十章 对外政策

邪迦及其随从各种珍宝和官衔。①

东方

《隋书》中列举了六个东夷之国：流求、倭国、朝鲜半岛的三国及靺鞨。其中流求和倭国特别值得关注，一是因为其孤悬海中的地理位置，二是因为炀帝在双边关系中所扮演的特殊角色。②

流求

流求坐落于东海。同赤土一样，流求岛国最早在炀帝时期开始同中国有官方接触。根据《隋书》的记载，流求人具有明显的高加索人种的面部特征，如深目高鼻。他们没有文字，也没有君臣之礼。其物产包括稻谷等，与中国的岭南地区相同。他们生活于类似原始君主制的社会之中，使用石制农具，以刀耕火种

---

① 关于第一次和第二次的赤土访隋之行，参见《隋书》卷3，第71—72页；《册府元龟》卷970，第11395b页。关于常骏之行，参见《隋书》卷3，第71页；《隋书》卷82，第1835页；《资治通鉴》卷181，第5638—5639页；《册府元龟》卷970，第11396a页。据《隋书》（卷82，第1834页），常骏之行发生于607年。关于第三次赤土访隋之行，参见《隋书》卷3，第75页。《隋书》（卷82，第1835页）记载炀帝于610年春在弘农接见那邪迦。这一记载未能被其他证据所印证。

② 《隋书》卷81。本章有专节讨论朝鲜半岛的高丽问题。

隋炀帝：生平、时代与遗产

的方法来开垦和种植。①

流求位于建安郡（治今福建福州）以东，走水路五日便可到达。607年三月，炀帝派遣官职较低的羽骑尉朱宽出使流求（这也是有文献记录的第一次）。朱宽及随行者到达流求后，与当地人言语不通无法交流，劫一人而返。之后朱宽再次出使流求，亦以失败告终。第三次出使是由陈棱和张镇州率领一万多人的大军，从东阳（治今浙江金华）出发，军中还有会说当地语言的东南亚土著。随之而来的隋与流求的战争导致流求王渴剌兜被杀，首都宫殿被焚。610年初，陈棱和张镇州押解俘获的17 000名流求男女返回隋朝，两人都得以封官加爵。虽然有军事上的胜利，但此次行动最主要的目的——建立朝贡关系——却未能达到。直至隋亡，未见有流求使团再来朝贡。②

倭

隋朝时期，位于日本的倭国被认为正处在文明转型的阶段。倭国从百济引入佛经，接受佛教，并开始有自己的文字。据史籍记载，在推古天皇（日本历史上第一位女天皇）时期（592—628在位），倭国派遣使者来隋朝贡，达四次之多。第一次使团在600年文帝朝时来隋。③ 其余三次都发生在炀帝时期：分别为

---

① 《隋书》卷81，第1823—1824页。
② 关于朱宽，参见方豪，1983，第225—226页；《隋书》卷3，第67页。朱宽为羽骑尉（从九品）。参见《隋书》卷28，第792页。关于陈棱，参见《隋书》卷3，第74页；《隋书》卷81，第1825页；《资治通鉴》卷181，第5650页；《册府元龟》卷984，第11562b页。注：据《隋书》卷81，第1825页记载，俘获人数仅有数千人。张镇州，《资治通鉴》作张镇周。
③ 《隋书》卷81，第1826—1827页。

第十章　对外政策

607年七月、608年三月、610年正月或三月。① 日本文献则记载了三次朝贡，均在炀帝时期：607年七月至608年四月、608年九月至609年九月、614年六月至615年九月。由于中日文献记载的差异，学者们对倭国遣使隋朝的次数问题存在分歧，主要争论集中在日本史籍记录的准确与否。②

600年倭国出使隋朝，这也是唯一的一次发生在文帝朝的朝贡，倭国使节告知文帝："倭王以天为兄，以日为弟，天未明时出听政，日出便停理务。"这些古怪的言论让文帝感到不悦。③

文献中记录的炀帝朝首次倭国使团来访发生于607年，这也是资料保存最完整的一次。使团由著名的小野妹子（中文称苏因高）率领，通常认为是由摄政者圣德太子所派遣。拜见炀帝时，小野妹子说："闻海西菩萨天子重兴佛法，故遣朝拜，兼沙门数十人来学佛法。"小野妹子这么说可能是因为炀帝还是太子时曾被冠以"总持菩萨"的名号。④ 但炀帝对倭国呈递的国书很不

---

① 关于607年的朝贡，参见《隋书》卷81，第1827页。608年的朝贡记载于《隋书》卷3，第71页。注：堀敏一（1993年，第207页）怀疑这一记载的可靠性。但其说并不能令人完全信服。这次朝贡在他处也有记载。见《册府元龟》卷970，第11395b页；《北史》卷12，第450页。610年的朝贡到达的时间或是正月（《隋书》卷3，第74页；《北史》卷12，第454页），或是三月（《册府元龟》卷970，第11396a页）。

② 关于日本文献的记录，参见汪向荣、夏应元，1984，第50—55页。关于这些朝贡的争论，参见高明士，1993，第91页。

③ 《隋书》卷81，第1826页。Inoue Mitsusada（井上光贞）（1993，第168页）认为此时倭国国君为推古天皇。600年的朝贡被广泛认为是针对新罗的一次外交行动。新罗当时正受到了倭国远征军的进攻。见森克己，1955，第2—3、5—6页。

④ 参见Tōno Haruyuki（东野治之），1995，第41页。另一种观点认为"菩萨天子"是指文帝，参见森克己，1955，第6—7页。

隋炀帝：生平、时代与遗产

满意,这份国书称:"日出处天子致书日没处天子"。① 尽管心怀不悦,但炀帝仍有兴趣保持同倭国的交往。受炀帝之命,裴世清以隋朝使臣身份,与小野妹子一起,于608年四月,经由百济到达日本。②

关于此后发生的事情中日文献均有记载,但却截然不同。根据《隋书》,裴世清受到倭国国王的盛情欢迎,倭王说:"我闻海西有大隋,礼义之国,故遣朝贡。我夷人,僻在海隅,不闻礼义,是以稽留境内,不即相见。今故清道饰馆,以待大使,冀闻大国惟新之化。"裴世清答复曰:"皇帝德并二仪,泽流四海,以王慕化,故遣行人来此宣谕。"待裴世清回国时,倭王遣小野妹子同行并进贡方物。③

根据日本史书《日本书纪》,小野妹子和裴世清前往日本时各携带一封来自炀帝的国书。但是,小野妹子声称在百济时国书为人所劫掠。裴世清与小野妹子一同到达后,裴向倭王呈送他手中那份国书,国书开头写道:"皇帝问候王。使人长吏大礼苏因高(小野妹子)等至,具怀……"倭王则回复曰:"东皇帝敬白西皇帝……"。④

---

① 《隋书》卷81,第1827页;《册府元龟》卷997,第11703a页;高明士,1993,第102页,注8。

② 注:《隋书》"裴世清"作"裴清"。《隋书》卷94(第1827页)称:裴[世]清609年使倭。今从日本文献,见汪向荣、夏应元,1984,第50—52页。注:当时倭国的纳贡国百济乐于出兵帮助隋朝进攻高丽。参见徐先尧,1992,第522,546—547页;Inoue Matsusada,1993,第182—183页;池田温,1971。

③ 《隋书》卷81,第1827—1828页;《北史》卷94,第3137页。

④ 汪向荣、夏应元,1984,第50—51页。关于大礼,参见徐先尧,1992,第541页。

第十章 对外政策

关于这次隋倭交往活动,《隋书》与《日本书纪》的侧重点不同,所以双方记载有很大差异。最根本的分歧在于彼此对对方的定位不同。《隋书》的记载传递出一种强烈的信息,即:在隋朝看来,倭国乃仰慕中华文明的域外之邦,尽管表现得傲慢无礼,但它对自己附属国的地位也是认同的。而《日本书纪》却清晰地表明倭王与隋朝皇帝之间是平等关系。

两书不同的成书环境或许有助于解释为何二者对于这次交往活动记载不同。《隋书》成书于七世纪初,在隋朝灭亡后不久。《日本书纪》则完成于八世纪初,比《隋书》晚了近百年。《隋书》继承了中国古代编写史书的传统,是在官方档案基础上编写的纪传体正史。《日本书纪》是日本编写本国通史的首次尝试,旨在挑战中华文明的主导地位,而其内容中史实与虚构杂糅并存。故此,很有可能《日本书纪》的作者对所记述的事实做了修饰,以便造成一种隋倭平起平坐的印象。一些学者甚至认为,《日本书纪》所记录的608年炀帝给倭王的国书是伪造的,这似乎不无道理。[①] 无论如何,《隋书》的记载明确传递出这样的看法,即文帝和炀帝都将倭国视为中华世界秩序下的一个附属国。

为何倭国使节要冒着惊涛骇浪来到中国?普遍认同的观点是600年倭国出使隋朝是一次针对新罗的外交行动,因为是时新罗正遭到倭国远征军的攻击。不过中文文献中没有这方面的记录。607年的出使活动则毫无疑问是宗教性的,其目的完全是为了获得更多的佛学知识。而炀帝派遣使臣回访,则旨在传播中华文明。

---

① 高明士,1993,第91、98页。

西方

西域

最能说明隋朝积极实施其华夏中心论"天下观"的例子,当属隋与西北部(中亚)邻国的关系,特别是那些活跃在广袤的、被称为"西域"地区的小国。① 西域的概念出现在西汉时期,关于其所指范围有不同解释。狭义上的西域指帕米尔高原以东,敦煌附近的玉门关以西的广大地区,大致囊括了今天的新疆地区。但是,广义上的西域则越过帕米尔高原,往西延伸至西土耳其斯坦、西亚、南亚次大陆,甚至东罗马。

据《隋书》记载,炀帝在位时期,有多达三十多个西域小国派使节向隋朝进贡,包括中国西北边境地区的吐谷浑和党项,西亚的萨珊波斯王朝,以至于中亚河中地区的安国(Bokhara)。当然,在隋朝自我构建的地缘政治空间中,波斯和安国只是名义上的属国,其与隋朝仅偶尔有外交往来。②

炀帝对西域最大的兴趣在于控制从敦煌向西的商路,也就是通常所说的丝绸之路。隋朝主管对外事务的官员裴矩在其所

---

① 这里,笔者采用较为宽泛的中亚概念,除新疆和西藏以外,还包括原属苏联的中亚五国。
② 《隋书》卷83。

第十章　对外政策

著《西域图记》中指出,通往西域共有三条商路。① 第一条商路为北道,经由伊吾(哈密)、铁勒以及突厥,最后到达东罗马(拂菻);第二条商路为中道,起于高昌(吐鲁番),经由焉耆(Karashahr)、龟兹(Kucha)、疏勒(Kashgar)、帕米尔高原以及其他一些中亚国家如康国(撒马尔罕 Samarkand 或 Sogdiana)和安国(布哈拉 Bokhara),最终到达波斯;第三条商路为南道,经鄯善、于阗、帕米尔高原和吐火罗,到达北婆罗门(北印度)。三条商路的终点皆在西海,但西海指三个不同的地方,即地中海、波斯湾、北印度洋。(图10.2)②

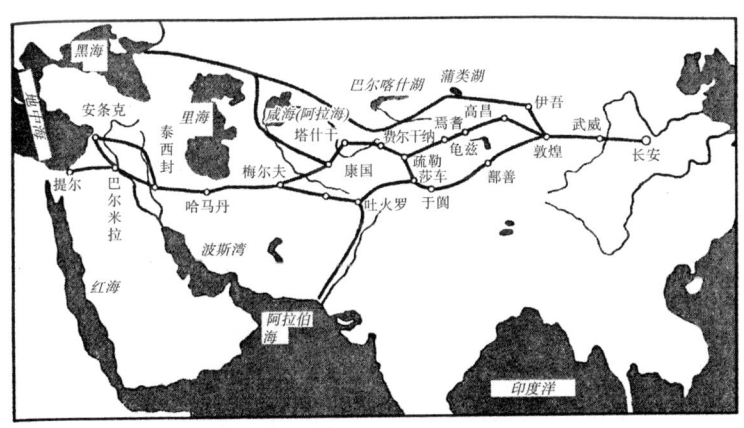

图 10.2　隋朝与西域

---

① 《隋书》卷67,第1578—1580页。关于裴矩,参见 Wright,1978,第169—171页;Pan Yihong(潘以红),1997,第116—118页。
② 张星烺,1977—1979,卷1(第61—62页)、卷4(第74—196页);方豪,1983,第230—238页;Chavannes,1969,第三部分,ⅡA。关于焉耆,参见 Franke,1961,Band Ⅲ,第206页,注394。关于拂菻,参见 Franke,1961,Band Ⅲ,第208—212页,注400;张星烺,1977—1979,卷1,第79—85页。

隋炀帝：生平、时代与遗产

裴矩构想了一个方略，通过建立朝贡和贸易关系，可不费吹灰之力，就将狭义上西域地区诸国纳入隋帝国的地缘政治空间。但是，突厥和吐谷浑是称霸西域的两大障碍。因此，裴矩建议"诸蕃既从，浑、厥可灭。混一戎夏，其在兹乎"。按照裴矩的设想，为了将霸权投射至西北、中亚甚至及更远的地区，隋朝应采用分化瓦解的策略以削弱突厥。

与此同时，在炀帝早期，吐谷浑就是隋朝中亚政策的重点所在。吐谷浑有自己的官僚等级制度，包括王公、仆射、尚书、郎中、将军。其衣着、武器大致与中原地区相同。尽管有自己的城郭，但多逐水草而居。其祖先可追溯至辽西鲜卑。西魏北周权力交替时期，吐谷浑首领自称可汗。① 对隋朝而言，吐谷浑的风俗和经济水平与突厥类似，但军事实力要弱许多。这可以解释为何在裴矩的战略构想中，针对吐谷浑的策略更具侵略性。在裴矩的说服下，另一支强大的游牧部落铁勒，于608年向吐谷浑发动突袭，并取得决定性胜利。吐谷浑的伏允可汗并不知晓裴矩为幕后策划者，还向隋朝请求援助。结果炀帝派遣宇文述将军又对吐谷浑发动了一系列猛攻。最终吐谷浑不得不放弃广袤的故土，其地东西四千里、南北两千里皆归隋朝所有。

大约在同一时段，薛世雄将军受命与东突厥的启民可汗组成联军，进攻西域最东边的绿洲城市伊吾。尽管启民可汗并没有按预想的计划出兵，薛世雄仍孤军深入大漠，并以武力逼迫伊吾投降就范。

伴随着隋军一连串的胜利，609年六月，炀帝巡幸张掖（今甘肃中部），这也是炀帝一生中到达的最西端。裴矩对高昌王麹伯

---

① 关于裴矩的方略，参见《隋书》卷67，第1580页。关于吐谷浑，参见《隋书》卷83，第1842页。

第十章 对外政策

雅以厚利相诱惑,麴伯雅携西域诸国使团来朝。其中伊吾首领吐屯设的到来尤其令炀帝满意,因为他进献了数千里的土地。①

炀帝于新获的吐谷浑和伊吾之地设置河源、西海、且末、鄯善四郡,范围包括从青海东部一直到新疆南部。隋朝将罪犯发配到这些人烟稀少的地区进行开发,并派刘权将军镇守河源,大开屯田。这片广袤的土地被纳入隋朝管辖,其战略意图是保卫河西走廊和丝绸之路的贸易。

至于吐谷浑首领伏允,直到隋末他都无缘重归这片土地。后中原大乱,伏允趁机卷土重来,从隋朝手中夺回故地。②

高昌

丝绸之路上的绿洲国中,高昌(吐鲁番)同隋朝的关系最为密切,第一次辽东之役时,其王麴伯雅亲至辽东拜见炀帝。③ 高昌居民最早来自内地,因此它是中亚地区最具有汉文化风格的

---

① 关于隋朝对吐谷浑的进攻,参见《隋书》卷83,第1844—1845页,卷3,第71页;《资治通鉴》卷181,第5641页。关于薛世雄,参见《资治通鉴》卷181,第5642页;《隋书》65,第1533—1534页。关于麴伯雅和吐屯设,参见《资治通鉴》卷181,第5644—5645页;《隋书》卷3,第73页。关于高昌和伊吾,参见谭其骧,1982—1987,卷5,第30—31页,③10—11。

② 关于屯田,参见《隋书》卷63,第1504页。关于开发河西,参见《资治通鉴》卷181,第5645页;谭其骧,1982—1987,卷5,第9—10页。关于伏允,参见《资治通鉴》卷181,第5641—5645页;《隋书》卷67,第1580—1581页;《隋书》卷83,第1844—1845页;Franke,1961,Band II,第332—335页;Wright,1978,第170页;Molè,1970,xvi—xviii,第43—45、148—150页,注377;Pan Yihong,1997,第118—120页。

③ 《资治通鉴》卷181,第5662页。

隋炀帝：生平、时代与遗产

或者说汉化程度最高的政权。① 尽管被突厥所控制，高昌仍于608年遣使入贡，609年麴伯雅长途跋涉亲自前来朝贡。出于进一步加强双方关系的战略考虑，炀帝将华荣公主嫁与麴伯雅。在这些友好姿态的背后，隐含着炀帝将高昌纳入隋帝国版图的意图。612年麴伯雅返国，主动废除承袭自突厥披发左衽的习俗，此举获得炀帝的嘉奖，并誉高昌为"冠带之国"。

不过，高昌仍与相邻的强权之国铁勒保持进贡关系。高昌对来往于境内的商人征税，并将税款进贡给铁勒。这反映出隋朝西域扩张行动的局限性。尽管高昌在习俗和语言上同中原相近，而且经常遣使入贡隋朝，但它仍然是蛮族铁勒政权的附属国。②

突厥

在炀帝的对外战略中，最关键的邻国莫过于出现在北方和西北地区的突厥帝国。③ 隋朝与突厥相交，或战或和，其关系成为主导蒙古高原和西域的最重要的政治因素。

六世纪中期，当种族混杂不清的突厥在阿尔泰地区崭露头角时，统治欧亚草原的是另外两大游牧政权：柔然和嚈哒。柔然以蒙古高原为依托，控制着西起吐鲁番盆地，东至东北，北起鄂

---

① 《通典》卷174，第4558页。

② 《隋书》卷83，第1846—1848页；《北史》卷97，第3215—3216页。

③ 关于突厥的主要研究成果有 Chavannes,1969；岑仲勉,1958；Liu Mau-tsai(刘茂才),1958(东突厥)；Grousset,1970,第80—90页。新近的研究包括 Haneda Akira(羽田明),1978,第1—4页；Sinor,1990,第285—308页；Barfield,1989,第131—139页；刘健明,1997；吴玉贵,1998,第81—146页。

第十章 对外政策

尔浑河,南至长城的广大地区。柔然西边的嚈哒,控制着从巴尔喀什湖至咸海的大片领土,其统治地区包括西土耳其斯坦、阿富汗、巴基斯坦的旁遮普地区等。①

中国史书于七世纪早期开始对突厥有详细的记载:

> 其俗畜牧为事,随逐水草,不恒厥处。穹庐毡帐,被发左衽,食肉饮酪,身衣裘褐,贱老贵壮。官有叶护,次设、特勤,次俟利发,次吐屯发,下至小官,②凡二十八等,皆世为之。有角弓、鸣镝、甲、矟、刀、剑。善骑射,性残忍。无文字,刻木为契。候月将满,辄为寇抄。③

> 谋反叛杀人者皆死,淫者割势而腰斩之。斗伤人目者偿之以女,无女则输妇财,折支体者输马,盗者则偿赃十倍。有死者,停尸帐中,家人亲属多杀牛马而祭之,绕帐号呼,④以刀划面,血泪交下,七度而止。于是择日置尸马上而焚之,取灰而葬。表木为茔,立屋其中,图画死者形仪及其生时所经战阵之状。尝杀一人,则立一石,有至千百者。

> 父兄死,子弟妻其群母及嫂。五月中,多杀羊马以祭天。男子好樗蒲,女子踏鞠,饮马酪取醉,歌呼相对。敬鬼

---

① 岑仲勉,1958,第 15—16 页;Sinor,1990,第 187—197 页;吴玉贵,1998,第 6—21 页。译者注:嚈哒,《隋书》称挹怛。
② 吴玉贵,1998,第 22 页。注:《隋书》(卷 84,第 1864 页)的点校者将"设、特勤"读作"设特勤",误。
③ 《北史》(卷 99,第 3288 页)记载:"刻木为数,并一金镞箭,蜡封印之,以为信契。"
④ 无论是《周书》(卷 50,第 910 页)还是《北史》(卷 99,第 3288 页)都记载了"绕帐走马七匝"这一习俗。

隋炀帝：生平、时代与遗产

神,信巫觋,重兵死而耻病终,大抵与匈奴同俗。①

作为草原民族,突厥拥有不同于周边民族的独特风俗习惯,尤其是他们的二十八等官爵制以及丧葬礼俗。关于突厥的早期文字,史书中存在着自相矛盾的记载。《隋书》和《北史》均称突厥当时并没有自己的文字,《周书》则说突厥文与粟特相类似。碑铭资料证明早期突厥人用的是粟特文字。他们自己的卢恩字母(Runic script)发明于后来的东突厥时期,见用于著名的《阙特勤碑》和《毗伽可汗碑》。②

中国的文献一直认为突厥和匈奴具有相同的习俗,因为匈奴在汉朝时控制的范围跟突厥大致相同。从本质上而言,突厥同中国本土以北的其他游牧民族拥有相同的特征,比如贱老贵壮、父兄死子弟妻其群母及嫂、穹庐毡帐、披发左衽、衣裘褐、③崇拜天神等。④ 在具有正统史观的史臣所编写的《隋书》及其他正史中,除了总体上对游牧部落缺乏褒扬之外,还将突厥人刻画成经济、文化、风俗、价值观都与中原相悖的族群。这些刻板印象对构建隋朝的突厥政策有很大影响。

---

① 《隋书》卷84,第1864页。亦可参见《周书》卷50,第909—910页;《北史》卷99,第3285—3302页;《通典》卷197,第5401—5407页。关于《周书》原文的部分英译,参见Grousset,1970,第86—87页。注:"天",《周书》卷50(第910页)、《北史》卷99(第3288页)均作"天神"。

② 薛宗正,1992,第6—7、710—711页。关于早期突厥语言,《周书》卷50,第910页记载:"其书字类胡"。在史料中,"胡"(蛮人)通常为中国北方和西北部族的统称。在隋唐时期,"胡"多指中国以西的部族,特别是粟特。

③ 《史记》卷110,第2879页;《汉书》卷94,第3834页。

④ 《北史》卷99,第3288页;《周书》卷50,第910页。

第十章 对外政策

552年突厥摆脱了柔然的桎梏并一跃成为控制蒙古高原的霸主,因而从六世纪中期起,中原王朝开始越来越感受到突厥的存在。突厥帝国的缔造者土门可汗去世后,突厥分裂为两个事实上独立的政权:东突厥和西突厥。① 西突厥与萨珊波斯联手,消灭了柔然昔日的劲敌——嚈哒。②

尽管分裂为东西两部,突厥帝国名义上的王庭仍位于东部。东突厥以南就是中原地区两个对峙政权——北周和北齐。利用二者之间的对立,东突厥大肆榨取两方的贡纳,并时常侵扰边郡百姓。佗(他)钵可汗夸口道:"我在南两儿常孝顺,何患贫也?"③这里的两儿即指北周和北齐的统治者。他们争先恐后地与佗钵可汗结姻示好。④

随着577年中国北方实现统一和581年隋朝建立,北部地区的权力重心倒向了中原王朝一边。尽管如此,突厥问题仍是隋朝最严峻的对外事务问题。文帝初期,隋朝便不断受到来自突厥的袭扰。⑤

正当文帝巩固手中权力之时,突厥内部自相残杀,分裂为五

---

① 关于击败柔然之后建立的第一个突厥帝国,参见 Sinor,1990,第291—301页。虽然突厥正式分裂常常被确定为583年,但是东突厥和西突厥在此之前很早就已经出现了。参见 Chavnnes,1969,第219—221页。

② 关于突厥对柔然和嚈哒的军事胜利,参见 Chavannes,1969,第221—229页。

③ 《北史》卷99,第3290页;《隋书》卷84,第1865页;《周书》卷50,第911页;岑仲勉,1958,第8—9页。比较《资治通鉴》卷171,第5314页。

④ Liu Mau-tsai,1958,Band I,第392—395页。吴玉贵(1998,第86—88页)认为这里的"两儿"并不一定意味着突厥占主导地位。

⑤ 关于突厥在隋初的入侵,参见 Liu Mau-tsai,1958,Band I,第433页。

隋炀帝：生平、时代与遗产

部,五部各有其可汗。① 由于形势突变,文帝开始重新思考传统的突厥战略。鉴于突厥各部分裂,缺乏统一的领导,长孙晟,这位隋朝十分重要的决策人,提出改变传统思路,采用"远交近攻"的策略。② 文帝也清醒地认识到北朝时期对突厥绥靖政策的无效性：

> 往者周、齐抗衡,分割诸夏,突厥之房,俱通二国。周人东虑,恐齐好之深;齐氏西虞,惧周交之厚。

鉴于这些考量,文帝采取了更具挑战性和进攻性的突厥策略。③

最大的威胁来自沙钵略可汗(581—587年在位),他是所有突厥部落的名义首领。为了应对沙钵略的入侵,文帝重修长城,设立关卡,加强北方边境的戍卫力量。双方相互敌视的一个重要原因是隋王朝的建立本身。在夺取皇权的过程中,文帝清除了北周的宇文家族。这使得沙钵略的王后——出自宇文家族的千金公主——与隋文帝的关系变得势同水火。④

583年,突厥发生内乱,沙钵略与其挑战者阿波可汗(大逻

---

① 文帝的一份诏书中提到了五可汗之争。参见《隋书》卷84,第1866页。亦可参见《隋书》卷84,1854页;《资治通鉴》卷175,第5449—5450、5456页。

② 《资治通鉴》卷175,第5450—5451页;吴玉贵,1998,第97—105页;Pan Yihong,1997,第100—102页。

③ 《资治通鉴》卷175,第5462—5463页;刘健明,1999,第197—206页。

④ 《资治通鉴》卷175,第5450页;Pan Yihong,1997,第102—103页。关于千金公主,参见《册府元龟》卷978,第11493b页。

便,581—587在位)交恶,双方两败俱伤。作为东突厥的首领,沙钵略可汗元气大伤,不得不与隋朝媾和。① 585年,他向文帝表示臣服。文帝改沙钵略的妻子千金公主为"大义公主",并赐以"杨"姓,作为东突厥与隋联姻的标志。作为协议的一部分,沙钵略送其子到隋朝为质,并开始每年进贡。② 沙钵略可汗的臣服是隋朝强势政治和突厥内乱共同导致的结果。

都蓝可汗(雍虞闾,沙钵略可汗之子,588—599在位)统治时期,东突厥仍保持对隋的朝贡关系。然而,由于两种因素,这一关系最终以破裂告终。其一,文帝对千金公主在都蓝可汗王庭的存在感到日渐不安,因为她曾鼓动沙钵略可汗攻击隋朝。③其二,在都蓝可汗的北部,突利可汗(染干,沙钵略可汗弟弟处罗侯之子)④崛起,威胁着都蓝可汗的统治。

589年征服陈朝之后,文帝对千金公主的憎恶与日俱增。

---

① 《隋书》卷84,第1876、1868、1873页;《资治通鉴》卷175,第5465页;《北史》卷99,第3292—3293、3296—3297页。《隋书》(卷84,第1876页)和《资治通鉴》(卷176,第5482页)都认为东西突厥分裂始于583年沙钵略和阿波的争斗。不过,在那个时候,达头控制下的突厥西支已经存在。他们支持阿波可汗对抗沙钵略,逐渐发展成独立的西突厥帝国。至于阿波可汗及其继任,今从吴玉贵(1998,第18—32、38—48页),将其视为东突厥的一支(阿波部)。关于与此不同的观点,可见刘健明,1999,第217—218页;林幹,1979,第132页;Sinor,1990,第306页;Franke,1961,Band II,第248页;Chavannes,1969,第219页;岑仲勉,1982,第19页;薛宗正,1992,第178页及以后。

② 《隋书》卷84,第1870页;《资治通鉴》卷176,第5482—5483页;布目潮渢,1979,第289—296页;薛宗正,1992,第146—151页。

③ 《隋书》卷84,第1865—1866页。

④ 《隋书》(卷84,第1872页)断言突利(染干)为沙钵略的儿子,盖因脱文所致。参见《隋书》卷84,第1885页,注6;Chavannes,1969,第49—50页关于染干、突利、处罗侯的注。比较陆峻岭、林幹,1980,第580页。

隋炀帝：生平、时代与遗产

他因千金公主在诗中表达了对陈后主的同情而愤恨，并因她与西突厥泥利可汗（587—603 在位）串通而不安。① 千金公主与胡人私通暴露后，都蓝可汗将她处死，并向隋朝请求联姻。② 这些决定都出自都蓝可汗自己，但隋朝的压力应该也起了一定的作用。③ 根据长孙晟的建议，文帝拒绝了都蓝可汗的请求，但却同意与都蓝可汗的竞争者突利可汗联姻，之后 597 年隋安义公主成为突利可汗的新王后。随后，隋朝同突利可汗的联系愈发频繁。由于同隋朝的联姻关系，突利可汗率其部南迁，而文帝对他赏赐有加。这些行动意在离间突利可汗和都蓝可汗。而当时都蓝仍自认为是突厥所有部落的大可汗。因隋朝偏袒突利可汗，都蓝感到受到极大的冒犯，因而断绝了对隋的朝贡，并开始侵扰与隋朝交界地区，并与其旧敌西突厥的达头可汗（玷厥）联手，向突利宣战。在遭到重创后，突利投奔隋朝寻求庇护。599 年四月，达头可汗大兵压境，却为史万岁将军所击败，④ 六月再败于高颎和杨素。⑤

突利可汗因对隋朝的忠心而得到丰厚的回报。599 年十月，隋朝赐予他"意利珍豆启民可汗"，或称"启民可汗"（599—

---

① 《隋书》卷 84，第 1876 页；Chavannes,1969,第 4 页；Sinor,1990,第 306 页。尽管在史书中，泥利被视为西突厥的可汗，而实际上他是东突厥阿波部的可汗。参见下条注释以及吴玉贵,1998,第 440 页。

② 吕思勉,1980,第 13 页；《隋书》卷 51，第 1332—1333 页。

③ 《隋书》中另一条记载，夸大了突利在千金公主之死中所发挥的作用。由于《隋书》原文有脱文，此说法缺少可信度。今从吕思勉（1980,第 13 页），不采该说。比较《隋书》卷 84，第 1871—1872 页；《北史》卷 99，第 3296 页；《册府元龟》卷 978，第 11494b 页；Pan Yihong,1997,第 104—105 页。

④ 《隋书》卷 2，第 44 页。

⑤ 《隋书》卷 84，第 1872 页；《资治通鉴》卷 178，第 5564 页。

第十章 对外政策

611年在位），意为"意智健"。① 隋方有意让启民可汗成为大可汗，以统领突厥各部。文帝于朔州（治今山西朔州）兴建大利城以安顿启民可汗及其部民。当时，启民可汗的汉族妻子安义公主已去世，隋朝又遣义成公主与之婚配。②

尽管有隋朝的承认，启民可汗最高首领的地位并未被其他突厥部落所接受，他们甚至侵扰其新领地的部民。隋朝重新将启民可汗安置在鄂尔多斯地区的夏州和胜州（在今朔州以西），同时令将军赵仲卿率领两万余人的特殊戍卫部队保护启民可汗，使之免受达头可汗的进攻。③ 但启民可汗仍脆弱不堪。602年的一次劫掠中，充满敌意的突厥军队掠走启民可汗男女6 000人、杂畜二十余万。后来隋出兵击败这支侵略军，启民可汗方将人畜追回。④

虽然隋朝向启民可汗提供了军事保护，但它无心深入突厥腹地进行军事干涉，因为文帝朝突厥政策的最终目的是在边境扶持一个亲隋的突厥政权作为缓冲地带，以防范其他敌对的突厥部落。故此，隋朝也鼓励将臣服的突厥部民不断迁往边境地区安置。⑤

---

① 《资治通鉴》卷178，第5568页。
② 《隋书》卷84，第1872—1873页；《北史》卷99，第3296—3297页；《资治通鉴》卷180，第5632页；岑仲勉，1958，第771—775、513页。Pan Yihong，1997，第105—106页。
③ 《资治通鉴》卷178，第5568—5569页；《隋书》卷84，第1872—1873页；《北史》卷99，第3296—3297页；Franke，1961，Band II，第311—313页。
④ 《资治通鉴》卷179，第5590页；岑仲勉，1958，第83—84页。
⑤ 例如，601年，九万突厥人迁入隋境内。参见《资治通鉴》卷179，第5588页。

隋炀帝：生平、时代与遗产

　　对启民可汗的长期投资终于在603年得到最丰厚的回报。当时达头可汗（步迦）控制下的突厥突然陷入混乱。是时达头可汗是突厥各部的统领，掌控着十余个部落，其中包括强大的铁勒——一支活动范围遍及中亚河中到高昌地区的游牧民族。这些部落纷纷背叛达头可汗并投奔启民可汗。① 达头可汗则亡命于吐谷浑（在今青海地区）。②

　　炀帝继承了文帝与东突厥的友好关系。东突厥首领启民可汗获得隋朝的全面保护。他所获的一切几乎都来自隋朝，包括河套地区的广袤土地、汉族的妻子、领土的保卫、敌手的失败、他个人在突厥诸部中的统治地位等等。与文帝相同，炀帝也对启民可汗大加赏赐。606年启民可汗到访洛阳，为了取悦于他，炀帝恢复了一种宫廷传统艺术——散乐（散乐在文帝朝被禁）。散乐团在芳华苑的积翠池边上演了令人叹为观止的杂技表演，③ 据《隋书》的记载："有舍利先来，戏于场内，须臾跳跃，激水满衢，鼋鼍龟鳖，水人虫鱼，遍覆于地。④ 又有大鲸鱼，喷雾翳日，倏忽化成黄龙，长七八丈，耸踊而出，名曰《黄龙变》。又以绳系两柱，相去十丈，遣二倡女，对舞绳上，相逢切肩而过，歌舞不辍。又为夏育扛鼎，取车轮石臼大瓮器等，各于掌上而跳弄之。并二人戴竿，其上有舞，忽然腾透而换易之。又有神鳌负山。幻人吐火，

---

　　① 岑仲勉，1958，第662—678页；吴玉贵，1998，第28页。
　　② 《资治通鉴》卷179，第5600页；《隋书》卷84，第1873—1874页；《隋书》卷51，第1335页。
　　③ 芳华是西苑的别名。参见本书第五章。
　　④ 这种鱼龙杂技表演具有悠久的传统。参见《后汉书》附《续汉书》卷5，第3131页，注4。这里舍利是身着鱼龙装的表演者，他们来自伊洛瓦底江流域（位于缅甸）的谌离（Sillah）国。见Knechtges，1982，第232页。

第十章 对外政策

千变万化,旷古莫俦。"①

据称启民可汗竟被某些节目所惊骇,总体而言,这次表演应该给他留下了深刻的印象。然而一些隋朝高级官员严厉批评了这种奢靡颓废的艺术形式。不过,炀帝并没有因此而有所收敛。显然,炀帝展现帝国慷慨大度的方式完全不同于简朴的文帝。他对启民可汗的赏赐十分优厚。如所预期,启民可汗继续以矢志不移的忠诚回报隋炀帝。607年,炀帝在会见启民可汗时曾赋诗一首,对启民可汗及其部众的恭服感到极大满足:②

鹿塞鸿旗驻,③龙庭翠辇回。④
毡帐望风举,⑤穹庐向日开。⑥
呼韩顿颡至,⑦屠耆接踵来。⑧

---

① 《隋书》卷15,第381页;《资治通鉴》卷180,第5626—5627页。

② 关于炀帝607年的巡幸以及他与启民可汗的会晤,参见第二章。

③ 鸡鹿塞位于内蒙古乌兰布和沙漠边上,杭锦后旗以西,在汉朝是一个边境军事要塞。参见《汉书》卷94下,第3798—3799页;谭其骧,1982—1987,卷2,第17—18页,②4。

④ 龙庭是指匈奴人聚集在一起祭祀天神的地方。参见《后汉书》卷23,第816页,注11。绿辇是指装饰着绿色羽毛的御辇。

⑤ 毡帐指匈奴单于居住的帐幕。

⑥ 穹庐是典型的匈奴人居住的毡帐,亦为匈奴的代称。

⑦ 呼韩邪单于是匈奴的首领,于公元前51年到访长安。参见《汉书》卷94下,第3798页;《资治通鉴》卷27,第887页。

⑧ 屠耆意为贤,通常是作为贤王或贤主头衔的一部分,它也可以用作人名。这里,屠耆指屠耆单于,公元前56年,被他的对手呼韩邪单于击败。参见《史记》卷110,第2890页;《汉书》卷94下,第3796页;《资治通鉴》卷27,第871页。

隋炀帝：生平、时代与遗产

> 索辫擎膻肉，韦鞴献酒杯。①
> 何如汉天子，空上单于台。②

在诗中炀帝不仅透露出对于北部游牧邻邦居高临下的态度，同时，他夸耀自己在慰喻突厥方面取得的成就（自认为远超出汉朝天子征服匈奴的功绩），并以此为荣。

当炀帝仍在巡幸途中，一个意外插曲进一步证明了启民可汗的忠心。607 年，高丽暗中派使臣会见启民可汗，显然意在寻求与东突厥的联盟。启民可汗将使臣递送给炀帝，以消除任何关于突厥与高丽私通的传言。③

启民可汗晚年请求在突厥部族中采用中原王朝的服装以实施汉化。炀帝拒绝了启民可汗的请求，并流露出他要求启民维持现状的真实意图："碛北未静，犹须征战，但存心恭顺，何必变服？"④

启民可汗及其部族事实上是隋朝的一道保护屏障，隔离了存在于漠北地区的潜在威胁。⑤ 自始至终都忠心耿耿的启民可汗于 611 年去世。炀帝为此废朝三日，这是对外族首领丧礼的

---

① 所谓的"索辫"和"韦鞴"都是转喻，意为"梳辫子的人"和"戴皮袖套的人"。

② 《隋书》卷 84，第 1875 页；《北史》卷 99，第 3299 页；《册府元龟》卷 974，第 11441 页。注：汉武帝于公元前 110 年出长城，北登单于台。参见《汉书》卷 6，第 189 页；《资治通鉴》卷 20，第 676 页。

③ 《隋书》卷 84，第 1875 页；《北史》卷 99，第 3299 页；《资治通鉴》，卷 181，第 5652 页。

④ 《资治通鉴》卷 180，第 5627、5632 页。

⑤ 启民可汗有时遣骑兵参与隋的军事行动，例如，605 年隋对契丹的战争（见《资治通鉴》卷 180，第 5621 页）。

最高规格。启民可汗之子始毕可汗(咄吉世或吐吉,611—619在位)继承汗位,请求娶隋朝公主也就是其父之未亡妻。炀帝出于对突厥习俗的尊重而批准其请求。①

603年达头可汗的部落联盟瓦解后,出现了一个新的突厥统帅——处罗可汗(达漫,603—611在位)。他是泥利可汗和汉族妻子向氏的儿子,尽管在文献中处罗可汗被当作西突厥的首领,但他应被视为东突厥阿波支的第三任首领。② 炀帝及其臣僚不久就开始谋划如何应对处罗带来的威胁。泥利可汗死后,按照突厥"父兄死,子弟妻其群母及嫂"的传统,向氏嫁给泥利可汗之弟婆实。

599年,正当婆实和向氏访问隋朝时,达头可汗发动反隋叛乱。婆实和向氏因此滞留在大兴城。我们并不知道向氏和婆实是否自愿留在隋都,但隋朝的确用向氏为人质制约其子处罗可汗。和前任达头可汗一样,处罗可汗的统治也遭到名义上归他管辖的部落的挑战。例如,他试图控制铁勒的叛乱,但最终以惨败告终。在炀帝的要求下,处罗可汗成为名义上的隋朝属臣。610年,处罗可汗因为部民的反对而拒绝了炀帝的召见。于是,裴矩,对北方邻邦分而治之战略的策划者,提出了一个降服处罗可汗的复杂方案。当时达头可汗的孙子西突厥可汗射匮(605—

---

① 一般认为启民可汗死于609年,实误。启民可汗610年仍然在世(《隋书》卷15,第381页)。今从吴玉贵(1998,第174—176页),将启民卒年定于611年。比较《资治通鉴》卷181,第5647页;《册府元龟》卷978,第11495a页;Bingham,1941,第47页。关于始毕可汗的其他称号,参见《隋书》卷84,第1876页(称"咄吉世");《资治通鉴》181,第5647页(称"咄吉");《北史》卷99,第3299页(称"吐吉")。

② 吴玉贵,1998,第38—48页。比较《隋书》卷84,第1876—1879页。

隋炀帝：生平、时代与遗产

517在位)请求与隋朝和亲。根据裴矩的建议,炀帝同意其请求,目的在于削弱处罗可汗的权威。炀帝和裴矩不仅支持射匮可汗成为大可汗,还答应只要他出兵讨伐处罗可汗,就让他娶一名隋室公主。射匮可汗立即进攻并击溃处罗可汗,处罗可汗不得不抛妻弃子,逃至吐鲁番的绿洲国高昌。依据高昌国王麴伯雅的情报,裴矩派处罗可汗的母亲向氏前往游说,最终使其降服于隋朝。611年十二月,作为隋朝的属臣,他在临朔宫被炀帝接见。①

处罗可汗臣服之后,隋炀帝不失时机地将处罗的领地一分为三。② 具有讽刺意味的是,处罗可汗羽翼尽失后,他却得到了愈来愈多的恩典。炀帝不计成本地以乐舞盛宴招待他,并给予他丰厚的奖赏。处罗率领五百骑兵,跟随炀帝四处征伐,还参加了炀帝发动的高丽战争。此外,614年正月,炀帝将信义公主嫁给处罗可汗,并试图帮助处罗收复失地,后因隋末的动乱而作罢。

彻底失去军政大权的处罗成为隋朝堂的常客。至于处罗的对手,西突厥射匮可汗,他因受助于隋朝而崛起,故从未进犯隋境。③ 炀帝的长期战略——降服东突厥的阿波一支并拒西突厥

---

① 《隋书》卷84,第1876—1879页;《北史》卷99,第3299—3302页;《资治通鉴》卷180(第5622—5623页)、卷181(第5636—5637页)、卷181(第5654—5655页)。

② 《资治通鉴》卷181,第5658页。

③ 《隋书》卷84,第1876—1879页;《北史》卷99,第3299—3302页;《资治通鉴》卷180,第5622—5623页;《资治通鉴》卷181,第5636—5637、5654—5655、5658页;Chavannes,1969,第13—20页;Franke,1961,Band II,第335—337页;Wright,1978,第188—189页。关于射匮可汗,参见Grousset,1970,第89页。

第十章 对外政策

于境外——无疑是成功的。

但是随着启民可汗的去世，隋朝同东突厥的关系却开始恶化，这很大程度是由于裴矩试图对东突厥重施分而治之的计谋。当他看到始毕可汗所统领的部民人口兴旺时，裴矩定计，要培植始毕的反对势力。隋朝于是提议将一名公主嫁给始毕可汗之弟叱吉设，目的在于立叱吉设为东突厥的南面可汗，与始毕分庭抗礼。叱吉设拒绝了这一提议，其内容也很快被始毕可汗获知。更有甚者，裴矩以贸易为名，引诱始毕可汗最信任的谋臣史蜀胡悉至边境，将其杀害。之后，裴矩告知始毕可汗，因史蜀胡悉背叛始毕，欲投奔隋朝，故将其击杀。炀帝对裴矩之谋心知肚明，在给始毕可汗诏令中对此加以粉饰："突厥即是我臣，彼有背叛，我当共杀。"①当始毕可汗得知事件的真相后，他立即从向隋朝进贡的属臣变成最危险的敌人。裴矩在处理东突厥问题上所采用的操纵与欺骗的外交手段不仅以惨败告终，更置隋北部边境的安全于危险境地。②

高丽

高丽位于突厥以东，南部与隋朝相邻。它虽然弱于突厥，却是朝鲜半岛三国（其他二国为百济和新罗）中的最强者，控制着今朝鲜北部以及今天中国东北地区南部的部分领土（见图10.3）。

---

① 《隋书》卷67，第1582页。
② 《资治通鉴》将此事系于615年，但是，有关记录冠有"初"字，表明其发生时间应更早。

285

隋炀帝：生平、时代与遗产

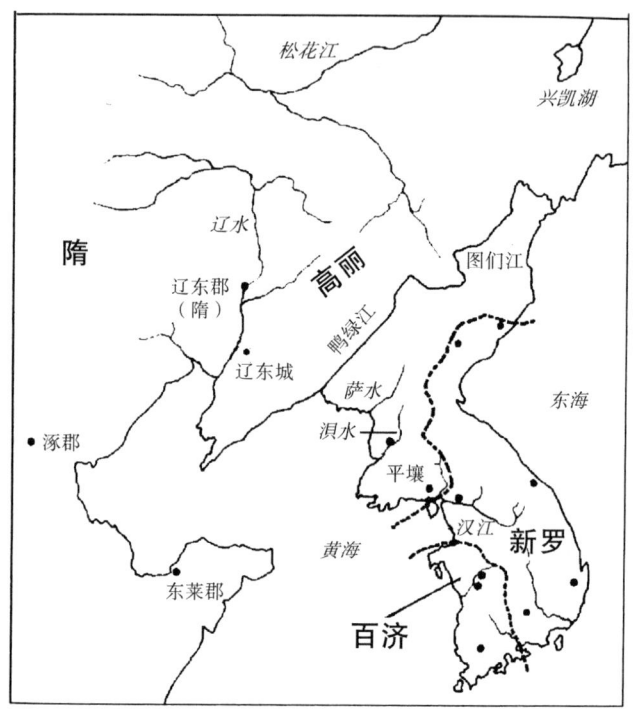

图 10.3 隋朝与朝鲜半岛(六世纪晚期至七世纪早期)

由于高丽与中原王朝在文化和经济上的亲和关系，以及历史上的先例，中原王朝的统治者一向理所当然地将高丽视为其附属。① 一般认为周武王封商朝遗臣箕子于古朝鲜。② 之后，汉武帝(前141—前87在位)于公元前108年征服并统治了这一地区。③

---

① 《隋书》卷67，第1581页；《资治通鉴》卷181，第5652—5653页裴矩所言。
② 《史记》卷38，第1620页。
③ 《汉书》卷95，第3867页。

第十章 对外政策

高丽出现于公元前一世纪晚期,在接下来的几个世纪里,逐渐对汉王朝的主导地位构成挑战。① 随着西晋的衰亡,高丽摆脱了中原王朝对朝鲜半岛长达四个世纪的统治。五世纪初,高丽在国王广开土的率领下,占据了今天中国东北地区南部、被称为辽东的大片肥沃土地。② 虽然高丽王接受北魏以及北周、北齐的册封,但高丽国一直保持着独立。③

隋朝时期,高丽是一个君主制国家,其地东西两千里,南北一千余里,平壤是其首都,此外还有国内城、汉城,合称三京。其官僚系统分为十二等级,其收入来自布帛税和谷物税,所用兵器与隋朝大致相同。其礼仪和娱乐有一整套复杂的乐器系统。丧葬礼俗则规定父母或丈夫亡故,需为其守制三年。在葬礼上,亲人哭泣之后要鼓舞作乐以送葬亡者。其地"敬鬼神,多淫祠"。④ 显然,高丽的经济就像中原王朝一样,以农业为主,许多风俗习惯也同中原王朝相类似。故此,高丽完全不同于突厥、柔然、铁勒、吐谷浑等游牧民族。⑤

隋朝建立时,高丽的平原王(559—590 在位)遣使至大兴城,受"高丽王"封号。⑥ 此后高丽多次向隋朝进贡。虽然数世纪以来,高丽一直在充当藩属国的角色,但都只是名义上的。位

---

① 关于高丽的建立,参见 Han Woo-keun,1970,第 26 页。
② Han Woo-keun,1970,第 26、41—47 页。注:辽东一词具有多重含义:(1)高丽所控制的辽水以东的东北南部地区,(2)以武厉逻(在沈阳西北)为治的隋郡,(3)位于今辽阳的高丽城市。参见谭其骧,1982—1987,卷 5,第 19—20 页,⑤4。
③ 《魏书》卷 100,第 2214—2215 页;《北齐书》卷 5,第 75 页;《隋书》卷 81,第 1813—1814 页。
④ 《隋书》卷 81,第 1814—1815 页。
⑤ 《旧唐书》卷 199 上,第 5320 页。
⑥ 《隋书》卷 81,第 1814 页。

隋炀帝：生平、时代与遗产

于高丽南边的胡、汉政权都未能对高丽产生太大的影响。随着隋朝作为统一帝国的崛起，以隋朝的领导地位来说，这种状况必须改变，因为高丽所占据的辽东传统上是中国北方至关重要的战略地区。①

文帝致书平原王，传递出一种强烈的霸权主义"天下观"："朕受天命，爱育率土，委王海隅，宣扬朝化。"②事实上，这种观念也主导着文帝同其他相邻政权的关系，其中也包括强大的突厥。但是，文帝对待突厥和高丽的方式迥然不同。因为突厥乃强悍的游牧民族并拥有精锐的骑兵和广袤的土地，而高丽则同汉人一样是定居民族，且人口和土地都十分有限。所以文帝总是抱有通过展示武力迫使高丽归顺的希望。

文帝轻易地平定南方之后，成为全中国无可争议的统治者。就在此时，新登基的高丽王婴阳（590—618 在位）率一支靺鞨军队出其不意地偷袭辽西，这激怒了文帝。满怀着自信和对这一东北蕞尔小国的蔑视，文帝以重兵出击回应高丽王的挑衅。然而，由于后勤补给、疾病以及恶劣的天气，文帝这场对高丽的战争，于 589 年以惨败结局耻辱收场。③

因担心日后遭到隋朝报复，婴阳也急忙致信隋朝以谢罪，并在信中自称"辽东粪土臣元（婴阳）"。大伤元气的文帝无心惩罚

---

① 关于隋—高丽关系的新近研究，参见刘健明，1999，第 281—282 页；堀敏一，1979，第 113—137 页；韩昇，1995，第 351—372 页；菊池英夫，1992a，第 1—35 页。比较金宝祥，1989，第 3—4 页。

② 《隋书》卷 81，第 1815 页。

③ 关于文帝所发动的战争，参见第一章以及 Han Woo-keun，1970，第 75—76 页。袁刚（2001，第 537 页）认为高丽的实际目的是惩罚归附隋朝的契丹人。

第十章　对外政策

已表示悔罪的婴阳。结果,婴阳被允许恢复朝贡关系。①

文帝攻打高丽受挫后,比较明智地与之保持了体面的朝贡关系。但是炀帝对这一现状并不满意。处罗可汗归顺之时,炀帝已经开始着手向高丽发动战争。而这仅仅是日后多次征伐高丽的开端。②

607年,婴阳秘密遣使至启民可汗大帐拜访,事件终被曝光。这给了炀帝一个重新打击高丽的借口。裴矩趁机上奏炀帝,奏书中称高丽为"冠带之境",以此与周边其他的蛮族政权相区分。他认为,高丽作为一个文明的国度,基于历史和文化的原因应并入隋朝,而征服高丽无非是宣告一项理应属于隋王朝的主张。③ 文帝朝因为杨谅的庸碌无能而没能攻克这一小邦,裴矩力劝炀帝应再次兴兵。如其不然,裴矩警告说,文明之邦高丽将会沦为"蛮貊之乡"。以启民可汗归降为例,裴矩认为隋朝可以轻

---

① 《隋书》卷81,第1816年;《北史》卷94,第3117页;《资治通鉴》卷178,第5559—5562页。关于文帝时期隋—高丽关系,参见Pan Yihong,1997,第108—111页。

② 刘健明,1999年,第301—302页;刘健明,1995,第208—211页;山崎宏,1953,第1—10页;Bingham,1941,第37—43页。

③ 《隋书》卷67,第1581页,裴矩奏状曰:"高丽之地,本孤竹国也。周代以之封于箕子,汉世分为三郡,晋氏亦统辽东。今乃不臣,别为外域,故先帝疾焉,欲征之久矣。但以杨谅不肖,师出无功。当陛下之时,安得不事,使此冠带之境,仍为蛮貊之乡乎? 今其使者朝于突厥,亲见启民,合国从化,必惧皇灵之远畅,虑后伏之先亡。胁令入朝,当可致也。"又见《资治通鉴》卷181,第5652页。徐先尧(1992,第506—507、510页)将隋朝统治时期周边的政权分为两类:或与隋朝的关系以朝贡贸易为主;或与隋朝有着复杂的文化、信仰、制度关系。对隋朝来说,后者可被视作开化或半开化的地区。

隋炀帝：生平、时代与遗产

而易举地打败元(婴阳)。① 根据裴矩的建议，炀帝下诏婴阳，而这诏书却更像是最后通牒："苟或不朝，将帅启民往巡彼土。"②

612年，炀帝率领一百一十余万大军，发动了第一次辽东战役。隋军攻下高丽边塞重镇武厉逻后，设置辽东郡，将该城及周边区域纳入隋朝地方行政系统。很显然，炀帝的目的是要彻底将高丽融入隋帝国版图，而不仅仅是安抚此"冠带之境"。③ 但是这一小块土地却成了这次战役唯一的实际收获。尽管隋军在人数和装备上占据绝对优势，却在高丽手下溃不成军，这对炀帝是极大的羞辱，对其颇具侵略性的对外政策也构成了严重挑战。613年和614年，复仇心切的炀帝发动了第二次和第三次辽东战役。这两次战役非但没有实现炀帝彻底征服高丽的宏伟目标，反而加剧了因第一次辽东战役失败而引发的国内危机。就这一点而言，炀帝对高丽所采取的军事行动成为其统治时期的转折点。

支撑隋朝对外政策的是一种多少世纪以来未被明确阐明的观念，即基于"普天之下，莫非王土"的理论所形成的所谓"天下观"，这一点早在《尚书·禹贡》中已有所反映。在《禹贡》构建的"五服"系统下，权力以都城为中心，向被称为甸服、侯服、绥服、

---

① 《隋书》卷67，第1581页；《资治通鉴》卷181，第5652—5653页。
② 《资治通鉴》卷181，第5653页；《隋书》卷84，第1875页；《隋书》卷3，第70页；《北史》卷99，第3299页；Pan Yihong, 1997，第121—122页。《隋书》卷3（第70页）系事件于八月。《资治通鉴》系之于610年。参见刘健明，1995，第209—211页。
③ 《隋书》卷81，第1817页；《资治通鉴》卷181，第5662、5666页。

要服、荒服的周边地区一层层地扩散。① 从甸服到荒服,以五百里为区划,离都城越远,政府的控制力越小。② 尽管这一理想化的系统从未被严格执行,但其基本理念始终是中原王朝管控地理空间的基础。在政权分裂时,这个系统变成虚幻的乌托邦。然而在文帝治下,随着统一王朝的兴起,人们开始积极努力实现"五服"这一基本理念,以期重建中华世界秩序(Chinese world order)。③

随着时间的推移,根据文化类型和实力因素,所谓"五服"被进一步细化,以便与当时边境地区的现实状况相适应。像长期受中原文化熏陶的高丽和高昌,就被视作泛华夏文明(pan-Sinitic)的冠带之境。倭国出于对中国文化的仰慕、效仿而转型,亦可归于此类。而其他的邻邦如突厥、吐谷浑、铁勒、契丹、靺鞨,则是与中原鲜有文化渊源的蛮貊之邦。所有这些外族政权都通过向隋朝进贡而进入中华世界秩序。

裴矩为巩固中华世界秩序所采用的外交手腕也带有一定的现实政治(realpolitk)的色彩。在应对边境最强大的邻邦突厥

---

① 参见 Legge,1990,卷 3,第 142—147 页。"五服"系统据说是由传说中的禹所创,与周朝的九服系统略有差异,但其基本理念一致。参见 Karlgren,1970,第 159—161 页。

② 《尚书正义》卷 6,第 153a—153b 页,正文、注。关于中华世界秩序的起源,参见 Fairbank(费正清),1968,第 4—8 页。禹贡系统亦出现在《史记》中的"夏本纪"、《国语》中的"周语"部分以及《荀子》中的"正论"篇。《国语》和《荀子》所记载的这一系统与禹贡的模式略有不同。参见堀敏一,1993,第 53—54 页。

③ 西嶋定生提出了这一时期中华文化圈的理论,认为它包括中文文字系统、儒家思想、以中译佛经为基础的佛教以及律令制度等要素。这一观点在社会经济问题上受到学者的挑战。参见菊池英夫,1979,第 9—42 页。

隋炀帝：生平、时代与遗产

时,隋朝军队避免采用旨在将其彻底赶出其领地的、代价昂贵的战略攻势。① 与此相反,隋朝宁可用皇室公主与突厥可汗和亲的方式换取和平,并且随时利用和亲的承诺在其首领之间制造矛盾,以达到分化和削弱突厥的目的。尽管对倭国的冒失无礼十分恼火,但对这个地处边缘的政权,隋朝却未采取军事惩罚行动。隋与倭国之间海陆距离遥远,而倭国本身在战略上亦无足轻重,因而这类行动会十分不切实际。②

有时,隋朝亦放弃外交手段,在本土之外采取军事行动,以平定边境局势,或加强其统治地位。这种行动有时能带来永久性的领土拓展。隋朝有两次对非汉人聚居地区的扩张,它们都发生在隋炀帝时:一次是609年从吐谷浑和伊吾手中获取青海—新疆东部,另一次是612年与高丽争夺并设置了辽东郡。609年的扩张行动驱走了吐谷浑,然而隋朝无意吸收这些当地的游牧民众,炀帝随即在青海—新疆东部设置了若干汉式的郡。鉴于控制这一幅员广袤而人烟稀少地区的主要目的在于保护河西走廊的商路,因而这些新设郡并不像完全纳入隋朝管辖的地方行政机构,倒是更像由流放犯据守的军事前哨。③ 根据同样的思路,炀帝几次拒绝了启民可汗代表其民众提出的遵从汉地习俗的要求,也没有将突厥领土纳入隋行政版图的计划,相反,

---

① 关于突厥的入侵,参见岑仲勉,1958,第45—114页;关于隋朝的大规模反击,参见岑仲勉,1958,第50、54—55、60、62、70、80页。

② 其他因素可包括朝鲜半岛的不稳定局势以及倭国在隋朝国际事务议程上重要性较低。参见高明士,1993,第96—99页。

③ 《资治通鉴》卷181,第5641—5645页;《隋书》卷67,第1580—1581页;《隋书》卷83,第1844—1845页。

第十章 对外政策

隋朝还在边境建造聚落以安置启民可汗及其部民。①

另一方面,612年将有农耕传统的高丽人定居的辽东完全纳入隋地方行政系统,则表明隋朝对吸收泛中华文明地区的民众更有兴趣。② 与中国本土文化联系最紧密的西域地区绿洲国高昌,若不是因为隋朝覆亡,也会遵照同样方式处理。高昌最终在640年被唐朝的第二任皇帝太宗(626—649年在位)纳入版图。③

是否采用中原王朝式的律令,在吸收错综复杂的中原王朝制度方面成功与否,是检验一个邻邦是否开化最核心的因素。在隋朝决策者看来,吸收程度越高,则文明程度越高。农耕民族,像朝鲜半岛的三国以及日本,都积极且成功地借鉴了中原王朝的制度。而游牧政权,像突厥,中原王朝的制度(尤其是律令)对其影响并不大。④ 因此,隋朝设置了两种不同的外交策略:对泛中华文明地区实行同化,对游牧政权实行安抚。

毫无疑问,隋朝的对外政策具有很强的连续性,但是文帝和炀帝在政策实施过程中也有很大不同。作为一位有雄心的开拓性的帝国创建者,文帝对待四邻的态度相当谨慎。他的外交事务风格可以被称为"有限参与"(limited engagement)。他的行动主要集中在北部以及东北部边境,其最大成就是以外交手段征服突厥,其最失败的行动是不幸的辽东战役。

---

① 关于启民可汗时期突厥人的安置,参见 Liu Mau-tsai,1958,Band I,第398—399页。
② 《隋书》卷81,第1817页;《资治通鉴》卷181,第5662、5666页。
③ 《隋书》卷83,第1846—1848页。关于唐朝对高昌的征服,参见 Chavannes,1969,第7—8页。
④ 关于受中国律令制度影响的问题,参见堀敏一,1993,第250—256页。

隋炀帝：生平、时代与遗产

炀帝则完全相反。构建东亚地区中华帝国霸主地位的野心使他以更顽强的斗志去谋求更宏大的目标。在努力与北部边境的突厥维持和平的同时，他调兵遣将，越过隋朝边界，向四周拓展进发，与吐谷浑和高丽争夺土地从而扩大了隋朝的疆域。然而，炀帝盲目痴迷于宏伟蓝图，在毫不顾及不利因素的情况下，发动了三次进攻高丽的战役，其结果不仅导致人力枯竭、经济瘫痪，也造成了庞大帝国的土崩瓦解。

第十一章　结语

　　炀帝在位期间所实施的诸多野心勃勃的工程、计划,如营建洛阳、开凿大运河、新筑长城、进行规模空前的军事行动,凡此种种,都凸显了炀帝一朝对雄伟、辉煌的无尽追逐,并最终导致王朝覆灭。这招致了传统史家的激烈抨击,也成了对炀帝及其统治的主流观点,挥之不去。有鉴于此,在本书结论部分,笔者希望以动态的历史学研究方法分析炀帝所生活的时代,并对隋炀帝的历史地位做出公允的评价。

　　炀帝生活的时代之所以重要,不仅因为其与炀帝本人密切相关,也因为该时代是历史上少有的几个关键时期之一。经历了数百年的南北分裂,隋朝这一短暂王朝在制度上实现了诸多改革或整合。

　　隋朝国祚较短,故难以成为众人青睐的研究主题。然而,隋朝却是任何关于中古史的大历史理论架构所无法回避的。因此,二十世纪最有影响力的学者内藤湖南和陈寅恪,在其论著中均对隋朝给予严肃的评价,尽管其研究焦点并不在隋朝本身。

　　在其建构的宏大历史叙事框架中,内藤湖南将一个国家的

隋炀帝：生平、时代与遗产

历史比拟为一个个体发展所经历的全过程：从幼童、成年到老年。① 这种说法可追溯至圣·奥古斯丁古老的西方年龄阶段论（Lebensalter）。② 在这样的框架之下，内藤湖南提出了他独特的中国历史分期理论。根据这一理论，隋和唐前期还属于典型的中古时期，朝廷政治被掌握在贵族手中，而皇帝仅仅是同侪之首。重大的转变发生在中唐以后，经由五代和北宋，最终导致贵族阶层的解体，而士族贵族所主导的官僚体制被新兴的、任人唯贤的官僚体制所取代。既无高贵出身又无显赫世家渊源的平民官员要依赖于皇帝的恩宠而获升迁，如被朝廷委以重任，则无力挑战皇权，君主专权因此得到强化。③

内藤湖南的理论意在揭示早期及中古中国一些最为显著的历史发展趋势，他无意将短命的隋朝与其后的唐朝相区分，或深究某一帝王的个人功过。然细察之，隋朝并不能很融洽地纳入这一理论框架之中。隋朝的开创者文帝是北朝最有权力的贵族集团中的一员。无论其发源地是武川还是关陇，这一贵族集团不仅建立了西魏和北周，还产生了隋朝和唐朝的开国皇帝。文帝初期，几乎毫无例外地将中枢机构的领导位置留给关中大族和山东大族的贵族成员。皇权某种程度上受到来自贵族集团决策层的高级官僚和诸如"四贵"这样的权臣的掣肘。但是，文帝通过加强中央、地方行政和军事集权的手段，削弱贵族集团的权力，显著扩大了皇权。

炀帝时期，尽管朝政仍为具有贵族背景的官僚（尤其是关陇

---

① Fogel,1984,第 210 页。
② 关于圣·奥古斯丁（St. Augustine）的理论，见 Breisach,1983,第 84—88 页。
③ Fogel,1984,第 168—210 页；Miyakawa Hisyuki（宫川尚志），1955,第 537—543 页；内藤湖南,1967,第 5 卷。

集团）所把持，但炀帝在加强行政和军事集权方面做出了更大努力。贵族的权力原本对专制皇权有一定制约作用。在炀帝扼杀朝廷中持不同政见者，并绕开朝廷中正式提拔的宰相之后，这种制约作用被极大地削弱了。原来的宰相被炀帝所任命的非正式宰相所替代。在绝大多数情况下，非正式宰相的升迁都取决于皇帝，因此他们不能够或不愿意在原则的问题上同皇帝的意志相抗衡。虽然像"七贵""五贵"这样的显贵仍然存在，但就威望和权势而言，他们同文帝时期的"四贵"已不可同日而语。贵族集团权力的总体削弱大幅度地助长了炀帝的绝对专权。

以上这些观察并非要推翻内藤湖南的整个理论。不过，这些现象揭示中古时期专制的可能性始终存在。在隋朝，尤其是在炀帝时期，专制不仅被实施而且被放大。不过，唐朝建立之后，并没有延续隋朝的专制政治，其原因在于：

第一，宰相机构的权力在炀帝统治时期被削弱，但并未被正式废除，因此唐初的统治者能够迅速恢复其活力。

第二，尽管非正式宰相的机制在唐朝仍然存在，但至少初唐时期其权力还是受到了很多制约的。

第三，在隋朝，尽管贵族的权势被削弱，但贵族本身作为一种政治势力一直存在。随着唐朝的建立，贵族在朝政中的影响力也得到恢复。

第四，虽然以选贤任能为主体的科举制度打破了以阀阅取人的惯例，挑战贵族政治的统治地位，但它在初唐仍处在初始阶段。

第五，唐朝的建立者及其继承人并不具有隋朝两位皇帝那样独断专行的性格，这或许是最重要的一点。

陈寅恪则以他首创的关中本位制的理论来观察隋唐时期的政治。其理论设定当时政治争斗的焦点主要集中在两大郡望集

隋炀帝：生平、时代与遗产

团——即关陇集团和山东集团——之间的派系斗争。根据《隋书》的记载，关陇集团在西魏时期便已存在：

> 及周太祖入关，诸姓子孙有功者，并令为其宗长，仍撰谱录，纪其所承。又以关内诸州，为其本望。

陈寅恪认为，关陇集团在形成之初，便试图利用关中本位制来保持其对朝政的支配权。这遭到了非关陇集团，尤其是山东集团的抵制。随着旧贵族势力的衰退和新兴职业官僚的兴起，关陇集团的地位逐步被取代。①

一些学者对关陇集团的存在做出不同的解释。他们认为关陇是西魏和北周政权的所在地，也是他们唯一可以吸纳值得信赖的人才的地区。故此，朝廷高官大多出自关陇集团也就不足为奇了。② 根据可见的材料，关陇集团在隋朝建立时仍保持优势地位。除此之外，几乎没有其他材料能证明隋朝统治者一贯推行关陇优先政策。在隋朝的官员和文士中，并不存在以支持或反对关陇集团的身份和利益而结成的派系。

炀帝时期，朝廷绝大多数高官仍为关陇贵族所担任。不过，大部分非正式宰相都来自非关陇集团。这并不是炀帝刻意放弃关中本位制，而恰恰说明随着对东部和南方的征服和同化，政府的人才库也因此得到扩大。

内藤湖南和陈寅恪的理论阐释了中国中古皇权与士族之间以及士族集团内部的动态关系（这种关系或许是某些历史发展

---

① 引文出自《隋书》卷33，第990页。关于关陇集团，见陈寅恪，1982，第1—49页。
② 见黄永年，1998，第26—27页。

的驱动力），但这些理论与隋朝的相关性问题仍可继续讨论。不过，在隋朝某些重大问题上，学术界有共同的认识，比如，文帝时期具有深远意义的涉及政治制度、法律制度、教育制度的改革。炀帝时期，改革的步伐并没有停止。在某些方面甚至可以说改革的传统贯穿了整个隋朝。行政上的改革建立了一种综合管理体制，为更有效的中央集权做铺垫，而其对官僚制度的影响将持续数百年之久。

法律制度的改革使隋律较前朝更为清晰和宽松。教育制度的改革废弃了那种过时的、举荐式的人才选拔机制，力图创设一种更有效率的、凸显德才的新机制。

隋朝的制度改革显然有其一贯性。然而，炀帝时常会采取一些与父亲文帝截然相反的举措。比如在学校制度方面，文帝末期，出于对官学教育的不满，文帝下令关闭了大量的官办学校，限制学校规模和生员数量。炀帝上任后，完全扭转了这一趋势。学校系统大规模复苏，以此强调炀帝推行王道政治的决心。

除了制度改革之外，很少会有什么能比宗教给皇室和百姓带来的影响更大。当时中国有组织的宗教刚摆脱了其历史上最黑暗的时期，文帝对于道教和佛教的复兴都起到了关键性的作用。文帝治下的隋朝目睹了道教的不断壮大和佛教的强力复苏。当时，道教的楼观派最受朝廷宠信，佛教也在皇室的大力支持下恢复了其普世宗教的地位。炀帝时期，在官方支持的道教政策上与文帝无大差异。然而由于南方文化不断地融入主流，以及炀帝本人对南方文化的钟爱，南方上清派取代北方楼观派，成为道教派别中最大获益者。

与此同时，佛教（尤其是天台宗）继续得到朝廷的支持。朝廷赞助了各种各样的佛教活动，诸如修建寺院、度僧尼、造佛像

隋炀帝：生平、时代与遗产

等。不过就数量和规模而言，炀帝比文帝时期要逊色很多。文帝和炀帝在宗教政策上最显著的不同在于对待僧侣的态度。据文献记载，文帝统治时期，佛教虽然也偶为政治所用，但皇帝与僧侣在重大议题上，诸如僧人不拜王者、广度僧尼、扩大寺产等，并未发生冲突。而在炀帝时期，出于强化世俗权力的意愿，他与僧侣在上述议题上产生剧烈冲突，以至于对佛教本身以及朝廷—僧侣关系产生了相当程度的损害。但是，即便有所冲突，炀帝对僧侣仍表现出了令人惊叹的宽容。也就是说，炀帝一直到生命尽头都对佛教保持支持的态度。更为重要的是，有组织宗教尽管在炀帝时期遇到一些苛刻的规定，但并未出现大规模倒退。总而言之，宗教在隋朝统治者的支持下获得了长足发展，这也为唐朝积极信奉道教、提倡佛教教派的多样性及学问的成熟性奠定了基础。

在更为世俗的经济方面，隋朝建立起一系列相互连接的制度——货币体系、粮仓网络、人口监控、均田制、赋税制度——以保证（在长期稳定的基础上）财政收入的及时征纳，并能够在不过分增加纳税人税负的前提下为政府提供稳定的赋税。正是由于这些经济制度的有效运行，609年，隋朝人口数量达到顶峰，约为四千六百万，这也是东汉以来有记录的最高人口数字。然而，对民力过分的压榨（他们被用于庞大公共项目、防御工程、对外战争），最终带来经济的失衡。具有讽刺意味的是，同样的经济制度被审慎的唐朝统治者恢复重建，并在其精心管理下，为唐朝经济的长期繁荣和增长提供了基础。

随着隋朝逐渐发展扩张，成为统一的帝国，文帝制定了相应的对外政策，一方面提高帝国的威望，另一方面保证边境的定居聚落不受周边游牧民族的侵扰。这极大地改变了隋帝国与外部世界的关系。炀帝积极推行一种更为强势的对外扩张政策。于

第十一章 结语

是，在强大的经济和军事实力的支撑下，隋帝国成为霸权国家，将其影响力投射至四邻甚至更远的地区，并间或发起对外扩张的战争。前来朝觐的外交使团来自四面八方，包括西亚的波斯，北方的突厥，东北的朝鲜半岛诸国，东方的日本，东南亚的林邑、真腊、赤土。隋朝派遣人马到东、西、南、北各方，进行开拓或征服性的活动；运用复杂的计策以削弱北方最强大的游牧帝国——突厥；并且动用庞大的军队进攻高丽——一个与中原王朝历史和文化紧密相关的半汉化地区，力图将其纳入隋朝的版图。多方面的举措彰显了隋朝意欲掌控天下万邦的宏伟构想，这也正是隋朝对外政策的核心。

在积极介入国际事务的大背景下，隋朝，尤其是在炀帝时期，大幅度拓展了对周边四邻的了解（这集中体现在裴矩的名著《西域图记》中），[①]成为一个与周边地区在政治、经济、文化交流诸方面最具活力的时期。

炀帝：个人与皇帝

不管隋朝的社会、政治、文化、经济、外交力量如何重要，炀帝凭借其个性和权威，在构建隋帝国后半程的历程中（直到他亲手将其摧毁之前），始终起着主导作用。在这些历史背景下，炀帝的经历和作为值得我们进一步探讨。

任何想对炀帝的功过进行评论的尝试，都很难摆脱历史上众多对炀帝评判的影响。其中最早也是影响最深远的莫过于其

---

① 《隋书》卷37，第1578—1580页。

隋炀帝：生平、时代与遗产

谥号，"炀帝"或"炀皇帝"。谥号就是皇室成员或者著名人士死后，根据其生平事迹所给予的具有概括性的、简赅的称号。炀帝的谥号是他死后不久，在618年九月由隋的继任唐朝所择定的。根据《谥法》，"炀"字的含义包括：(1)好内远礼，(2)去礼远众，(3)逆天虐民。尽管"炀"作为贬义的谥号用词早已存在，但很少用于帝王。事实上，在隋炀帝之前唯一获得这一谥号的帝王是陈朝的末代皇帝陈叔宝，他因为缺乏能力、荒疏朝政、放纵享乐而导致了亡国。① 可笑的是，陈叔宝谥号恰恰是由隋炀帝所选定的。唐朝将"炀"这一谥号同样送给隋炀帝，不仅表达了对炀帝的谴责，同时也为炀帝在传统史学和民间文学中的负面形象定下了基调。②

从现存文献可以看出，这一负面评论来源于在隋末唐初普遍反隋情绪下广泛传播的对隋炀帝的公开责难。早在613年，当时离隋炀帝去世还有五年，杨玄感公开抨击炀帝，这是对炀帝最早的责难之一。③ 而当宇文化及和他的同党于618年三月擒拿隋炀帝时，他们当面历数了炀帝作为皇帝所犯下的十大罪状。④ 而当时最具影响的批评则来自于《隋书·炀帝本纪》。该书在炀帝死后不久的唐太宗时完成，由一批唐朝学者编撰，由唐太宗的心腹魏征主持编修。其文如下：

---

① 《资治通鉴》卷180，第5615页。拓跋先祖中亦有谥号为"炀帝"者，但其执政期早于北魏建国。见《魏书》卷1，第10页。

② 《旧唐书》卷1，第8页；《资治通鉴》卷186，第5815页；《资治通鉴》卷180，第5615页。关于对炀帝的陈规老套式的评价，见Wright，1975，第158—187页。炀帝的孙子杨侗，曾定炀帝谥号为"明"。他的短命政权包括此谥号都没有被史家所接受。见《隋书》卷59，第1438页。

③ 《隋书》卷35，第1617页；《北史》卷41，第1518页。

④ 《资治通鉴》卷185，第5781页。

第十一章 结语

> 负其富强之资,思逞无厌之欲,狭殷周之制度,尚秦汉之规摹。恃才矜己,傲狠明德,内怀险躁,外示凝简,盛冠服以饰其奸,除谏官以掩其过。淫荒无度,法令滋章,教绝四维,刑参五虐,锄诛骨肉,屠剿忠良,受赏者莫见其功,为戮者不知其罪。骄怒之兵屡动,土木之功不息。频出朔方,三驾辽左,旌旗万里,征税百端,猾吏侵渔,人不堪命。乃急令暴条以扰之,严刑峻法以临之,甲兵威武以董之,自是海内骚然,无聊生矣。①

隋末唐初文献将隋炀帝描绘成一个享乐至上的花花公子、挥金如土的败家子、残酷的统治者、冷血的杀人犯、冲动鲁莽的侵略者,他听不进逆耳忠言,喜欢阿谀奉承,总而言之,是集统治者种种恶劣秉性于一身的暴君。毫无疑问,这些评判导致了传统史家笔下对隋炀帝众口一词的负面印象,而这种印象一直延续至今。②

尽管我们无法全然忽视这些评论,而且这些评论中或多或少与事实相符,但应该注意这些笼统的谴责背后有谴责者不加掩饰的真实动机。杨玄感希望说服隋朝官员与他一起反隋,宇文化及其同党企图为弑君寻找理由,魏征则是为王朝更替提供道德上的合理性。显而易见,这些带有私心的苛责也降低了

---

① 《隋书》卷4,第95—96页;Wechsler,1974,第117页。"四维"指"礼、义、廉、耻"。这个概念最早被认为是出自管子。见《史记》卷62,第2132—2133页正文及注5。"五虐"指上古时期五种酷刑,据说由传说时代的三苗族首领发明。见《尚书正义》卷19,第135c页,正文及注。炀帝时期的朔方郡位于陕西北部的靖边县等地和内蒙古乌审旗,治岩绿(今陕西白城子东北)。见谭其骧,1982—1987,卷5,第7—8页,④5。

② 例如,韩国磐,1957,第92—93页;王仲荦,1988—1990,第91页。

隋炀帝：生平、时代与遗产

其本身的可信度。

鉴于传统史家长期以来对隋炀帝的偏见，我们认为非常有必要在严谨的史料基础上，参考今人的研究成果，对隋炀帝作为个人和帝王，重新进行整体上的评估，聚焦于那些关键性的因素：那些对其个人生涯和执政都起到决定性作用的、独立的或者相互关联、相互影响的因素。

首先，与那些典型的末代昏君不同，炀帝取得了非凡的成就。其中最杰出的是其在诗赋上的成就，在这一点上，后世的学者即使鄙夷其人品，但也普遍认同。

至少在登基以前，炀帝是颇有能力的行政长官，若干事实可以证明这一点，比如：尽管有朝臣辅佐，但他作为皇子坐镇并州的年月风平浪静；平定南方时，他作为名义统帅，虽无领兵之实，却也成功地发挥了其行政职能；尤其值得注意的是，作为平陈后坐镇江南的最高长官，他起到了表率作用。在很大的程度上，炀帝坐镇江南的表现促使文帝做出以他取代其兄杨勇任太子的决定。

同他所最为敬佩的两个历史英雄人物秦始皇和汉武帝一样，隋炀帝同样具有深谋远虑。他修建的战略性工程毫无疑问证明了其远见卓识和敏锐的战略意识（其为进攻高丽所做的全面战争准备亦足以说明这一点）。隋炀帝营建的东都洛阳，作为东部至关重要的政治和经济中心，是隋朝留给唐朝最宝贵的遗产之一。炀帝主持开凿的大运河则以洛阳为交通枢纽，在中国历史上第一次将关中、北方、南方紧密连接在一起。洛阳和大运河都给后世留下了巨大的便利。长城的功用虽然值得怀疑，但它确实构成一道阻挡草原民族侵扰的人工屏障。炀帝所推行的对外扩张政策，无论好坏，使隋朝的疆域达到其最大

第十一章 结语

限度。①

炀帝是一个精力旺盛且富有创新精神的改革者。无论过去还是当今,研究者都严重低估了炀帝的改革措施。造成这一学术上忽略的原因之一,是其前任隋文帝是中国历史上最伟大的改革者之一,在其光环之下,炀帝的改革显得黯然失色。除此之外,因为炀帝声名狼藉,后世帝王极力想撇清其与炀帝的关联,不愿意将所承袭的改革归功于炀帝。无论如何,炀帝通过改革显著地加强了中央集权,并削弱了地方行政和军队的权力。他恢复了被文帝压制的儒学教育系统,并使之兴盛起来,达到文帝治下未曾有过的规模。在炀帝时期推出的进士考试,成为唐代科举考试中最受尊崇的科目。炀帝大幅修订了文帝朝严苛的法律制度,新修订了法典,旨在减轻刑罚,为臣民所称道。

然而,虽然炀帝有一些成就,但他亦有不少错误、丑闻和恶习,其执政时期政治、经济、对外政策等各方面都出现了严重问题。他继承皇位的过程因涉嫌宫廷阴谋遭到怀疑。为了达到继位的目的,他不惜牵扯进谋害垂死父皇的罪行,尽管某些学者试图为他开脱罪责。这一悲剧事件的根源在于由皇帝指定继承人的皇权世袭制度的内在缺陷。从理论上讲,这种制度使皇帝有一定的灵活性,在子嗣中挑选道德品质良好、政治能力出众的最

---

① 杨侗在一篇诏书中高度评价了炀帝领土扩张的成就:"世祖明皇帝则天法地,混一华戎。东暨蟠木,西通细柳,前逾丹徼,后越幽都。日月之所临,风雨之所至,圆首方足,禀气食芼,莫不尽入提封,皆为臣妾。加以宝贶毕集,灵瑞咸臻,作乐制礼,移风易俗。智周寰海,万物咸受其赐,道济天下,百姓用而不知。世祖往因历试,统临南服,自居皇极,顺兹望幸。所以往岁省方,展礼肆觐,停銮驻跸,按驾清道,八屯如昔,七萃不移。"这很可能是当时通行的看法。见《隋书》卷59,第1439页。

隋炀帝：生平、时代与遗产

佳人选，而一旦发现他无法胜任，即可将其废黜。皇位继承人的权位能带来期望和前途，是所有皇子们最向往的目标。但对于皇位继承人来说也有不利之处：在通常情况下，其废立完全掌握在皇帝手中。更为糟糕的是，这一制度根本不存在退出机制。皇位继承人即便自己愿意，也不能重新恢复普通皇子的生活。他或者顺利继承皇位，或者屈辱被废。为了避免被废黜的命运，炀帝想尽一切办法秘密控制了皇帝的侍卫禁兵。当文帝突然决定要废黜炀帝时，出于自我保护的本能以及对最高权力地位的渴求，炀帝迅速做出反应。中国历史上篡位成功者通常会除掉在位或已废黜的皇帝，但炀帝的情况有所不同。受害者文帝既是合法的统治者又是其生身父亲，就这一点而言，炀帝的行为是极端的大逆不道，是对孝道根本原则的公然违背。篡位的嫌疑削弱了其继承皇位的合法性，并引发叛乱。尽管对叛乱的迅速镇压有利于巩固炀帝手中的皇权，但怀疑的种子也已经播下。

与弑君丑闻密切相关的是性丑闻，它在夺取皇位之前已露端倪，在夺位之后继续发酵。当垂死的文帝得知炀帝冒犯宠妃宣华夫人陈氏时，他登时勃然大怒，当即下令要废除炀帝的太子之位，这也是导致炀帝弑君的首要原因。文帝死后不久，炀帝便不计后果地与宣华夫人陈氏和容华夫人蔡氏行乱伦之事。由于对传统道德观念的蔑视，炀帝长期以来被视为色迷心窍、纵情肆欲之人，备受世人诟病。①

---

① 袁刚注意到文献中记载炀帝仅有五个儿女，故认为炀帝荒淫无度的名声名不副实。见袁刚，2001，第441页。但应指出，炀帝在争得王储之前，"后庭有子，皆不育之"。想必他还有一些生而不养的儿女。见《隋书》卷4，第94页；卷45，第1231页。

第十一章 结语

比纵情肆欲更有损炀帝声名的,是他对朝中大臣批评意见的粗暴处理。当炀帝的统治正显而易见地走向灾难时,朝中有人试图规劝新君改变他挥金如土、大兴土木的政策,亦有人私下发表批评意见。但是,炀帝声称"我性不喜人谏",①一意孤行,堵塞了进谏之路,官员们为之噤声。炀帝因苏威不合时宜的谏言就将其罢黜,虽然他在文、炀二朝都是重要决策者。而其他胆敢对炀帝提出批评的高官则被处死。对议论朝政者的打压,使炀帝能为所欲为地实施统治。但这种局面也蒙蔽了炀帝的双目,使其无法看到自己的过失和过分行为,最终危及统治本身。

良好的沟通技巧是贤明君主如汉高祖和唐太宗得以成功的必备因素,这种技巧的缺失也使炀帝的朝政进一步恶化。炀帝闭目塞听,杜绝了理性的声音,也推翻了他自己协助修订的较为宽松的法律体系。当整个社会秩序陷入混乱时,他实行严刑峻法,以迫使百姓就范。

严刑峻法本身或许不会导致隋朝统治的崩溃,但它预示着社会中存在严重的问题,尤其是经济问题。显然,隋朝的经济状况在炀帝执政的最后几年迅速坍塌,但这恶果是逐渐累积而成的。当炀帝从父亲手中接管隋帝国时,全国的经济状况颇佳。由于炀帝不负责任的财政政策和挥霍浪费,隋帝国的经济基础不断受到侵蚀。为了让那些耗费大量人力物力的大型工程项目准时完工,炀帝加重了税收负担,还滥用劳役。除了洛阳和大运河这类超级国家工程以外,炀帝还修建了数量众多的、遍布华北江南的、奢华的离宫。他经常耗资巨万,经水路、陆路巡游各地,让已濒于崩溃的经济雪上加霜。最终,文帝苦心构建的经济体

---

① 《资治通鉴》卷182,第5684页。

隋炀帝：生平、时代与遗产

系在炀帝暴政的重压下彻底崩塌。

一系列对外政策的失误使经济问题变得更为复杂和严重，最终导致帝国的崩溃。由裴矩设计的牵制和安抚突厥的策略，尽管起初颇有成效，最终却疏远了隋与东突厥的关系。随着始毕可汗的反目，隋朝失去了一个强有力的盟友，其彪悍的骑兵本可以用来震慑包括高丽在内的其他北方政权。没承想，炀帝甚至在北方边境的雁门遭到始毕可汗的突袭，险些被俘。之后他由于吝于奖赏、出尔反尔，得罪了那些冒死保卫雁门的官兵们。这不仅动摇了他们的忠心，还埋下了叛乱和兵变的祸根。

尽管突厥在隋朝的对外政策中占据突出地位，炀帝却将他绝大多数的注意力放在对高丽的征服和彻底同化上，这也反过来加剧了国内形势的紧张。早在611年，炀帝正在为攻打高丽做着准备，堪称隋粮仓的华北平原遭遇严重洪涝灾害，并随之发生大饥荒。劳动力缺乏和粮食歉收已严重影响国家经济，而持续不断的征兵和征役，更将之推向崩溃的边缘。于是，在洪涝灾区爆发了赤贫民众组织的暴动。此后在三次攻打高丽的战役中，莽撞的炀帝将主力部队投入陌生的地形环境中进行战斗，丝毫不为惨痛的伤亡所动。三次战役都未能攻破高丽的抵抗，无法令其臣服。

每一次战役的失败都有其特殊的原因。第一次高丽战役中隋军的溃败，最主要的原因可归结为，隋军在萨水遭遇了机动灵活且有备而来的高丽军的袭击，伤亡惨重，而炀帝拒绝将指挥权下放到前线隋军将领手中；第二次高丽战役的失败是因为国内爆发了高官杨玄感的叛乱；在第三次高丽战役中，隋军起初取得了若干胜利，但最终可能因士兵的大量逃亡而撤军。三次远征的失败也有着共同的原因：由于洪涝灾害而受损的经济，因战争而进一步恶化；仓促征召、缺乏训练的士兵；缺乏协调的战术；未能发挥作用的国际同盟。而最关键的原因,则是尽管隋炀帝天资聪颖,但并不具备率兵进行大规模战役的统帅才能。

三次战役的失利带来了灾难性的后果。它与无休止的大兴土木、挥霍浪费所造成的经济萧条相互作用,导致无数的民众流离失所,民生凋敝,生灵涂炭。因忍无可忍而投靠叛军的人数与日俱增,千疮百孔的隋帝国更加脆弱不堪。

对于危及政权根基最严重的危机——百姓的暴动,炀帝信息滞后,且反应迟钝。这体现了炀帝心中对各类问题重视程度不一。对他而言,像杨谅、杨玄感这样的皇室成员或高级官僚发动的叛乱会危及皇权,需要不遗余力将其镇压。但是,对于因民怨沸腾而引发的底层暴动,炀帝并没有太放在眼里。对民众暴动破坏力的严重低估而产生的决策失误,加上自身应变能力缺乏,使整个局势进一步恶化。当暴动的危机已迫在眉睫时,炀帝既未主动采取军事行动,亦未采取任何措施从根源上改善民生经济,以根除暴动的根源。

与军事失策同样致命的是炀帝对不同地域战略重要性的错误判断。对他而言,以洛阳为中心的中原地区是优先考虑的中心地区。其次是文化发达的江南,炀帝亦对之情有独钟。以大兴城为中心的关中,排在这三大重要区域的最后一位。这种重要性的排序在炀帝执政初期具有一定的战略意义,当时原本负隅顽抗的东部已被完全纳入炀帝的控制范围之中,而与江南地区的有效交通也在不断完善。这种区域顺序的安排在辽东战役时,仍具有战略意义。然而,隋朝末年当暴动已席卷全国时,炀帝唯一的选择应是将战略重心转移到关中。关中易守难攻,资源丰富,毗邻中原。而无论是以洛阳为中心的中原还是江南都

隋炀帝：生平、时代与遗产

不是残存隋军养精蓄锐、重整旗鼓的理想地区。①

即便如此，炀帝仍拒绝承认关中的重要战略地位，任何试图说服他起驾西行的人都有可能招致杀身之祸。由于炀帝一意孤行地反对，当被迫放弃以洛阳为中心的东部时，他做出了一项致命的决定，将其统治中心转移到江南，从而丧失了挽救颓势的最后一次机会。

最终，伴随着炀帝的诸多错误和失误，隋帝国迅速走向瓦解。社会经济、军事、政治结构的解体导致帝国的彻底崩溃。无论帝国在制度、建筑、工程建设诸方面有多少可引以为荣的成就，无论统治者多么才智超群、眼界非凡，都无法拯救帝国的命运。

炀帝被弑时，李渊——一位有权势的隋朝高官同时也是隋末逐鹿中原的群雄之一——已在关中站稳了脚跟，显然他对关中的战略意义了然于胸。在迫使傀儡皇帝隋恭帝（617—618年在位）禅让之后，李渊于618年五月于长安（大兴城）的太极殿登基，宣告唐朝（618—907）的建立。② 这个建立在隋炀帝以及其前任文帝所留下的遗产的基础上，以关中为核心的新王朝逐渐发展成一个伟大的帝国。

---

① 对陈寅恪（1982，第50—51页）而言，"关中本位制"的成功实施正反映关中在地缘政治上的重要性。
② 《资治通鉴》卷185，第5791页；《旧唐书》卷1，第6页；《新唐书》卷1，第6页。关于李渊的起兵，见布目潮渢，1968d，第101—149页；王仲荦，1988—1990，第116—120页。

附录

附录一　隋代中央重要官职任命情况

表 1　隋及初唐中央重要官职

	文帝时期	炀帝时期	初唐
三师	太师	太师	太师
	太傅	太傅	太傅
	太保	太保	太保
三公	太尉	太尉	太尉
	司徒	司徒	司徒
	司空	司空	司空
省	尚书	尚书	尚书
	门下	门下	门下
	内史	内史	中书
	秘书	秘书	秘书
	内侍	殿内	内侍
部	吏	吏	吏
	礼	礼	礼
	兵	兵	兵
	都官/583年后:刑	刑	刑

附录一　隋代中央重要官职任命情况

续表

	文帝时期	炀帝时期	初唐
	度支/583年后:民	民	户
	工	工	工
台	御史	御史	御史
	都水	称都水监	称都水监
		谒者	废
		司隶	废
监	无	长秋	内侍省
		国子	国子学
	600年后:将作	将作	将作
		少府	少府
	601年后:都水	都水	都水
寺	太常	太常	太常
	光禄	光禄	光禄
	卫尉	卫尉	卫尉
	宗正	宗正	宗正
	太仆	太仆	太仆
	大理	大理	大理
	鸿胪	鸿胪	鸿胪
	司农	司农	司农
	太府	太府	太府
	国子	称国子监	称国子监
	将作	称将作监	称将作监

238
表2　隋朝的府卫

	A 文帝	B 炀帝
1	左右卫府	左右翊卫
2	左右武卫府	左右武卫
3	左右武候府	左右候卫
4		左右骑卫
5		左右御卫
6	左右领军府	左右屯卫
7	左右领左右府	**左右备身府**
8	左右监门府	**左右监门府**

注：A1－A3、A6－A8也被称为十二府；备身府和监门府字体加粗，表示它们不属于府兵系统；B1－B6也被称为十二卫；B1－B8也被称为十六卫府。

资料来源：《隋书》卷28，第778－779、793－794、800－801页；谷霁光，1978，第107－108、116－118页。

239
表3　隋文帝时期(581—604)的宰相*

[总任命人次：21(100%)；关陇：17(81%)；山东：4(19%)。总任命人数：14人]

A.尚书左右仆射(6人)

姓名	籍贯	集团	在任时间	父官/备注	资料来源
高颎	渤海	山东	581年1月—581年8月 582年6月—599年8月	北周州刺史/左仆射	《周书》卷37；《隋书》卷41；《北史》卷72
赵煚**	天水	关陇	581年2月—584年？	北魏尚书左丞/右仆射	《周书》卷46；《北史》卷75
赵芬	天水	关陇	581年8月—582年6月	北周州刺史/左仆射	《周书》卷46；《北史》卷75；《金石萃编》卷38
虞庆则	京兆	关陇	584年4月—589年1月	北周郡太守/右仆射	《隋书》卷40；《北史》卷73
苏威	京兆	关陇	589年4月—592年1月 601年1月—607年7月	西魏度支尚书/右仆射	《隋书》卷41；《北史》卷63

续表

姓名	籍贯	集团	在任时间	父官/备注	资料来源
杨素	华阴	关陇	592年12月—601年1月 601年1月—605年2月	北周州刺史/ 右仆射 /左仆射	《隋书》卷48;《北史》卷41

B.门下省纳言(6人)

姓名	籍贯	集团	在任时间	父官/备注	资料来源
高颎	渤海	山东	581年—?	北周州刺史	《周书》卷37;《隋书》卷41;《北史》卷72
柳机	河东	山东	开皇初	北魏尚书左仆射	《周书》卷22;《隋书》卷47;《北史》卷64
苏威	京兆	关陇	581年3月—590年7月 594年7月—601年1月	西魏度支尚书	《隋书》卷41;《北史》卷63
杨素	华阴	关陇	589年6月—590年7月	北周州刺史	《隋书》卷48;《北史》卷41
杨爽	华阴	关陇	?—587年	杨忠/文帝异母弟	《隋书》卷44
杨达	华阴	关陇	602年10月—612年5月	北周州刺史/文帝侄	《隋书》卷43

C.内史令/监(9人)

姓名	籍贯	集团	在任时间	父官/备注	资料来源
虞庆则	京兆	关陇	581年1月—584年4月	北周郡太守	《隋书》卷40;《北史》卷73
李德林	博陵	山东	581年2月—590年4月	北魏太学博士	《隋书》卷42;《北史》卷72
赵芬	天水	关陇	开皇初	北周州刺史	《隋书》卷46;《北史》卷75
赵煚	天水	关陇	583年4月—?	北魏尚书左丞	《隋书》卷46;《北史》卷75
杨广	华阴	关陇	586—588年	文帝/炀帝	《隋书》卷3

隋炀帝：生平、时代与遗产

续表

姓名	籍贯	集团	在任时间	父官/备注	资料来源
杨素	华阴	关陇	590年7月—592年7月	北周州刺史	《隋书》卷48;《北史》卷41
杨秀	华阴	关陇	592年2月—593年6月	文帝	《隋书》卷45
杨暕	华阴	关陇	599年6月—601年	炀帝	《隋书》卷59;《北史》卷71
杨昭	华阴	关陇	601年1月—604年	炀帝	《隋书》卷59;《北史》卷71

注：*本表以及后面几个表格部分参考了山崎宏,1956。韩昇的著作中对文帝朝也做过类似的图表,见韩昇,1998,第259—267页。我们以其父亲和(或)祖父的官职在五品及五品以上的为贵族。本表所列父亲的官职一栏,只有李德林的父亲官职低于五品。比较:毛汉光(1988,第140—146页)将六朝时期的官僚家庭分为三类:士族、小姓、寒素。

**赵煚应该是在584年或更早就被撤了这一职务,因为与此同时虞庆则已经被任命了同一官职,很显然是取代了他。

表4　文帝时期任命的宰相

A.尚书左仆射

姓名	时间
高颎	581年1月—581年8月
赵芬	581年8月—582年6月
高颎	582年6月—599年8月
杨素	601年1月—605年2月

B.尚书右仆射

姓名	时间
赵煚	581年2月—584年？
虞庆则	584年4月—589年1月
苏威	589年4月—592年7月
杨素	592年12月—601年1月
苏威	601年1月—607年7月

附录一　隋代中央重要官职任命情况

C. 门下省纳言

姓名	时间	组*
苏威	581年3月—590年7月	A
苏威	594年7月—601年1月	A
杨达	602年10月—612年5月	A
高颎	581年2月—?	B
柳机	开皇初	B
杨爽	?—587年	B
杨素	589年6月—590年7月	B

D. 内史/监

姓名	时间	组*
李德林	581年2月—590年4月	A
杨素	590年7月—592年7月	A
杨暕	599年6月—601年	A
杨昭	601年1月—604年	A
虞庆则	581年2月—584年4月	B
杨广	586—588年	B
杨秀	592年9月—593年6月	B
赵煚	583年4月—?	C
赵芬	开皇初	C

注：*根据规定，门下纳言和内史令设两员。从任职时间推算，同为A组和B组的官员任职时间应存在先后关系，并可据此推测内史令在某一时间存在着同时任命三位官员（A、B、C）的情况。

隋炀帝:生平、时代与遗产

表5 文帝时期的非正式宰相

姓名	籍贯	集团	在任时间	父官/注	资料来源
杨勇	华阴	关陇	581—600年10月	文帝/皇太子	《隋书》卷45;《北史》卷71
杨雄	华阴	关陇	581*—589年	北周州刺史/文帝侄	《隋书》卷43;《北史》卷68;《周书》卷29
陈茂	河东	山东	581—590s	平民/典机密	《隋书》卷64,第1508页
令狐熙	敦煌	关陇	581年—?	北周州刺史、大将军/判五曹尚书事	《隋书》卷56,第1385页
薛道衡	河东	山东	仁寿年间	北魏郡太守/知机密	《隋书》卷57,第1408页
柳述	河东	山东	仁寿年间	门下纳言/参掌机密	《隋书》卷47;《北史》卷64

注:*为大致的时间。

表6 文帝时期(581—604)的六部尚书

〔总计33人(100%)、关陇16人(48.5%)、山东16人(48.5%)、不详1人(3%)〕

姓名	籍贯	集团	在任时间	父官/注	资料来源
元晖	洛阳	山东	581年2月—582? 开皇初	北魏尚书左仆射	《隋书》卷46;《北史》卷15
元岩	洛阳	山东	581年2月—582年	北魏州刺史	《隋书》卷62;《北史》卷11、75
长孙毗	洛阳?	山东?	581年2月—582年	北魏?	《隋书》卷1
杨尚希	弘农	关陇	581年2月—582年5月 584年4月—489年	北魏州刺史	《隋书》卷46;《北史》卷75
虞庆则	京兆	关陇	581年2月—584年4月	北周郡太守	《隋书》卷40;《北史》卷73
苏威	京兆	关陇	581年3月—581年12月 ?—583年12月	西魏度支尚书	《隋书》卷41;《北史》卷63
杜杲	杜陵?	关陇	?—582年	北魏郡太守	《周书》卷39;《北史》卷70

续表

姓名	籍贯	集团	在任时间	父官/注	资料来源
贺娄子幹	代	山东	582年10月—583年	北魏大将军	《隋书》卷53;《北史》卷73
韦世康	京兆	关陇	582年1月—587年4月 593年1月—595年10月	/祖父为北魏州刺史	《隋书》卷47;《北史》卷64
皇甫绩	安定	关陇	582年5月	北周州刺史	《隋书》卷38;《北史》卷74
长孙平	洛阳	山东	582年5月—583年12月 开皇初—?	北周柱国	《隋书》卷46;《北史》卷22
苏孝慈	扶风	关陇	582年6月—584年4月 开皇初 591年2月—595年	北周州刺史	《隋书》卷46;《北史》卷75;岑仲勉,1974,第363页;赵万里,1956,图版409
牛弘	安定	关陇	583—586年 599年9月—610年11月	北魏工部尚书	《隋书》卷49;《北史》卷72
刘仁恩	?	?	584年4月	?	《隋书》卷46,第1262页;《北史》卷75
张煚	河间	山东	587年4月—592年9月	北周州刺史	《隋书》卷46;《北史》卷75
宇文弢	洛阳	山东	589年4月—	北周州刺史	《隋书》卷56;《北史》卷75;《元和姓纂》卷6,第902页
杨异	弘农	关陇	589年4月—592年9月	北魏侍中	《隋书》卷46;《北史》卷41
卢恺	涿郡	山东	589年—?	北魏中书监	《隋书》卷56;《北史》卷30
杨达	弘农	关陇	595年4月—602年10月	北周州刺史	《隋书》卷43
斛律孝卿	太安	山东	598—599年	北齐州刺史	《北齐书》卷20;《北史》卷53;《元和姓纂》卷10

隋炀帝：生平、时代与遗产

续表

姓名	籍贯	集团	在任时间	父官/注	资料来源
卫玄	洛阳	山东	602年7月—604年1月	北魏侍中	《隋书》卷63;《北史》卷76
韦冲	京兆	关陇	603年9月—605年5月	韦世康之弟	《隋书》卷47;《北史》卷64
辛彦之	陇西	关陇	开皇初	北周州刺史	《隋书》卷75;《北史》卷82;《元和姓纂》卷3
李圆通（李通）	京兆	关陇	开皇初—599年—604年	/平民	《隋书》卷64;《北史》卷75
袁聿修	陈郡	山东	开皇初	北魏中书令	《北齐书》卷42;《魏书》卷85
令狐熙	敦煌	关陇	开皇	北周州刺史	《隋书》卷56;《北史》卷67;《周书》卷36
冯世基（冯业）	上党	山东	开皇?	?	《隋书》卷46,第1262页;《北史》卷75;《元和姓纂》卷1
库狄嶷	代	山东	开皇	?	《隋书》卷46,第1263页
长孙炽	洛阳	山东	开皇	北周州刺史	周绍良和赵超,1992,第47页
郭均	冯翊	关陇	开皇?	?	《隋书》卷46,第1262页;《北史》卷75
柳述	河东	山东	开皇末—仁寿—604年8月	隋门下纳言	《隋书》卷47;《北史》卷64
薛胄	河东	山东	开皇末	北周州刺史	《隋书》卷56;《周书》卷35
杨文纪	弘农	关陇	开皇中—602年	北周小冢宰	《隋书》卷48;《北史》卷41

附录一 隋代中央重要官职任命情况

表7 炀帝时期(604—618)的宰相

[总任命人次:9(100%);关陇:7(78%);山东:1(11%);南方:1(11%);总任命人数:7人]

A.尚书令

姓名	籍贯	集团	在任时间	父官/注	资料来源
杨素	华阴	关陇	605年2月—606年6月	北周州刺史	《隋书》卷48;《北史》卷41

B.尚书左右仆射

姓名	籍贯	集团	在任时间	父官/注	资料来源
杨素	华阴	关陇	601年1月—605年2月	北周州刺史/左仆射	《隋书》卷48;《北史》卷41
苏威	京兆	关陇	601年1月—605年2月* 605年2月—607年7月*	西魏度支尚书/右仆射/左仆射	《隋书》卷41;《北史》卷63

C.门下纳言(616年纳言更名为侍内**)

姓名	籍贯	集团	在任时间	父官/注	资料来源
苏威	京兆	关陇	610年—616年5月	西魏度支尚书	《隋书》卷41;《北史》卷63;赵万里,1956,卷9,第106页
杨达	华阴	关陇	602年10月—612年5月	北周州刺史/文帝侄	《隋书》卷43;《资治通鉴》卷181,第5662页
杨文思	华阴	关陇	607年9月—610年*	北周小冢宰/杨素从父	《隋书》卷48;《北史》卷41;《资治通鉴》卷180,5634页

D.内史令(616年内史省更名为内书省**)

姓名	籍贯	集团	在任时间	父官/注	资料来源
杨约***	华阴	关陇	604—608年*	北周州刺史/杨素异母弟	《隋书》卷48;《北史》卷41
萧琮	南兰陵	南方	605年1月—607年7月	西梁明帝	《隋书》卷79;《周书》卷48

隋炀帝：生平、时代与遗产

续表

姓名	籍贯	集团	在任时间	父官/注	资料来源
元寿	洛阳	山东	608年1月—612年1月	北周州刺史	《隋书》卷63;《周书》卷38;《资治通鉴》卷181,第5660页;岑仲勉,1974,第368页

注：* 为大致的时间。

** 见《隋书》卷28,第795页。

*** 山崎宏认为去职时间为605年。但根据杨约的传记,去职发生在其侄杨玄感担任礼部尚书期间。杨玄感被任命为礼部尚书的时间为608年。比较：山崎宏,1956,第16页。

表8　炀帝时期的非正式宰相

姓名	籍贯	集团	在任时间	父官/注	资料来源
萧瑀	南兰陵	南方	大业	西梁明帝/委之机务	《旧唐书》卷62,第2399页
苏威	京兆	关陇	608年—616年5月	西魏度支尚书	《隋书》卷41;《北史》卷63
宇文述	武川	关陇	608年—616年10月	北周上柱国	《隋书》卷61;《北史》卷79;《周书》卷29
虞世基	余姚	南方	608年*—618年	陈太子中庶子	《隋书》卷67;《北史》卷83
裴蕴	闻喜	南方	609年*—618年	陈都官尚书/山东郡望	《隋书》卷67;《北史》卷74
裴矩	闻喜	山东	609年—618年	北齐太子舍人/祖父为北魏都官尚书	《隋书》卷67;《北史》卷38;《资治通鉴》卷181,第5647页

注：* 为大致的时间。

附录一 隋代中央重要官职任命情况

表9 炀帝时期(604—618)的六部尚书

[总数:18(100％)*;关陇:10(55.5％);山东:7(39％);南方:1(5.5％)]

姓名	籍贯	集团	在任时间	父官/注	资料来源
牛弘	安定	关陇	599年9月—610年11月	北魏尚书	《隋书》卷49;《北史》卷72
韦冲	京兆	关陇	603年9月—605年5月	/祖父为北魏州刺史	《隋书》卷47;《北史》卷64
赵仲卿	天水	关陇	大业初	北周大将军	《隋书》卷74
李圆通(李通)	京兆	关陇	大业初—606年5月	/平民	《隋书》卷64;《北史》卷75
崔仲方	博陵	山东	605年—607年4月	北周小司徒	《隋书》卷60;《北史》卷32
宇文㢸	洛阳	山东	605年1月—607年7月	北周州刺史	《隋书》卷56;《北史》卷75
李子雄	渤海	山东	605—606年	北周州刺史	《隋书》卷70
梁毗	安定	关陇	606年1月—612年6月	北周州刺史	《隋书》卷62;《北史》卷77
宇文愷	京兆	关陇	606年2月—612年10月	北周大司马	《隋书》卷68;《北史》卷60
杨文思	弘农	关陇	606年4月—607年9月 610年?10月—611年?	北周小冢宰	《隋书》卷48;《北史》卷41
段文振	北海	山东	606年10月—612年1月	北周州刺史	《隋书》卷60;《北史》卷76
长孙炽	洛阳	山东	608年1月—610年10月	北周州刺史	《隋书》卷51;《北史》卷22
杨玄感	弘农	关陇	608年1月—613年6月	隋尚书令	《隋书》卷70;《北史》卷41
樊子盖	庐江	南方	611年5月—616年7月	北齐州刺史	《隋书》卷63;《北史》卷76

隋炀帝：生平、时代与遗产

续表

姓名	籍贯	集团	在任时间	父官/注	资料来源
卫玄	洛阳	山东	612年1月—617年?	北魏侍中	《隋书》卷63；《北史》卷76
杨义臣	代	山东	615年—?	北周大将军	《隋书》卷63；《北史》卷73
韦津	京兆	关陇	616年7月	北周总管	《隋书》卷47；《北史》卷64
李哲	陇西	关陇	大业	北周州刺史	《北史》卷75；《隋书》卷50

注：*山崎宏认为总数为19人。他根据《芒洛冢墓遗文》3，收清河房崩。今检索《芒洛冢墓遗文》及其《续编》，均未发现房崩墓志铭；岑仲勉，1974"隋代石刻[砖附]目录初集"（第348页及其后）也未见收录。而据《资治通鉴》卷183（第5721页）以及《隋书》卷2（第92页）记载，房为光禄少卿。

附录二　貌阅与北周、陈、隋的人口 [249]

貌阅

通过对两次貌阅的数据进行比较,志田不動麿和砺波护认为583年貌阅的记录是窜入的。他们发现,尽管表面上看,两次貌阅行动迥然不同,但数据上却显示出莫名的相似性(表1)。从A栏来看,只有第一位不同(一个是4,一个是2),后面的数字完全一样(均为43 000)。在B栏,583年的数据只是多了一个1,后面几位数与609年的数据完全一样。故此,很有可能是把609年的数据稍做改动,以充作583年貌阅记录。

金井之忠不认同这种说法,他认为这两栏数据诡异的相似有可能是文献抄录时的错误。他提醒大家注意583年的文献记录中的这一行文字:"大功已下,兼令析籍,各为户额,以防容隐。"①这段文字在609年的记载中并不存在。况且,583年的貌阅行动是当时正在展开的提高行政效率和加强人口控制的工作的一部分。考虑到这一情况,他认为583年应实施了貌阅行动,尽管在数据上有一定的疑问。②

表1　隋朝两次貌阅行动

年份	A(丁口增长数)	B(户口增长数)	资料来源
583	443 000	1 641 500	《隋书》卷24,第681页;《资治通鉴》卷176,第5481页
609	243 000	641 500	《隋书》卷67,第1575页;《资治通鉴》卷181,第5646页

北周、陈、隋的人口

隋朝由于加强了人口调查和分类登记,与先前的王朝相比,拥有更可靠的人口信息。尽管现存人口数据从统计学意义上看远不能令人满意,但这仍然是讨论这一时期人口趋势的基础数据。我们将从北周开始,从历史的角度对这一时期的人口数据进行分析。北周本是位于西北地区的一个政权,并吞北齐以后,其领土和人口得以显著扩张。传统文献保存了一些重要的人口数据(表2),这是我们对这一时期进行人口研究的必要基础。

---

① 《隋书》卷24,第681页。"大功"是五服的第三等,居丧九月。堂兄弟、未婚堂姊妹、已婚姑、姊妹、侄女等之丧,均要服大功。

② 关于隋朝"貌阅"的讨论,砺波护做了精彩的总结。见池田温,1984,第157—162页。又见冻国栋,1988,第109—121页。

表2 六世纪晚期到七世纪初的人口数

	A	B	C	D	E	F
	朝代	年份	人口	户数	每户平均人口	资料来源
1	北周	579—580年	9 009 604	3 590 000	2.5	《通典》卷1,第147—148页
2	北周	579—580年		3 599 604		《册府元龟》卷486,第5808b页
3	北齐	577年	20 006 880	3 032 528	6.06	《通典》卷7,第147页
4	北齐	天保末		3 030 000		《隋书》卷29,第807页
5	北齐	577年		3 032 500		《资治通鉴》卷173,第5375页
6	北齐	577年	20 006 886	3 302 528		《周书》卷6,第101页
7	北齐	577年	20 006 880	2 032 528		《册府元龟》卷486,第5808a页
8	隋	581年		3 999 604 (3 599 604)*		《通典》卷7,第147—148页
9	隋	582年		3 600 000		《册府元龟》卷486,第5808b页
10	陈	589年	2 000 000	500 000	4	《通典》卷7,第146页
11	陈	582—589年	2 000 000	500 000	4	《册府元龟》卷486,第5807b页
12	隋	589年		4 807 932		《通典》卷7,第148页
13	隋	609年	46 019 956	8 907 546	5.17	《隋书》卷29,第808页
14	隋	609年	46 019 956	8 907 536		《通典》卷7,第147页
15	隋	606年	46 019 956	8 907 536		《册府元龟》卷486,第5809a页

*《通典》中隋朝581年的人口数为3 599 604,与《册府元龟》中北周的人口数相同(D2)。校点本《通典》根据《通典》的其他版本将其改为3 999 604。见《通典》卷7,第161页,注释28。

隋炀帝：生平、时代与遗产

在对这些数据进行分析之前,还需要对其中自相矛盾之处进行梳理。最主要的问题是北周 579—580 年的人口总数 9 009 604(C1)。这一仅见于《通典》的数据,被视为北周并吞北齐后的全部人口。然而这一说法却不可信,首先,当时总户数为 3 590 000,每户平均人口为 2.5(E1),这一数据低得令人难以置信;其次,新兼并的北齐人口为 20 006 880 人(C3),单是这一数据就比上述《通典》的数据的两倍还多,显然是不合理的;第三,数据 9 009 604(C1)的后四位数与 D2、D8 栏的户数 3 599 604 后四位数完全一样,显然,9 009 604 肯定有错。① 池田温认为数据之首应冠以 1,变成 19 009 604。但是,即使如此,修正过的数字仍然比北齐的人口数要少。②

为了大致估算 577 年北周并吞北齐之后的人口数,我们使用下列人口增长公式：

$$A(1+X)^t = B$$

(A 代表人口原值,X 代表增长率,t 代表年数,B 代表增长后的人口)

运用这一公式,我们推算如下：

---

① 在中文原文中,C1 与 D8 相比较,显得更有问题：
    九百万九千六百四(C1)
    三百九十九万九千六百四(D8)
注：Bielenstein(1947,第 155—156 页)推测北周人口数字(九百万)仅是纳税人口数。若如是,纳税人口似乎过多。根据《通典》(卷 7,第 153 页)的记载,755 年在唐代大约五千三百万有户籍的人口中,纳税人口(课口)数为八百二十万;而 760 年,在大约一千七百万有户籍在册的人口中,纳税人口数为二百三十七万。

② 比较池田温,1984,第 164—165 页,注 12。

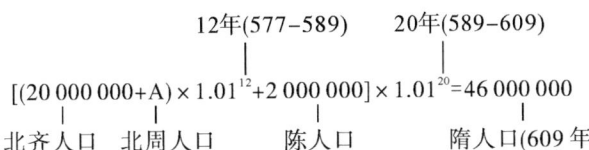

12年(577-589)　　20年(589-609)

$[(20\,000\,000+A)\times 1.01^{12}+2\,000\,000]\times 1.01^{20}=46\,000\,000$

北齐人口　北周人口　　陈人口　　　隋人口(609年)

根据赵冈的研究,传统时期的中国 1% 的人口年增长率是可信的。① 在此也利用这一数据来计算六世纪末到七世纪初的人口。A 代表北周 577 年征服北齐之前的人口总数。北周兼并北齐后的人口总数应为 (20 000 000 ＋ A)。将该数乘以 1.01^{12} 为 12 年后(589 年)隋兼并南方之前的总人口。统一南方后又增加 200 万人口。将两数相加,再乘以 1.01^{20} 等于 20 年后(609年)的人口,其数已知为四千六百万。以此推算,北周 577 年的人口总数大致为 11 680 000。②

11 680 000(577 年的北周人口)加 20 000 000(577 年的北齐人口)等于 31 680 000,这是北周并吞北齐之后北方的人口总数。将 31 680 000 乘以 1.01^{4}(约为 1.0406)等于 32 966 208,此为 581 年隋朝人口总数。

将 32 966 208 乘以 1.01^{8}(约为 1.0937)等于 36 055 141 或 36 000 000 左右(589 年隋平陈前的人口)。此数加 2 000 000

---

① 关于传统时期的中国人口增长率的讨论,见 Chao Kang(赵冈),1986,第 30－31 页。

② 计算过程如下:

$[(20\,000\,000+A)\times 1.127+2\,000\,000]\times 1.22=46\,000\,000$

$(20\,000\,000＋A)\times 1.375+2\,440\,000=46\,000\,000$

$(20\,000\,000＋A)\times 1.375=46\,000\,000－2\,440\,000$

$27\,500\,000＋A\times 1.375=43\,560\,000$

$A\times 1.375=16\,060\,000$

$A=16\,060\,000/1.375$

$A=11\,680\,00$(577 年北周人口)。

隋炀帝：生平、时代与遗产

(陈人口)等于589年隋平陈后的总人口：38 000 000。[1]

当然还存在一些影响人口增长的变数。兼并土地(如西北、东北和远南)和提高人口调查效率可导致人口增长。而自然灾害、战争以及大型工程项目都可导致统计人口减少。这些变数均存在于这一时期(577—609)，这里未加以考虑。因为这些变数不能数据化，故不具备统计学意义。

---

[1] 589年南方户数(500 000)应严重低估了实际户数。陶文牛(1993)将该数人为地提升到全国户数的35%，使得文帝时期的人口总数超过六千万。这未免推测性过强。Pulleyblank(1961, 295—297页)则认为隋朝直接从陈朝接收了此不完全的户数。但是，如果将589年南方户数(500 000)与609年扬州(大致相当于陈朝故地)户数(578 000)(梁方仲，1980，第77页)相比，500 000并非真的异乎寻常。如果我们用标准年增长率1%来计算的话，20年后，500 000会增长为610 000(500 000×1.01^{20})，这仅比文献中的609年户数(578 000)略高一点。

附录三 度量衡及田亩

长度单位

	隋 朝		唐朝
	607年之前	607年之后	
1寸	2.951 cm	2.355 cm	3.11 cm
10寸＝1尺	29.51 cm	23.55 cm	31.1 cm
5尺＝1步(唐)			1.555 m
6尺＝1步(隋)	1.7706 m	1.413 m	
10尺＝1丈	2.951 m	2.355 m	3.11 m
2丈＝1段	5.902 m	4.71 m	6.22 m
4丈＝1匹	11.8 m	9.42 m	12.44 m
5丈＝1端	14.76 m	11.78 m	15.55 m
300步＝1里(1 800尺)	0.5312 km	0.4239 km	0.56 km

面积单位

	隋 朝		唐朝
	607年之前	607年之后	
1亩＝1平方步×240	752.4 m²	479.17 m²	580.33 m²
100亩＝1顷	75 240 m²	47 917 m²	58 033 m²

隋炀帝：生平、时代与遗产

容积单位

	隋 朝		唐朝
	607 年之前	607 年之后	
1 升	594.4 ml	198.1 ml	594.4 ml
10 升＝1 斗	5.944 l	1.981 l	5.944 l
10 斗＝1 石/斛	59.44 l	19.81 l	59.44 l

重量单位

	隋 朝		唐朝
	607 年之前	607 年之后	
1 两	41.76 g	13.92 g	37.3 g
16 两＝1 斤	668.19 g	222.73 g	596.82 g

资料来源：吴承洛，1937 年，第 64－98 页；梁方仲，1980 年，第 542－546 页。

附录四　汉唐间主要政权

西汉（前206—8）

新（9—23）

东汉（25—220）

三国（220—280）

　　魏、蜀、吴

六朝（229—589）

　　吴、东晋、刘宋、齐、梁、陈

西晋（265—316）

东晋（317—420）

南北朝（420—589）

南朝	北朝
刘宋（420—479）	北魏（386—534）
齐（479—502）	东魏（534—550）
梁（502—557）	西魏（536—556）
西梁（555—587）	北齐（550—557）
陈（557—589）	北周（557—581）

隋炀帝：生平、时代与遗产

隋(581—618)	突厥(552—)			高丽(37BC—)	高昌(497—)	吐谷浑(329—)
	东突厥		西突厥			
	主体	阿波一支				
文帝(581—604)	佗钵(572—581)		达头(576—603)	平原(559—590)	麴乾固(561—601)	夸吕(540—591)
开皇(581—600)	沙钵略(581—587)	阿波(581—587)				
	莫何(587—588)	泥利(587—603)				
	都蓝(588—599)					
	步迦/达头(599—603)*			婴阳(590—618)		世伏(591—597)
仁寿(601—604)	启民(599—611)				麴伯雅(601—613)	伏允(597—635)
炀帝(604—618)			处罗(603—605)**			
大业(605—618)			射匮(605—617)			
	始毕(611—619)				麴?(614—619)	
恭帝(617—618)			统叶护(617—628)			

*599年达头自称步迦可汗，一时成为突厥共主。 **611年处罗归降炀帝。

唐(618—907)

附录五　隋炀帝年谱(569—618)

年份	年龄①	大事记
569		出生,名杨广。
580②	11	封雁门郡公。
580	11	在并州(今山西太原附近)。
581	12	二月:隋朝建国。立杨勇为太子。封杨广为晋王,拜并州总管。 ＊＊＊ 进位上柱国③。
582	13	被任命为河北道行台尚书令,仍居并州。
585	16	十一月:入朝大兴城(今陕西西安)。
586	17	闰八月:入朝大兴城。 十月:拜雍州牧(治今陕西西安)。
587	18	四月:文帝幸晋王(炀帝)第于并州(?)。 九月:隋兼并西梁。
588	19	十月:转任淮南道行台尚书令及行军元帅。隋伐陈,其军皆受晋王(炀帝)节度。

---

① 指周岁。
② 不确定的年份用斜体表示。
③ 未能确定月份的事件,置于本年年末,用＊＊＊与上文区分。

隋炀帝：生平、时代与遗产

续表

年份	年龄①	大事记
589	20	一月：入建邺/建康(今南京)。 二月：陈国皆平，晋王(炀帝)班师。 四月：文帝劳旋师于大兴城，晋王(炀帝)拜太尉。 *** 复拜并州总管，返并州。
590	21	十一月：江南高智慧等作乱。 590年底，徙为扬州(治今江苏扬州)总管以代其弟杨俊，镇江都，每岁一朝直至600年。 杨俊徙并州总管。
591	22	十一月：从智𫖮大师(天台宗创始人)受菩萨戒。
595	26	一月：文帝祠泰山。炀帝领武候大将军。
597	28	十一月：智𫖮大师赴江都途中圆寂。 *** 归藩江都。
598	29	六月至九月：高颎、杨谅受命伐高丽，大败而归。 九月：百济使至隋，愿意协力伐高丽。
599	30	二月：入朝大兴城。 八月：高颎坐事免。 十月：文帝改突利可汗名为启民可汗，以义成公主妻之。
600	31	四月：破突厥犯塞入侵者。 十月：太子杨勇被废为庶人。 十一月：被立为太子。 *** 倭国首次遣使隋朝。
601	32	六月：文帝下旨废太学、四门学、州县学。
602	33	八月：独孤皇后(炀帝生母)崩。

续表

年份	年龄①	大事记
604	35	一月:文帝幸仁寿宫,事无巨细,并付皇太子。 七月:文帝崩于仁寿宫,颇有疑点;炀帝即位。 八月:杨谅知有异,于并州举兵反;诏杨素平之。 十一月:幸洛阳;发丁男数十万于洛阳东、南、西方掘堑,西达于陕西;下诏修洛阳,发丁二百万。
605	36	一月:立萧妃为皇后,立子杨昭为太子。 三月:命杨素、杨达、宇文恺营建洛阳;徙洛州郭内居民及富商数万户以实洛阳;发男女百余万开凿大运河通济渠段(该工程至611年方竣工),连接淮水流域;发民十余万开凿大运河邗沟段(连接淮水与长江,盖未几竣工)。 四月:遣大将军刘方击林邑(越南中部),破之。 八月:首次水路南巡,幸江都。
605—618		*** 大业年间新罗每年遣使进贡。
606	37	一月:东京(洛阳)成;遣十使,约省州县。 三月:车驾发江都经水路北上。 四月:抵洛阳。 七月:太子杨昭薨。楚国公杨素薨。
607	38	三月:抵大兴城;遣羽骑尉朱宽使于流求国(台湾?)。 四月:颁《大业律》。推行官制改革。改州为郡。据南方之例改度量衡。车驾北巡狩。 五月:启民可汗遣子入朝;发十余郡丁男凿太行山,达于并州,以通驰道。 六月:于榆林郡(治内蒙古托克托县西南)赐见启民可汗。 七月:宴启民可汗及其部落,奏百戏之乐;杀光禄大夫贺若弼、礼部尚书宇文弢、太常卿高颎;尚书左仆射苏威坐事免;发丁男百余万筑长城,西距榆林。 八月:高丽王遣使通于突厥,启民引之见炀帝,炀帝徼高丽王;下诏营晋阳宫于太原。 九月:抵洛阳。 *** 倭国首次遣使(小野妹子)入炀帝朝。 百济遣使者入献,请讨高丽,炀帝许之。

隋炀帝：生平、时代与遗产

续表

年份	年龄①	大事记
608	39	一月:发男女百余万,开永济渠段,北达于涿郡。 三月:幸五原(治今内蒙古五原南部),巡长城;百济、倭国、赤土、迦罗舍国(位于今泰国西部?)遣使献方物;炀帝遣屯田主事常骏出使赤土(位于今马来西亚)。 四月:起汾阳宫于晋(今山西)北;遣文林郎裴世清为隋使,随小野妹子返倭国。 七月:发丁男二十余万修筑榆林以东的长城。将军宇文述破吐谷浑。 八月:访恒山。 *** 遣朱宽二次出使流求。
608		右翊卫将军薛世雄伐伊吾(今新疆哈密),克之。
609	40	一月:改东京为东都。自东都洛阳还京师大兴城。 二月:次阌乡(在今潼关以东),遂返大兴城。 三月:巡视河右(黄河以西,今陕西、甘肃等)。 五月:击吐谷浑,败之,其众十余万口来降。 六月:至张掖(位于今甘肃);宴高昌王麴伯雅和伊吾吐屯设(后者献数千里之地)。设鄯善、且末(在新疆)、西海、河源(在今青海)四郡。 九月:返大兴城(长安)。 十一月:幸洛阳。
610	41	一月:角抵大戏于洛阳端门街,炀帝数微服观之;倭国遣使献方物。 二月:武贲郎将陈稜、朝请大夫张镇州击流求,破之。 三月:幸江都。 六月:室韦(位于今东北地区西北部、东蒙古部及以北)、赤土并遣使贡方物。 *** 开凿大运河江南河段,延至余杭(今杭州)。

续表

年份	年龄①	大事记
611	42	二月:百济遣使朝贡;炀帝自江都入通济渠,遂幸涿郡,为高丽战役备战扩军。 四月:幸临朔宫。 秋:河南、山东四十余郡漂没,民相卖为奴婢。 十二月:于临朔宫赐见处罗可汗,此为处罗可汗归顺之始;王薄于长白山(今山东章丘东北)叛,避征役者多往投之,此乃文献中所载首次隋末大规模反叛。 *** 百济遣使请讨高丽军期。
611		启民可汗去世。
612	43	一月:出兵逾一百一十三万讨高丽,此乃炀帝第一次辽东战役。 三月:隋军受重创后渡辽水。 六月:幸辽东,责怒诸将。大将军来护儿攻入平壤,大败而溃。 七月:大将军于仲文、宇文述部在萨水遭重创,全军30 500人,仅2 700人生还。 十一月:华容公主嫁于高昌王麴伯雅。 *** 于高丽故地武厉逻(今辽宁沈阳西北)设辽东郡。 大旱,疫,人多死,山东尤甚。
613	44	一月:征天下兵,集于涿郡。 三月:发丁男十万城大兴。幸辽东。 四月:车驾渡辽水,第二次辽东战役始发。 六月:杨玄感反于黎阳(今河南浚县),逼东都洛阳;杨玄感之友斛斯政奔于高丽;炀帝班师;因杨玄感之乱,第二次辽东战役无果而终。 八月:杨玄感兵败阌乡。 九月:次上谷郡(治今河北易县)。 闰九月:幸博陵郡(治今河北定州),改博陵为高阳。 十月:孟让、王薄等众十余万,据长白山。

隋炀帝：生平、时代与遗产

续表

年份	年龄①	大事记
614	45	一月:嫁宗室信义公主于处罗(曷娑那)可汗。 二月:下诏伐高丽,第三次辽东战役始发。 三月:巡幸临渝宫(今河北抚宁附近)。 四月:车驾次北平郡(今河北卢龙)。 七月:次怀远镇(今辽宁辽阳西北)。高丽遣使请降,囚送斛斯政;第三次辽东战役终。 八月:班师。 十月:先至洛阳,后还大兴城。 十二月:返洛阳;孟让率众十余万,据都梁宫;遣王世充击破之。 *** 百济遣使朝贡。
615	46	一月:东亚、北亚、中亚包括突厥、契丹、靺鞨、新罗等二十余国遣使朝贡。 五月:幸太原,避暑汾阳宫。 八月:巡北塞。始毕可汗率骑数十万,谋袭乘舆,义成公主遣使告变;车驾驰幸雁门;突厥围城。 九月:隋朝援军至,突厥解围而去。 十月:抵洛阳。
616	47	一月:下诏集十郡兵数万人建毗陵宫(今江苏无锡附近)。 四月:洛阳大业殿西院火,炀帝以为盗起,惊走入西苑,匿草间,火定乃还。 五月:于洛阳西苑景华宫征求萤火,得数斛;苏威除名为民。 七月:欲移驾江都,启程;大将军赵才劝谏,属吏,旬日乃出;建节尉任宗、奉信郎崔民象、奉信郎王爱仁等劝谏,均被杀。 十月:宇文述卒;是时,炀帝应已抵江都。 *** 虎贲郎将罗艺于涿郡起兵,自称幽州(今河北北部)总管。

续表

年份	年龄①	大事记
617	48	一月:叛首领杜伏威率众自北渡淮水。叛首窦建德于乐寿(今河北献县)自称长乐王。 二月:鹰扬郎将梁师都于朔方郡(治今陕西白城子附近)据郡反;鹰扬府校尉刘武周于马邑郡(治今山西朔州)举兵反,北连突厥,自称定杨可汗;梁师都、刘武周开官员反叛之先河;叛首李密、翟让占兴洛仓(洛口仓)。 四月:金城校尉薛举于金城郡(治今甘肃兰州)反,自称西秦霸王;叛军首领孟让偷袭洛阳外郭,烧丰都市而去;叛首李密攻陷回洛东仓。 五月:唐公李渊自立于太原。 七月:鹰扬府司马李轨于武威举兵反,自称凉王;遣江都通守王世充率江淮劲卒赴东都,讨李密。 九月:括江都人女寡妇,以配从兵,以阻止士兵叛逃。叛首李文相占黎阳仓。 十月:西梁皇族萧铣反,自称梁王。 十一月:李渊进入大兴城,立杨侑为帝(恭帝),年号义宁,尊炀帝为太上皇;炀帝起宫丹阳(今南京),将逊于江左。
618	49	三月:宇文化及、司马德戡、裴虔通、宇文智及等发动江都之变,缢杀炀帝,斩其子杨杲;萧皇后令宫人撤床板为棺以葬炀帝、杨杲(唐初炀帝遗骸被迁葬雷塘)。 五月:恭帝禅让,李渊于长安建国唐朝;隋太子杨昭之子杨侗于洛阳称帝,改元皇泰,追谥炀帝为明皇帝。 九月:唐朝追谥杨广为炀帝。

征引文献

中文古籍

《北齐书》,(唐)李百药,北京:中华书局,1972年。
《北史》,(唐)李延寿,北京:中华书局,1974年。
《北山录》,(唐)神清,《大正藏》第52册,2113。
《辨正论》,(唐)法琳,《大正藏》第52册,2110。
《册府元龟》,(北宋)王钦若等编修,北京:中华书局,1960年。
《长安志》,(北宋)宋敏求,见平冈武夫《長安と洛陽》"資料篇",京都:京都大学人文科学研究所,1956年。
《陈书》,(唐)姚思廉,北京:中华书局,1972年。
《大业杂记》(辛校),(唐)杜宝著、辛德勇辑校《两京新记辑校/大业杂记辑校》,西安:三秦出版社,2006年。
《大唐创业起居注》,(唐)温大雅,上海:上海古籍出版社,1983年。
《大唐西域记》,(唐)玄奘、辨机,见季羡林等校注《大唐西域记校注》,北京:中华书局,1985年。
《大业拾遗记》,(宋)佚名,《说郛》本。

征引文献

《大正新修大藏经》,东京:大正一切经刊行会,1924—1932年。

《岛夷志略》,(元)汪大渊,见苏继庼校释《岛夷志略校释》,北京:中华书局,1981年。

《道教义枢》,(唐)孟安排,《道藏》第24册。

《道藏》36卷,北京:文物出版社,1987年。

《法苑珠林》,(唐)道世,北京:中国书店,1991年。

《佛祖历代通载》,(元)念常,《大正藏》第49册,2036。

《佛祖统记》,(宋)志磐,《大正藏》第49册,2036。

《广弘明集》,(唐)道宣,《大正藏》第52册,2103。

《国清百录》,(隋)灌顶,《大正藏》第46册,1934。

《汉书》,(东汉)班固,北京:中华书局,1962年。

《河南志》,(清)徐松编,北京:中华书局,1994年。

《后汉书》,(刘宋)范晔,北京:中华书局,1965年。

《集古今佛道论衡》,(唐)道宣,《大正藏》第52册,2104。

《旧唐书》,(五代)刘昫,北京:中华书局,1975年。

《开河记》,(宋)佚名,《说郛》本。

《历代崇道记》,(唐)杜光庭,《道藏》第11册。

《历代三宝纪》,(隋)费长房,《大正藏》第49册,2034。

《礼经释例》,(清)凌廷堪,丛书集成初编本。

《历世真仙体道通鉴》,(元)赵道一,《道藏》第5册。

《来南录》,(唐)李翱,《说郛》本。

《两京新记》,(唐)韦述,《两京新记集本》、《两京新记续拾》。见平冈武夫《長安と洛陽》,"資料篇",京都:京都大学人文科学研究所,1956年。

《梁书》,(唐)姚思廉,北京:中华书局,1973年。

《录异记》,(唐)杜光庭,《道藏》第10册。

《芒洛冢墓遗文》、《芒洛冢墓遗文续编》、《芒洛冢墓遗文三编》、《芒洛冢墓遗文四编》,罗振玉辑,1917年。重印本见《历代碑志丛书》第14卷,南京:江苏古籍出版社,1998年。

《茅山志》,(元)张雨,(元)刘大彬,《道藏》第5册。

隋炀帝：生平、时代与遗产

《毛诗正义》,(唐)孔颖达,见《十三经注疏》。

《南史》,(唐)李延寿,北京:中华书局,1975年。

《全上古三代秦汉三国六朝文》,(清)严可均,4册,北京:中华书局,1958年。

《全唐诗》,(清)彭定求,25册,北京:中华书局,1960年。

《全唐文》,(清)董浩,11册,陆心源:《唐文拾遗》及《唐文续拾》,北京:中华书局,1983年。

《日知录》,(清)顾炎武,黄汝成集释:《日知录集释》,石家庄:花山文艺出版社,1990年。

《入唐求法巡礼行记》,[日]释圆仁著,[日]小野胜年校注。原书名《入唐求法巡禮行記の研究》1-4卷,东京:铃木学术财团,1964—1969年。中文版见白化文等校注:《入唐求法巡礼行记校注》,石家庄:花山文艺出版社,1992年。

《三国志》,(西晋)陈寿,北京:中华书局,1959年。

《尚书正义》,(唐)孔颖达,见《十三经注疏》。

《史记》,(西汉)司马迁,北京:中华书局,1959年。

《史通》,(唐)刘知几。注释本见(清)浦起龙:《史通通释》,上海:上海古籍出版社,1978年。

《水经注疏》,(北魏)郦道元,(清)杨守敬、熊会贞疏,3卷,段熙仲、陈桥驿点校,南京:江苏古籍出版社,1989年。

《四库全书总目提要》,(清)永瑢编著,2册,北京:中华书局,1965年。

《宋高僧传》,(北宋)赞宁,《大正藏》第50册,2061。

《宋史》,(元)脱脱,北京:中华书局,1977年。

《宋书》,(梁)沈约,北京:中华书局,1974年。

《隋史断》,(宋)南宫靖一,丛书集成初编本。

《隋唐嘉话》,(唐)刘餗,见《隋唐嘉话·朝野佥载》,北京:中华书局,1979年。

《隋书》,(唐)魏征,北京:中华书局,1973年。

《太平广记》,(北宋)李昉等,10册,北京:中华书局,1961年。

《太平寰宇记》,(北宋)乐史,4册,北京:中华书局,1960年。
《太平御览》,(北宋)李昉等,4册,北京:中华书局,1960年。
《唐大诏令集》,(北宋)宋敏求,上海:学林出版社,1992年。
《唐会要》,(五代宋)王溥,北京:中华书局,1955年。
《唐两京城坊考》,(清)徐松,方严点校,北京:中华书局,1985年。
《唐六典》,(唐)李林甫,陈仲夫点校,北京:中华书局,1992年。
《唐律疏义》,(唐)长孙无忌等,北京:中华书局,1983年。
《唐摭言》,(五代)王定保,上海:上海古籍出版社,1978年。
《通典》,(唐)杜佑,王文锦点校,北京:中华书局,1988年。
《吐鲁番出土文书》,国家文物局古文献研究室编,10册,北京:文物出版社,1981—1987年。
《文选》,(梁)萧统编,(唐)李善等注,3册,北京:中华书局,1977年。
《文苑英华》,(北宋)李昉,6册,北京:中华书局,1966年。
《仙苑编珠》,(五代)王松年,《道藏》第11册。
《新唐书》,(北宋)欧阳修,宋祁,北京:中华书局,1975年。
《续高僧传》,(唐)道宣,《大正藏》第50册,2060。
《艺文类聚》,(唐)欧阳询,上海:上海古籍出版社,1965年。
《玉海》,(南宋)王应麟,4册,南京:江苏古籍出版社,上海:上海辞书出版社,1987年。
《元和郡县图志》,(唐)李吉甫,北京:中华书局,1983年。
《元河南志》,(元),藕香零拾本。重印本见平冈武夫《長安と洛陽》"資料篇",京都:京都大学人文科学研究所,1956年。
《元和姓纂》,(唐)林宝,岑仲勉校记,北京:中华书局,1994年。
《云笈七签》,(宋)张君房,《道藏》第22册。
《颜氏家训》,(北齐)颜之推,王利器集解:《颜氏家训集解》,上海:上海古籍出版社,1980年。
《贞观政要》,(唐)吴兢,上海:上海古籍出版社,1978年。
《周礼注疏》,(唐)贾公彦,见《十三经注疏》。
《周书》,(唐)令狐德棻等,北京:中华书局,1971年。

隋炀帝：生平、时代与遗产

《周易正义》，(唐)孔颖达，见《十三经注疏》。
《终南山说经台历代真仙碑记》，(元)朱象仙，《道藏》第 19 册。
《资治通鉴》，(北宋)司马光，北京：中华书局，1956 年。

中文论著

安家瑶、李春林：《唐大明宫含元殿遗址 1995—1996 年发掘报告》，《考古学报》1997 年第 3 期，第 341—406 页，图版 1—32。
岑仲勉：《黄河变迁史》，北京：人民出版社，1957 年。
岑仲勉：《突厥集史》(上、下册)，北京：中华书局，1958 年。
岑仲勉：《通鉴隋唐纪比事质疑》，北京：中华书局，1964 年。
岑仲勉：《隋书求是》，台北：史学出版社，1974 年。
岑仲勉：《隋唐史》，北京：中华书局，1982 年。
陈碧笙：《〈隋书〉赤土国究在何处》，《中国史研究》1990 年第 4 期。
陈国符：《道藏源流考》，北京：中华书局，1963 年。
陈久恒：《隋唐东都城址的勘查和发掘续记》，《考古》1978 年第 6 期，第 361—379 页。
陈寅恪：《东晋南朝之吴语》，《"中央研究院"历史语言研究所集刊》1936 年第 7 期，第 1—4 页。
陈寅恪：《隋唐制度渊源略论稿》，1963 年初版。重印，北京：中华书局，1977 年。
陈寅恪：《武曌与佛教》，见陈寅恪：《金明馆丛稿二编》，上海：上海古籍出版社，1980 年，第 137—155 页。
陈寅恪：《唐代政治史述论稿》，上海：上海古籍出版社，1982 年。
陈寅恪：《魏晋南北朝讲演录》，万绳楠整理，台北：云龙出版社，1995 年。
程树德：《九朝律考》，北京：中华书局，1963 年。

池田温:《中国古代籍帐研究》,龚泽铣译,北京:中华书局,1984年。

邓瑞全、王冠英编:《中国伪书丛考》,合肥:黄山出版社,1998年。

冻国栋:《隋代人口的若干问题管见》,《魏晋南北朝隋唐史资料》1998年第9—10辑,第109—121页。

方豪:《中西交通史》,台北:中国文化大学出版社,1983年。

高敏:《唐两京城坊考东京部分质疑》,《中华文史论丛》1980年第3期,第175—180页。

高敏:《关于隋炀帝迁都洛阳的原因》,历史研究所和中国社会科学院编:《魏晋隋唐史论集》第2卷,北京:中国社会科学出版社,1983年,第254—268页。

高明士:《从律令制度论隋代的治国政策》,中国唐代学会编辑委员会编:《唐代文化研讨会论文集》,台北:文史哲出版社,1991年,第359—396页。

高明士:《隋代的教育与贡举》,中国唐代学会编:《唐代研究论集》第4卷,台北:新文丰出版公司,1992年,第177—252页。

高明士:《论倭给隋的"无礼"国书事件——兼释隋代的天下秩序》,郑樑生编:《中国与亚洲国家关系史学术研讨会论文集》,台北:淡江大学历史学系,1995年,第73—106页。

高明士:《隋代中国的统一——兼述历史发展的必然性和偶然性》,《中国历史上的分与合学术研讨会论文集》,台北:联合报文化基金会,1995年。

高明士:《从律令制论开皇、大业、武德、贞观的继受关系》,中国唐代学会编辑委员会编:《第三届中国唐代文化学术研讨会论文集》,台北:中国唐代学会,1997年,第91—111页。

高明士:《隋唐贡举制度》,台北:文津出版社,1999年。

谷霁光:《府兵制度考释》,上海:上海人民出版社,1978年。

郭朋:《隋唐佛教》,济南:齐鲁书社,1980年。

韩国磐:《隋炀帝》,武汉:湖北人民出版社,1957年。

韩国磐:《唐天宝时农民生活之一瞥》,见韩国磐:《隋唐五代史论集》,

隋炀帝：生平、时代与遗产

北京：三联书店，1979年(a)，第214—233页。

韩国磐：《关于科举制度创置的两点小考》，见韩国磐：《隋唐五代史论集》，北京：三联书店，1979年(b)，第294—297页。

韩隆福：《隋炀帝评传》，武汉：武汉大学出版社，1992年。

韩昇：《隋文帝传》，北京：人民出版社，1998年。

何德章：《隋文帝对江南的控制及失策》，《西南师范大学学报》1993年第2期，第73—88页。

胡戟：《隋炀帝新传》，上海：上海人民出版社，1965年。

黄永年：《从杨隋中枢政权看关陇集团的开始解体》，《学术集林》卷9，上海：上海远东出版社，1996年，第179—195页。

黄永年：《论武德贞观时统治集团的内部矛盾和斗争》，黄永年：《唐代史事考释》，台北：联经出版事业公司，1998年，第3—35页。

姜亮夫：《历代人物年里碑传综表》（修订版），北京：中华书局，1965年。

蒋忠义：《扬州城考古工作简报》，《考古》1990年第1期，第36—44页。

金宝祥：《隋史新探》，兰州：兰州大学出版社，1989年。

菊池英夫：《唐代折冲府分布问题研究》，韩昇译，见刘俊文主编：《日本学者研究中国史论著选译》第四卷《六朝隋唐》，北京：中华书局，1992年(b)，第514—546页。

蓝吉富：《隋代佛教史述论》，台北：台湾商务印书馆，1993年。

雷家骥：《隋唐中央权力结构及其演进》，台北：东大图书公司，1995年。

雷闻：《隋与唐前期的尚书省》，吴宗国主编：《盛唐政治制度研究》，上海：上海辞书出版社，2003年，第68—118页。

李春民：《隋萧玚墓志考》，《考古与文物》1996年第1期。

李树桐：《李唐太原起义考实》，见李树桐：《唐史考辨》，台北：台湾中华书局，1985年，第1—42页。

李则芬：《隋唐五代历史论文集》，台北：台湾商务印书馆，1989年。

李卓敏:《李氏中文大字典》,上海:学林出版社,1981年。

梁方仲:《中国历代户口、田地、田赋统计》,上海:上海人民出版社,1980年。

林幹等:《中国古代北方各族简史》,呼和浩特:内蒙古人民出版社,1979年。

刘后滨:《隋与唐前期的中书省》,吴宗国主编:《盛唐政治制度研究》,上海:上海辞书出版社,2003年,第146－175页。

刘健明:《一场求不战而胜的攻战——隋炀帝征高丽试析》,《唐研究》第1卷,1995年,第207－225页。

刘健明:《隋江都事变考释》,《唐研究》第2卷,1996年,第265－293页。

刘健明:《隋朝对突厥的政策（初稿）》,《唐代的历史与社会》,武汉:武汉大学出版社,1999年,第45－58页。

刘健明:《隋代政治与对外政策》,台北:文津出版社,1999年。

刘淑芬:《隋炀帝的南方政策》,《史原》1978年第8期,第61－95页。

刘淑芬:《隋代南方政策的影响》,《史原》1980年第10期,第59－80页。

刘希为:《隋通济渠流经路线辨析》,唐宋运河考察队编:《运河访古》,上海:上海人民出版社,1986年,第169－186页。

洛阳市博物馆、河南省博物馆:《洛阳隋唐含嘉仓的发掘》,《文物》1972年第3期。

洛阳市文物工作队:《洛阳含嘉仓1988年发掘简报》,《文物》1992年第3期,第9－14页。

陆峻岭、林幹:《中国历代各族纪年表》,呼和浩特:内蒙古人民出版社,1980年。

吕春盛:《关于杨坚兴起背景的考察》,《汉学研究》2000年第2期,第167－196页。

吕思勉:《隋唐五代史》,香港:太平书局,1980年。

吕思勉:《吕思勉读史札记》,上海:上海古籍出版社,1982年。

隋炀帝：生平、时代与遗产

马正林:《唐宋运河述论》,唐宋运河考察队编:《运河访古》,上海:上海人民出版社,1986年,第1—32页。

毛汉光:《中国中古社会史论》,台北:联经出版事业公司,1988年。

潘镛:《隋唐时期的运河和漕运》,西安:三秦出版社,1987年。

潘镛、王永谦:《隋唐运河与中晚唐漕运》,见唐宋运河考察队编:《运河访古》,上海:上海人民出版社,1986年,第43—59页。

漆侠:《有关隋末农民起义的几个问题》,见李光璧等编:《中国农民起义论集》,北京:三联书店,1958年,第97—118页。

卿希泰:《中国道教史》,成都:四川人民出版社,1996年。

瞿蜕园:《历代职官简释》,见(清)黄本骥:《历代职官表》,上海:中华书局,1965年,第1—210页。

全汉昇:《中古自然经济》,见全汉昇:《中国经济史研究》,香港:新亚研究所,1976年(a),第1—142页。

全汉昇:《唐宋帝国与运河》,见全汉昇:《中国经济史研究》,香港:新亚研究所,1976年(b),第265—395页。

任继愈主编:《中国道教史》,上海:上海人民出版社,1990年。

仁井田陞:《唐令拾遗》,栗劲等编译,长春:长春出版社,1989年。

宋家钰:《唐朝户籍法与均田制研究》,郑州:中州古籍出版社,1988年。

宿白:《隋唐长安城和洛阳城》,《考古》1978年第6期,第409—425页。

谭其骧:《中国历史地图集》1—8册,北京:地图出版社,1982—1987年。

汤成业:《隋文帝政治事功之研究》,台北:台湾商务印书馆,1967年。

汤用彤:《汉魏两晋南北朝佛教史》,北京:中华书局,1955年。

汤用彤:《隋唐佛教史稿》,北京:中华书局,1982年。

唐耕耦:《唐代前期的户等与租庸调的关系》,见黄烈等编:《魏晋隋唐史论集》第1册,北京:中国社会科学出版社,1981年,第185—209页。

唐宋运河考察队编:《运河访古》,上海:上海人民出版社,1986年。

陶文牛:《隋代人口的南北分布》,《晋阳学刊》1993年第2期,第48—53页。

汪籛:《唐太宗》,见汪籛:《汪籛隋唐史论稿》,北京:中国社会科学出版社,1981年,第70—117页。

汪向荣、夏应元:《中日关系史资料汇编》,北京:中华书局,1984年。

王光照:《隋文帝之死述论》,《中国史研究》1993年第2期,第98—107页。

王光照:《隋晋王杨广"宝台经藏"建置述论》,《唐研究》第7卷,2000年,第1—17页。

王国维:《观堂集林》4册,北京:中华书局,1959年。

王三北、赵宏勃:《隋炀帝民族政策新论》,《西北大学学报》1995年第5期。

王仲荦:《北周六典》,北京:中华书局,1979年(a)。

王仲荦:《魏晋南北朝史》,上海:上海人民出版社,1979年(b)。

王仲荦:《隋唐五代史》(上下册),上海:上海人民出版社,1988—1990年。

翁俊雄:《隋代均田制研究》,《历史研究》1984年第4期,第167—176页。

翁俊雄:《唐代人口与区域经济》,台北:新文丰出版社,1995年。

吴承洛:《中国度量衡史》,上海:商务印书馆,1937年。

吴刚:《隋唐五代墓志汇编》"陕西卷",第3册,天津:天津古籍出版社,1991年。

武建国:《均田制研究》,昆明:云南人民出版社,1992年。

吴玉贵:《突厥汗国与隋唐关系史研究》,北京:中国社会科学出版社,1998年。

吴宗国:《盛唐政治制度研究》,上海:上海辞书出版社,2003年。

辛德勇:《隋唐两京丛考》,西安:三秦出版社,1991年。

熊存瑞:《隋炀帝与佛教》,《中国社会历史评论》第4卷,2002年,第345—367页。

隋炀帝：生平、时代与遗产

徐先尧:《隋倭邦交新考》,中国唐代学会编:《唐代研究论集》,台北：新文丰出版公司,1992年,第497—554页。

许正文:《隋代州郡政区的整顿改革》,《陕西师范大学学报》1994年第2期。

薛宗正:《突厥史》,北京:中国社会科学出版社,1992年。

严耕望:《隋代总管府考》,《中國學誌》6,东京:泰山文物社,1972年,第23—54页。

严耕望:《唐代尚书省之职权与地位》,见严耕望:《严耕望史学论文选集》,台北:联经出版事业公司,1991年,第431—508页。

姚双年:《杨素墓志初考》,《考古与文物》1991年第2期,第88—93页。

叶炜:《隋与唐前期的门下省》,见吴宗国主编:《盛唐政治制度研究》,上海:上海辞书出版社,2003年,第119—145页。

易毅成:《隋唐之际关中安全的战略构想与施行》,见中国唐代学会编辑委员会编:《唐代文化研讨会论文集》,台北:文史哲出版社,1991年,第141—167页。

游国恩:《中国文学史》4卷,北京:人民出版社,1979年。

余扶危、贺官保:《隋唐东都含嘉仓》,北京:文物出版社,1982年。

俞灏敏:《风水探究》,香港:中华书局,1991年。

袁刚:《隋唐中枢体制的发展演变》,台北:文津出版社,1994年(a)。

袁刚:《隋唐三省体制析论》,《北京大学学报》1994年第1期,第97—107页。

袁刚:《隋炀帝传》,北京:人民出版社,2001年。

张弓:《唐朝仓廪制度初探》,北京:中华书局,1985年。

张崑河:《隋运河考》,《禹贡》1937年第1—3期合刊,第201—211页。

张驭寰等编:《中国古代建筑技术史》,北京:科学出版社,1990年。

张星烺:《中西交通史料汇编》,北京:中华书局,1977—1979年。

张泽咸:《唐代工商业》,北京:中国社会科学出版社,1995年。

赵冈、陈钟毅:《中国土地制度史》,台北:联经出版事业公司,1982年。

赵万里:《汉魏南北朝墓志集释》,北京:科学出版社,1956年。

赵云旗:《隋代均田制实施探讨》,《中国社会经济史研究》1999年第3期。

中国唐史学会唐宋运河考察队编:《唐宋运河考察记》,西安:陕西省社会科学院,1985年。

周绍良、赵超:《唐代墓志汇编》,上海:上海古籍出版社,1992年。

周锡保:《中国古代服饰史》,北京:中国戏剧出版社,1984年。

周一良:《隋唐时代之义仓》,见《周一良集》第5卷,沈阳:辽宁教育出版社,1998年,第29—49页。

日文论著

布目潮渢:《隋唐史研究——唐朝政權の形成》,京都:东洋史研究会,1968年(a)。

布目潮渢:《楊玄感の叛亂》,见《隋唐史研究——唐朝政權の形成》,京都:东洋史研究会,1968年(b),第19—5页。

布目潮渢:《李密の叛亂》,见《隋唐史研究——唐朝政權の形成》,京都:东洋史研究会,1968年(c),第55—100页。

布目潮渢:《李淵の起義》,见《隋唐史研究——唐朝政權の形成》,京都:东洋史研究会,1968年(d),第101—149页。

布目潮渢:《隋の大義公主について》,见唐代史研究会编:《隋唐帝國と東アジア世界》,东京:汲古书院,1979年,第279—303页。

布目潮渢:《隋の煬帝と唐の太宗:つくられた暴君と明君》,东京:清水書院,1980年。

布目潮渢、栗原益男:《中國の歷史》4《隋唐帝國》,东京:讲谈社,1974年。

池田温:《裴世清と高表仁——隋唐と倭交涉の一面》,《日本歷史》

隋炀帝：生平、时代与遗产

280(1971)，第 1—16 页。

宮崎市定：《九品官人法の研究——科擧前史》，京都：东洋史研究会，1956 年。

宮崎市定：《隋の煬帝》，东京：人物往來社，1965 年。

宮崎市定：《アジア史研究》，京都：同朋舍，1978 年。

宮崎市定：《大唐帝國》，东京：河出书房新社，1989 年。

谷川道雄：《隋唐帝國形成史論》，东京：筑摩书房，1971 年。

谷川道雄：《隋末の内亂と民眾》，《東洋史研究》53:4(1995)，第 55—81 页。

韩昇：《隋と高句麗の國際政治関係をめぐって》，《堀敏一先生古稀記念——中國古代の國家と民眾》，东京：汲古书院，1995 年，第 351—372 页。

堀敏一：《隋代東アジアの國際關係》，見唐代史研究會編：《隋唐帝國と東アジア世界》，东京：汲古书院，1979 年，第 113—137 页。

堀敏一：《中國と古代東アジア世界》，东京：岩波书店，1993 年。

菊池英夫：《總說》，見唐代史研究会編：《隋唐帝國と東アジア世界》，东京：汲古书院，1979 年，第 1—84 页。

菊池英夫：《隋朝の對高句麗戰爭の發端について》，《中央大學アジア史研究》16:3(1992a)，第 1—84 页。

礪波護：《隋唐時代の太倉と含嘉倉》，《東方學報》52(1980)。

内藤湖南：《内藤湖南全集》，五卷，东京：筑摩书房，1967 年。

平岡武夫：《長安と洛陽》"資料篇"、"地圖篇"、"索引篇"，京都：京都大学人文科学研究所，1956 年。

氣賀澤保規：《隋末唐初の諸叛亂》，谷川道雄、森正夫編：《中國民眾叛亂史》4 卷，东京：平凡社，1978 年，第 1978—1983 页。

氣賀澤保規：《隋煬帝期の府兵制をめぐる一考察》，《律令制——中國朝鮮の法と國家》，东京：汲古书院，1986 年。

浅見直一郎：《煬帝の第一次高句麗遠征軍——その規模と兵種》，《東洋史研究》44:1(1985)，第 23—44 页。

欠端寬:《隋代の總管について》,《麗澤大學紀要》43(1986),第93—107頁。

青山定雄:《唐宋汴河考》,《東方學報》1931年第2期,第1—49頁。

西嶋定生:《中國古代國家と東アジア世界》,东京:东京大学出版会,1983年。

小野勝年:《中國隋唐長安寺院史料集成》"史料篇""解說篇",京都:法藏館,1989年。

森克己:《遣唐使》,东京:至文堂,1955年。

森鹿三:《北魏洛陽城の規模について》,《東洋學研究——歷史地理篇》,东京:东洋史研究会,1970年。

砂山念:《隋唐道教思想史研究》,东京:平河出版社,1990年。

山崎宏:《支那中世佛教の展開》,东京:清水書院,1942年。

山崎宏:《煬帝の四道場》,《東洋學報》34(1952),第22—35頁。

山崎宏:《隋の高句麗遠征と佛教》,《史潮》49(1953),第1—10頁。

山崎宏:《隋朝官僚の性格》,《東京教育大學文學部記要》6(1956),第1—59頁。

山崎宏:《隋唐佛教の研究》,京都:法藏館,1967年。

石田勇作:《隋开皇律令から武德律令へ——律令變遷過程の整理(1)》,堀敏一编:《中國古代の法と社會——栗原益男先生古稀記念論集》,东京:汲古书院,1988年,第219—243頁。

矢吹慶輝:《三階教の研究》,东京:岩波书店,1927年。

唐代史研究会编:《隋唐帝國と東アジア世界》,东京:汲古书院,1979年。

田中淡:《隋朝建築家の設計と考證》,见山中慶兒编:《中國の科學と科學家》,京都:京都大学人文科学研究所,1978年,第209—306頁。

望月信亨:《佛教大辭典》第三版,10卷,京都:世界盛典刊行協會,1954—1971年。

塚本善隆:《北周の廢佛に就いて》,《東方學報》16(1948),第29—101頁。

塚本善隆:《北周の宗教廢毀政策の崩壞》,《佛教史學》1(1949),第

隋炀帝：生平、时代与遗产

3—31页。

塚本善隆:《北周の廢佛に就いて》2,《東方學報》18(1950),第78—111页。

塚本善隆:《隋の江南征服と佛教》,《佛教文化研究》3(1953),第1—24页。

西文文献

Balazs, Étienne(包乐史), trans. *Le Traité économique du "Soueichou"*, Leiden: E. J. Brill, 1953.

Balazs, Étienne(包乐史), trans. *Le Traité juridique du "Soueichou"*, Leiden: E. J. Brill, 1954.

Barfield, Thomas J., *The Perilous Frontier: Nomadic Empires and China*, Cambridge, Massachusetts and Oxford, UK: Basil Blackwell, 1989.

Benn, Charles, "Daoist Ordinations and *Zhai* Rituals in Medieval China", In *Daoism Handbook*, edited by Livia Kohn, Leiden: E. J. Brill, 2000, 309—339.

Bielenstein, Hans(毕汉思), "The Census of China during the Period 2—742 A.D.", *Bulletin of the Museum of Far Eastern Antiquities* (Stockholm)19(1947), pp.125—163.

Bielenstein, Hans(毕汉思), "Chinese Historical Demography: A.D.2—1982", *Bulletin of the Museum of Far Eastern Antiquities*(Stockholm) 59(1987), pp.1—288.

Bingham, Woodbridge(宾板桥), *The Founding of the Tang Dynasty: The Fall of Sui and Rise of T'ang*, Baltimore: Waverly Press, 1941.

Boodberg, Peter A.(卜弼得), "Marginalia to the Histories of the Northern Dynasties", 3—6, *Harvard Journal of Asiatic Studies* 3:3/4 (1939a), pp.230—283.

Boodberg, Peter A.(卜弼得), "The Rise and Fall of the House of the Yang", *Harvard Journal of Asiatic Studies* 4(1939b), pp.253—270,282—283.

Breisach, Ernst, *Historiography*, Chicago: University of Chicago Press, 1983.

Chao, Kang(Zhao Gang 赵冈), *Man and Land in Chinese History: An Economic Analysis*, Stanford, CA: Stanford University Press, 1986.

Chavannes, Edouard(沙畹), *Documents sur les Tou-kiue [Turcs] occidentaux*, Paris: A. Maisonneuve, 1903. 重印:台北:成文书局,1969年。

Ch'en Kenneth K. S.(陈观胜), "Some Factors Responsible for the Anti-Buddhist Persecution under the Pei-ch'ao", *Harvard Journal of Asiatic Studies* 17:1/2(1954), pp.261—273.

Ch'en Kenneth K. S.(陈观胜), *Buddhism in China: A Historical Survey*, Princeton: Princeton University Press, 1964.

Demiéville, Paul(戴密微), "Philosophy and Religion from Han to Sui", in *The Cambridge History of China*, volume 1, *The Ch'in and Han Empire*, 221 B.C.—A.D. 220, edited by Denis Twitchett and Michael Loewe, Cambridge University Press, 1986, pp.808—872.

Dien, Albert E.(丁爱博), "The Role of the Military in the Western Wei/Northern Chou State", In *State and Society in Early Medieval China*, edited by Albert E. Dien, Stanford: Stanford University Press, 1990, pp.331—368.

Eberhard, Wokfram(艾伯华), *Das Toba-Reich Nord Chinas*, Leiden: E. J. Brill, 1949.

Fairbank, John King(费正清), ed., *Chinese Thought and Institutions*, Chicago: The University of Chicago Press, 1957.

隋炀帝：生平、时代与遗产

Fairbank, John King(费正清), "A Preliminary Framework", In *The Chinese World Order: Traditional China's Foreign Relations*, edited by John King Fairbank, Cambridge, MA: Harvard University Press, 1968, pp.1—19.

Fogel, Joshua A., *Politics and Sinology: The Case of Naitō Konan* (1866—1934), Cambridge, Mass.: Council on East Asian Studies, Harvard University, 1984.

Franke, Otto, "*Das Tsetschi t'ung kien* und das *Tung kienkang-mu*: ihr Wesen, ihr Verhältnis zueinander und ihr Quellenwert", *Sitzungsberichte der Preussischen Akademie der Wissenschaften: Phil. — Hist. Klasse*(Berlin) 1930, pp.103—144.

Franke, Otto, *Geschichet des Chinesischen Reiches*, I. — IV. Bande, Berlin: Walter de Gruyter, 1961.

Gardner, Charles S., *Chinese Traditional Historiography*, Cambridge, Mass.: Harvard University Press, 1961.

Gardiner, Kenneth H., "Standard Histories, Han to Sui", in *Essays on the Sources for Chinese History*, edited by Donald Leslie, Colin Mackerras and Wang Gengwu, Columbia, SC: University of South Carolina Press, 1975, pp.42—52.

Graff, David A., *Medieval Chinese Warfare: 300—900*, London and New York: Routledge, 2002.

Grouosset, Rene, *The Empire of the Steppes*, Trans. from the French by Naomi Walford, New Brunswick, NJ: Rutgers University Press, 1970.

Han Woo-keun, *The History of Korea*, Seoul: Eul-Yoo, 1970.

Haneda Akira(羽田明), "Introduction", *Acta Asiatica* 34(1978), pp.1—21.

Hucker, Charles O.(贺凯), *A Dictionary of Official Titles in Imperial China*, Stanford: Stanford University Press, 1985.

Hurviz, Leon, "Chin-i(538—597): An Introduction to the Life and Ideas of a Chinese Buddhist Monk", *Mélanges chinois at bouddhiques* vol. 12, Bruxelles: Imprimerie Sainte-Catherine, S.A., 1960—1962.

Ikeda On(池田温), "T'ang Household Registers and Related Documents", In *Perspectives on the T'ang*, edited by Arthur Wright and Denis Twitchett, New Haven: Yale University Press, 1973, pp.121—150.

Inoue, Mitsusada(井上光贞), with Delmer M. Brown, "The Century of Reform", In *The Cambridge History for Japan*, vol. 1, *Ancient Japan*, edited by Delmer M. Brown, Cambridge: Cambridge University Press, 1993, pp.163—220.

JanYün-hua(冉云华), trans. *A Chronicle of Buddhism in China, 581—960 A.D.: Translations from Monk Chih-p'an's "Fo-tsu T'ung-chi"*, Santiniketan: Visva-Bharati University, 1966.

Janousch, Andreas, "The Emperor as Bodhisattva: The Bodhisattva Ordination and Ritual Assemblies of Emperor Wu of the Liang Dynasty", In *State and Court Ritual in China*, edited by Joseph McDermott, Cambridge: Cambridge University Press, 1999, pp.112—149.

Johnson, David(姜士彬), *The Medieval Chinese Oligarchy*, Boulder, CO: Westview Press, 1977.

Johnson, Wallace, trans, *The T'ang Code*, Volume I: *General Principles*, Princeton: Princeton University Press, 1979.

Johnson, Wallace, trans, *The T'ang Code*, Volume II: *Specific Article*, Princeton: Princeton University Press, 1997.

Karlgren, Bernhard, *Glosses on Book of Documents*. Reprint, Stockholm: Museum of Far Eastern Antiquities, 1970.

Kenchtges, David R., trans. and annotator, *Wen xuan or Selections of Refined Literature*, volume 1: *Rhapsodies on Metropolises and Capitals*. Princeton: Princeton University Press, 1982.

Kohn, Livia(孔利维), "Yin Xi: The Master at the Beginning of the

Scripture", *Journal of Chinese Religions* 25(1997), pp.83—140.

Kohn, Livia(孔利维), "The Northern Celestial Masters", In *Daoism Handbook*, edited by Livia Kohn, Leiden: E. J. Brill, 2000, pp.283—308.

Kohn, Livia and Russell Kirkland, "Daoism in the Tang(618—907)", In *Daoism Handbook*, edited by Livia Kohn. Leiden: E. J. Brill, 2000, pp.339—383.

Kroll, Paul, "Verses from High: The Ascent of T'ai Shan", *T'oung Pao* 69:4/5(1983), pp.223—260.

Legge, James, trans., *The Chinese Classics*, volume Ⅲ: *The Shoo King*, Hong Kong: Hong Kong University Press, 1960.

Liang Chia-pin(梁嘉彬), "An Examination of the Accounts of Liu-ch'iu Kuo in the Sui-shu", *Chinese Studies in History*, 17:2(1983—1984), pp.63—74.

Liu, Mau-tsai(刘茂才), *Die Chinesischen Nachrichtenzur Geschichte der Ost-Türken*(*T'u-küe*), Ⅰ.-Ⅱ. Bande. Wiesbaden: Otto Harassowitz, 1958.

Marney, John, "Kung-ti shih", In *The Indiana Companion to Traditional Chinese Literature*, edited by William Nienhauser, Jr., et al., Bloomington: Indiana University Press, 1986, pp.516—518.

Miyakawa, Hisayuki(宫川尚志), "An Outline of the Naitō Hypothesis and its Effects on Japanese Studies of China", *Far Eastern Quarterly*, 14:4(1995), pp.533—552.

Molè, Gabriella, *The T'u-yü-bun from the Northern Wei to the Time of the Five Dynasties*, Roma: Istituto Italiano per il Medio ed Estremo Oriente, 1970.

Needham, Joseph(李约瑟), with Wang Ling, *Science and Civilisation in China*, vol.1: *Introductory Orientations*, Cambridge: Cambridge University Press, 1954.

Needham, Joseph, with Wang Ling and Lu Gwei-djen, *Science and Civilisation in China*, vol,4: *Physics and Physical Technology*, Part 3:

Civil Engineering and Nautics, Cambridge: Cambridge University Press, 1971.

Pan Yihong(潘以红), *Son of Heaven and Heavenly Qaghan: Sui-Tang China and Its Neighbors*, Bellingham, Wash.: Center for East Asian Studies, Western Washington University, 1997.

Pearce, Scott(裴士凯), "Form and Matter: Archaizing Reform in Sixth-Century China", In *Culture and Power in the Reconstitution of the Chinese Realm, 200 – 600*, edited by Scott Pearce et al., Cambridge, Mass.: The Harvard University Asia Center, 2001, pp.149–178.

Peng Xinwei(彭信威), *A Monetary History of China*, Trans. by Edward H. Kaplan, Bellingham, WA: Center For East Asian Studies, Western Washington University, 1994.

Pulleyblank, Edwin G.(浦立本), *The Background of the Rebellion of An Lushan*, London: Oxford University Press, 1955.

Pulleyblank, Edwin G.(浦立本), "Registration of Population in China in the Sui and Tang Periods", *Journal of the Economic and Social History of the Orient* 4(1961), pp.289–301.

Robinet, Isabelle, *Taoism: Growth of a Religion*, Trans. by Phyllis Brooks, Stanford: Stanford University Press, 1997.

Robinet, Isabelle, "Shangqing—Highest Clarity", In *Daoism Handbook*, edited by Livia Kohn, Leiden: E. J. Brill, 2000, pp.196–224.

Rotours, Robert des(戴何都), *Traité des fonctionnaires et traité de l'armée*, Leiden: E. J. Brill, 1947.

Schafer, Edward(薛爱华), *The Golden Peaches of Samarkand*, Berkeley: University of California Press, 1963.

Schafer, Edward(薛爱华), *Pacing the Void: T'ang Approaches to the Stars*, Berkeley: University of California Press, 1977.

Schafer, Edward(薛爱华), *Mao Shan in T'ang Times*, Boulder, Colorado: Society of Chinese Religions, Monograph 1, 1980.

隋炀帝：生平、时代与遗产

Sinor, Denis, "The Establishment and Dissolution of the Türk Empire", In *The Cambridge History of Early Inner Asia*, edited by Denis Sinor, Cambridge: Cambridge University Press, 1990, pp.285—316.

Somers, Robert M., "The Sui Legacy", In *Sui Dynasty*, Arthur Wright, New York: Knopf, 1978, pp.198—206.

Soothill, William Edward(苏慧廉), and Lewis Hodous(胡笃实), *A Dictionary of Chinese Buddhist Terms*, London: Kegan Paul, Trech, Trubner, 1937.

Teiser, Stephen F.(太史文), *The Ghost Festival in Medieval China*, Princeton: Princeton University Press, 1988.

Teng, Ssu-yü(邓嗣禹), trans. and annotator, *Family Instructions for the Yen Clan: Yen-shih Chiahsün*(颜氏家训), Leiden, E. J. Brill, 1968.

Tōno Haruyuki(東野治之), "Japanese Embassies to T'ang China and Their Ships", *Acta Asiatica* 69(1995), pp.39—62.

Twitchett, Denis(崔瑞德), "Chinese Biographical Writing", In*Historians of China and Japan*, edited by W. G. Beasley and E. G. Pulleyblank, London: Oxford University Press, 1961, pp.95—114.

Twitchett, Denis(崔瑞德), *Financial Administration Under the T'ang Dynasty*, Cambridge: Cambridge University Press, 1970.

Twitchett, Denis(崔瑞德), ed., *The Cambridge History of China*, vol. 3. *Sui and T'ang China*, 589—906, Part I. Cambridge: Cambridge University Press, 1979a.

Twitchett, Denis(崔瑞德), "Introduction", In *The Cambridge History of China*, vol. 3, *Sui and T'ang China*, 589—906, Part I, edited by Denis Twitchett, Cambridge: Cambridge University Press, 1979b, pp. 1—47.

Twitchett, Denis(崔瑞德), *The Writing of Official History under the T'ang*, Cambridge: Cambridge University Press, 1992.

Waldron, Arthur(林霨), *The Great Wall of China: From History to Myth*, Cambridge: Cambridge University Press, 1990.

Wechsler, Howard J.(魏侯玮), "Factionalism in Early T'ang Government", In *Perspectives on the T'ang*, edited by Arthur Wright and Denis Twitchett, New Heaven: Yale University Press, 1973, pp.87—120.

Wechsler, Howard J.(魏侯玮), *Mirror to the Son of Heaven: Wei Cheng at the Court of T'ang T'ai-tsung*, New Heaven: Yale University Press, 1974.

Wechsler, Howard J.(魏侯玮), "The Founding of the T'ang Dynasty: Kao-tsu(regin 618—26)", In *The Cambridge History of China*, vol. 3, *Sui and T'ang China*, 589—906, Part I, edited by Denis Twitchett, Cambridge: Cambridge University Press, 1979, pp.150—187.

Wechsler, Howard J.(魏侯玮), *Offerings of Jade and Silk*, New Heaven: Yale University Press, 1985.

Weinstein, Stanley, *Buddhism under the T'ang*, Cambridge: Cambridge University Press, 1987.

Wong, Joseph(黄约瑟), "Unfought Korean Wars: Prelude to the Korean Wars of the Seventh Century", *Paper on the Far Eastern History* 22(September, 1980), pp.122—158.

Wright, Arthur(芮沃寿), "The Formation of Sui Ideology", In *Chinese Thought and Institutions*, edited by John King Fairbank, Chicago: The University of Chicago Press, 1957, pp.71—104.

Wright, Arthur(芮沃寿), *Buddhism in Chinese History*, Stanford: Stanford University, 1959.

Wright, Arthur(芮沃寿), "Sui Yang-ti: Personality and Stereotype", In *Confucianism and Chinese Civilization*, edited by Arthur Wright, Stanford: Stanford University Press, 1975, pp.158—187.

Wright, Arthur(芮沃寿), *Sui Dynasty*, New York: Knopf, 1978.

Wright, Arthur(芮沃寿), "Sui Dynasty", In *Cambridge History of*

隋炀帝：生平、时代与遗产

China, vol. 3, *Sui and Tang China*, 589—960, Part I, edited by Denis Twitchett, Cambridge: Cambridge University Press, 1979, pp.48—149.

Wu, Hung(巫鸿), *Monumentality in Early Chinese Art and Architecture*, Stanford: Stanford University Press, 1995.

Xiong, Victor Cunrui(熊存瑞), "Sui Yangdi and the Building of Sui-Tang Luoyang", *Journal of Asian Studies* 52:1(1993), pp.66—89.

Xiong, Victor Cunrui(熊存瑞), "Ritual Innovations and Taoism under Tang Xuanzong", *T'oung Pao* 82(1996), pp.258—316.

Xiong, Victor Cunrui(熊存瑞), Book Review of Wallace Johnson, trans., *The T'ang Code*, Volume II: *Specific Articles*, *Early Medieval China* 3(1997), pp.117—121.

Xiong, Victor Cunrui(熊存瑞), "The Land-tenure System of Tang China: A Study of the Equal-field System and the Turfan Documents", *T'oung Pao* 85(1999), pp.328—390.

Xiong, Victor Cunrui(熊存瑞), *Sui-Tang Chang'an (583—904): A Study in the Urban History of Medieval China*. Ann Arbor: Center for Chinese Studies, University of Michigan, 2000.

Yamada Toshiaki(山田利明), "The Lingbao School", In *Daoism Handbook*, edited by Livia Kohn, Leiden: E. J. Brill, 2000, pp.225—255.

Yang, C. K.(杨庆堃), "The Functional Relationship Between Confucian Thought and Chinese Religion", In *Chinese Thought and Institutions*, edited by John King Fairbank, Chicago: The University of Chicago Press, 1957, pp.269—290.

Yang, C. K.(杨庆堃), *Religion in Chinese Society*, Berkeley: University of California Press, 1970.

译后记

翻译此书的缘起,源自于2009年底熊存瑞先生对厦门大学历史系的访问。承蒙熊先生惠赐大作 *Emperor Yang of Sui Dynasty: His Life, Times and Legacy* 一书,参与陪同接待的我的硕士研究生黄维玮同学外语较好,对翻译此书饶有兴致。考虑到隋炀帝作为中国历史上著名的"暴君"之一,学术界和社会大众的兴趣一直不减,我在翻阅部分章节后也认为该书有自己的特色,遂向熊先生提议可否将其译成中文。熊先生欣然接受,非常信任地把这一工作交给我们来做。黄维玮硕士毕业后留在厦门外国语中学任教,工作之余投入了大量的时间在本书的翻译工作上。本书由黄维玮译出第一稿。由我负责在第一稿的基础上,逐字逐句从头核对或重译,并检核原始文献进行补充完善。由于西文写作方式不同于中文,除大段引文外,一些相关性的表述往往只在注释中标明出处。为更好地表述原书的意思,也为了照顾中文读者的习惯,中文版在注释中适当地补充了一些史料原文,让文意更加完整和充分,并将原书放置正文最后的注释全部改为页下注。排版完成之后,文末索引部分篇幅达七十多页,因与正文部分轻重失衡,遂忍痛舍弃,感到很遗憾。

相比于中文同类传记人物作品,本书有自己独到的地方。

隋炀帝：生平、时代与遗产

首先本书对相关中、日、英等方面的研究成果均有涉猎，对国内学界较少关注的礼制、宗教、对外政策等方面着力颇多，丰富了关于隋炀帝的研究。其次本书结构上分两部分，在概述炀帝从皇子走向皇帝，到执政过程以至覆亡的历程之后，另外选择了专题的形式，分别从东都与大运河、宫殿、政治、经济、宗教、对外政策等多个方面，利用中、日、英等研究成果，对炀帝朝各项举措的来龙去脉进行梳理。而专题的结构实际上也是以炀帝为切入点，对炀帝朝制度措施与文帝朝，乃至与南北朝制度渊源关系进行梳理。炀帝或舍此取彼、或大动干戈、或承袭、或摒弃，都反映了他不同的心理状态和功利需求，通过这些讨论，也可以一定程度勾勒出炀帝的性格特征。因此本书虽然是一本严肃的史学著作，但仍具有较强的可读性，对炀帝的形象和内心世界的刻画也较之过去的传记作品要更加丰满和立体。当然，关于炀帝的功过，实难一言以蔽之。本书也提出一些有启发性的观点。按照作者的分析，炀帝是富有创新精神的改革者，其改革措施一直被有意无意地忽视了。这其中一个重要原因是炀帝声名狼藉，后世继任的王朝不愿意将所承袭的制度与炀帝联系起来。希望本书的出版对关注该问题的学者朋友有所启发，对深化隋炀帝及相关隋唐史研究起到一定的促进作用。

熊先生是地道的北京人，可能大部分人包括我自己最开始都没意识到熊先生还是个颇具传奇色彩的人物。网上至今还流传着熊先生早年在"文革"期间执着地自学英文的励志故事。熊先生后来长期在美国大学执教，已出版多本英文专著并发表英文专业论文十多篇。还曾担任过 *Early Medieval China* 等英文专业刊物的编辑。熊先生中英文功底都十分深厚，翻译本书过程中也得知熊先生最新的成果是完成了对刘知己《史通》的翻译和注释，将由美国华盛顿大学出版社出版。将一部中国古代

译后记

史学理论著作翻译成英文,其工作难度应可想而知。

在本书翻译工作启动以后,我们也一直与熊先生保持联系,请教翻译过程中遇到的问题。本书译稿也曾请百忙之中的熊先生审校,纠正了译稿中一些翻译错误和体例上的问题。熊先生还申请到西密歇根大学黎天睦研究中心经费,用以支付本书英文版版权转让费。谨此深致谢忱!

感谢鲁西奇教授的推荐,本书获得了厦门大学哲学社会科学繁荣计划的资助,得以顺利出版。厦大出版社责任编辑韩轲轲细心校对书稿,做了大量的校对和统一规范的工作,指出了很多文字错误和遗漏,对她认真细致的工作态度和敬业精神表示感谢。

最后要说的是,作为我与黄维玮合作翻译的第一本英文著作,因我这几年俗务缠身,本书第二稿的完成过程十分缓慢,很长一段时间几乎陷于停顿状态,以至迁延至今才得以最终完成。感恩熊先生的宽容和信任,并未加以催促,然我始终为未能尽早完成译稿使其面世而心存愧疚。校对清样过程中,又发现一些错误和疏漏的地方,虽已尽力加以修正,仍觉不够完善。本书虽经熊先生审校,翻译过程出现的错误理应由译者承担。而在本书还在校对的过程中,由我和黄维玮翻译的另一本熊先生的英文历史小说 *Heavenly Khan, A Biography of Tang Taizong né Li Shimi*(中文译名:《天可汗:唐太宗李世民》)已由华文出版社先期出版。这两本译著能够得以出版,都要特别感谢黄维玮的积极促成和勤勉的翻译,黄维玮积极热情,思维开阔,动手能力很强,为译稿最终完成奠定了很好的基础。可以说,没有黄维玮的先期努力,很难想象这两本书是否可以面世。衷心感谢。

毛蕾
2018 年 8 月 6 日